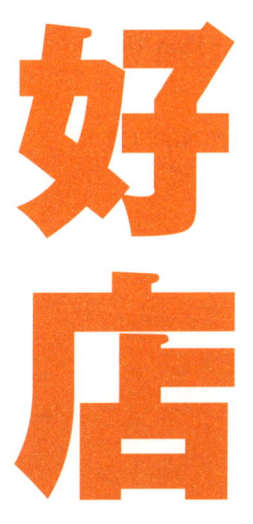

"好店"

87个淘宝中小商家的造富秘籍

淘宝教育 编著

中国科学技术出版社

·北 京·

图书在版编目（CIP）数据

好店 : 87 个淘宝中小商家的造富秘籍 / 淘宝教育编著 . --
北京 : 中国科学技术出版社 , 2024.9. -- ISBN 978-7
-5236-0845-6
Ⅰ . F713.365.2
中国国家版本馆 CIP 数据核字第 2024H0N031 号

策划编辑	申永刚　何英娇	执行策划	王碧玉
责任编辑	何英娇	执行编辑	邢萌萌
封面设计	仙境设计	版式设计	蚂蚁设计
责任校对	张晓莉	责任印制	李晓霖

出　　版	中国科学技术出版社
发　　行	中国科学技术出版社有限公司
地　　址	北京市海淀区中关村南大街 16 号
邮　　编	100081
发行电话	010-62173865
传　　真	010-62173081
网　　址	http://www.cspbooks.com.cn

开　　本	710mm×1000mm　1/16
字　　数	315 千字
印　　张	23.75
版　　次	2024 年 9 月第 1 版
印　　次	2024 年 9 月第 1 次印刷
印　　刷	北京盛通印刷股份有限公司
书　　号	ISBN 978-7-5236-0845-6/F・1281
定　　价	98.00 元

（凡购买本社图书，如有缺页、倒页、脱页者，本社销售中心负责调换）

编委会

谭 畅　陈世宇　潘 丽　徐艺桐　余方州
熊雨洁　潘聪峰　张文婧　蒋婵嫒　李 想

编者序

淘宝中小商家的柔与韧

2013年义乌的雪夜，周俊骑着摩托车滑倒在路边，一起倒下的还有他的货箱，装满了即将发出的快递，重达50多斤（1斤=500克）。

这位20岁出头的淘宝店主本想节省运费，却因身形瘦小而不堪重负。划伤的小腿、散落一地的快递，即便单个产品只挣0.3元，整个货箱的利润仅仅90元，他还是痛惜不已，坐在雪地里大哭。

"那个时候家庭条件不好，我真的没有理由不努力。"他说。

11年后的现在，早就过了而立之年的周俊，无论对于供应链还是店铺运营，都有成熟的"打法"，他的淘宝饰品新店年销售额超4000万元，而紧跟潮流趋势做产品研发，是他的制胜方法，一言以贯之："做电商，得听年轻人的。"

周俊是数以百万淘宝中小商家中的一员，他的经营方法被我们采编团队记录下来，与另外几十位商家的故事一起，收录到这本书中，成为独特而闪耀的切片之一。

访谈、记录和分析的目的，是让后来的商家有所参照，与同行隔空切磋。

所以在这本书中，既有成功的方法——那些优秀的创业者，不断用自己的聪明才智创造出让消费者体验更好的产品和服务；也有失败与较量——即使是公众认知中那些成功的主理人，也难免"踩坑"、失败。那些试错的经验教训，同样值得被记录，给予后来人启发。

在这本书中，你可以看到产业带商家中相对主流的商业模式——夫妻店。

来自浙江诸暨的小情侣帅杰和莎莎，在选品上遇到诸多波折，最终以Y2K辣妹风格袜套出圈，货品月售2万件。有从上海举家搬到浙江湖州的赵淑苑、杨越夫妇，在竞争激烈的童装市场中，争得了一席之地，年成交额达到5000万元。

你也可以了解到那些屡败屡战的连续创业者的经验与思考。

二手手机、大金链子、特产馒头都曾是乔德鹏的创业选择，只可惜他经营不顺。直到2023年借助家乡河南商丘的养殖优势，网售"会说话的鹦鹉"，生意终于步入正轨。而来自广东的左青川，自2015年"入淘"卖珠宝，在团队建设、货品选择上屡屡"踩坑"。而后总结经验再出发，最终踩准直播风口，新店开张不到半年，成交额突破2000万元。

你还可以看到把热爱变成生意、美丽且坚韧的女电商人。

四川美术学院毕业的诗雨，抓住"95后"备婚青年的需求，设计出"高出片率"婚品。"娃圈"女孩陆晓瞳，由于在市面上买不到自己想要的棉花娃娃，索性"为自己创业"，她的棉花娃娃店铺新品复购率高达30%。

"00后"新生代卖家也是不容忽视的力量，他们有野草般的生命力，初生牛犊般的勇气。

来自四川的曹鑫，以小成本创业，卖低价饰品，利用产业带供应链优势，强化货品的价格竞争力，新店月销售额超过15万元。义乌工商学院的"05后"在校生项科棋动力十足地说："毕业后，要回去'整顿'自家的电商生意。"

经过近一年的采编，我们将这些商家的奋斗故事与经营智慧汇编成了

编者序

这本书，我们还邀请了淘宝教育认证讲师进行方法总结。这些讲师从商家中来，有多年店铺实战经验。我们看到"亿级卖家"董占胜提出，这是无数品牌即将觉醒的时代；也能看到擅长内容打法的陈纪美，为淘宝特色店铺总结成长公式；还能看到单店单场直播成交额 2000 万元的王冬冬，拆解淘宝直播起号的路径与方法。

"每一个店铺，都像万能淘宝的不同切面，好店并没有统一的经营范式，宝藏好货也没有所谓的普适定律。"这是 2023 年年初，本项目发起的初衷——讲故事，传方法，让知识从商家中来，又回到商家中去。

这本书中所收录的淘宝中小创业者的创业故事，无一不揭示：再"卷"的赛道也有机会，再新的趋势也能被捕捉，再小的需求也有回响。

希望这样心怀梦想的创业者的故事能激励你，启发你去书写属于自己的精彩篇章，或者在面对挑战时找到持续前行的力量。

淘宝教育采编团队

目录

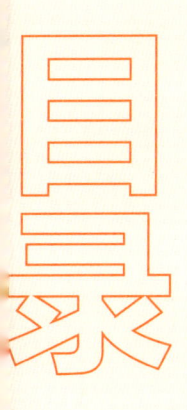

中国工厂

俏俏家居：9.9元义乌百货，撬动日销2000单　_003
木派家居：借3万元创业，冲1.2亿元成交额　_008
切入细分赛道，迷你烘干机年成交额破千万元　_012
"岛歌夫人"：单条短视频带来16万元成交额　_018
轮椅上的淘宝店主：新店一年成交额破百万元　_022
义乌"00后"都这么厉害了？淘宝店一天卖出上万个快递袋　_027
"00后"开"卷"，低价饰品月成交额15万元　_032
卡罗特：国货"锅王"的价格策略　_038
在义乌10年：他用价格策略打爆款，年销售额3亿元　_042
群像｜家里有厂，在淘宝开店是什么体验？　_048

| 讲师支招　源头工厂商家拥抱淘系正当时　_052
| 讲师支招　向新而生，价格竞争力带来的机遇与挑战　_056

实力渠道

澄海玩具："百元店"在淘宝逆袭，复购率高达34%　_063

i

点燃春节，爆款烟花泡泡机的诞生 _067

"985"毕业生3次创业失败，卖韩料成过亿元玩家 _072

蕾丝红唇：30元内的少女风配饰，月销23万件 _077

慈溪家纺连续创业者：创始人兼职当主播，赚用户口碑？ _082

| 讲师支招 | 品牌经销新战场的生存与突围 _086

新锐品牌

中式婚礼周边，精准击中"00后" _093

织造司：汉服商家的问鼎之路 _098

"90后"合伙人做"00后"的宠物生意 _102

我在淘宝教盘发，年销发簪10万支 _107

2个月回本，这家店铺如何征服"银发族"？ _112

白朗：小家电新品牌的破零之路 _120

用"情绪疗愈"吸引"95后"，新品牌2年内成交额破亿元 _128

19.9元的开箱刀如何圈粉"70后"？ _136

| 讲师支招 | 品牌觉醒的时代 _143

| 讲师支招 | 电商时代的原创品牌要怎么做？ _147

神人神店

大学生回乡"打铁记" _155

目录

少数派咖啡：双店并行，年入 6000 万元　_161

我在淘宝修玉镯　_164

潮袜商家：这届年轻人要"把烦恼踩在脚下"　_169

全村第一家淘宝店铺：我在贵州卖非遗　_174

重庆姑娘网售火锅蜡烛，最美"中国味儿"　_178

3 次闭店后，他的新店 45 天成交额超 120 万元　_183

群像｜6 位淘宝特色商家的创业故事　_188

群像｜原创设计师做电商，到底有多强？　_191

｜讲师支招｜ 淘宝特色店铺一定要知道的成长公式　_195

直播高手

4 个月成交额近 400 万元，"淘金者"挤爆直播间　_201

"95 后"在云南直播采蘑菇，携好货出山　_207

非遗香云纱的"淘宝第二直播间"　_212

摇滚"老炮"直播盘香，引万人复购　_216

"90 后"打造的"爸爸男模团"火在淘宝　_221

姐妹花直播卖琥珀，高客单价产品如何圈粉？　_225

直播间成交额 1300 万元，他教年轻人把"小森林"搬进家　_231

群像｜30 天成交额超百万元，他们成了直播新标杆　_237

｜讲师支招｜ 新手商家直播起号的五个关键路径　_242

种草生意

初中学历，逆袭成水果短视频带货王　_249
一条"沉浸式"翻包短视频爆火之后　_255
"围炉煮茶"爆火，他凭短视频爆卖茶炭 1 吨　_259
错失风口的甜品店如何靠短视频逆袭？　_264
群像｜这 5 个商家案例，揭示短视频带货新思路　_268

| 讲师支招 |　淘内短视频，要激发兴趣型成交　_272

私域玩家

大牌香水集合店：为什么说做私域很重要？　_277
鲜花"卷"成白菜价，如何破局？　_283
受"00 后"追捧的棉花娃娃是怎样出圈的？　_289
开店第一个月，他靠一双爆款女鞋，实现百万元成交额　_297
588 元的工装裤，新店狂卖 5000 件　_303
最差一天卖 92 元，"95 后"情侣半年逆袭，月销 2 万件　_311
群像｜在淘宝，首批做私域的店铺已拿到红利　_318

| 讲师支招 |　持续回馈消费者，私域才能助力生意增长　_324

目录

红人淘金

"四美子"：全网粉丝 800 万，天猫月入 200 万元 _331

"高跟鞋大叔"直播记 _338

懂你的美圆：从爆文小编到短视频时尚博主 _342

电商运营"变形记"：从卖货到带货，大促种草成交额 450 万元 _350

群像｜10 亿用户，千亿元级市场，新晋短视频博主的新机会 _355

| 讲师支招 | 红人淘金：一盘不"卷"资金"卷"审美的生意 _360

中国工厂

中国工厂

俏俏家居：9.9元义乌百货，撬动日销2000单

店铺主理人　胡俏

江西小伙胡俏，2009年大学毕业后揣着5000元来到义乌，开始了他的淘宝创业之路，从在地下室卖五金件、混迹淘宝论坛摸索运营技巧开始，到如今，他已拥有一个40人的团队，手握两个年销售额达1.2亿元的淘宝百货店。

他的店铺之一"俏俏家居"做低价百货的方法，不是通过广撒网铺存货单位（stock keeping unit，SKU），而是坚守性价比客群，以多场景、多用途的头图和短视频展示商品，带来稳定的流量转化及复购，再通过适当的利

003

润款辅助拓展客群，形成"人群为王"的百货护城河。

胡俏仅通过一款"懒人抹布"上架不同使用场景SKU，再通过搜推关键词优化及短视频运营，便在"爆款竞价"活动中脱颖而出。

淘宝教育[1]对话"俏俏家居"店铺主理人胡俏，一起来聊聊店铺的经营策略。

淘宝教育：回忆一下，你在淘宝的第一个爆款产品是如何产生的？

胡俏：我们是2009年注册的淘宝店铺，第一个爆款产品是键盘吸尘器，在付费模式的作用下，它成了第一个爆款，一天能稳定售出20~30单。

因为刚创业时资金有限，我们在广告投放方面非常慎重，我把从论坛上学来的"优化技巧"都用在这个商品上，标题、头图、价格都做到我所认为的"极致"后，才敢进行投放。当时大家都卖15元，我卖14.9元，累计花了600元以后，这个产品的曝光度就比较稳定了，销量也就起来了。

后来，我又遵循键盘吸尘器的差异化选品原则，推出"猪头毛球修剪器"，让大家眼前一亮，愿意下单。当时一天能出400~500单，把店铺成交拉升到六七百单甚至近千单，在淘宝开店第一年挣了七八万元。

淘宝教育：为什么会选择"懒人抹布"去参加"爆款竞价"的活动呢？

胡俏：其实在2015年的时候，我们就上架过"懒人抹布"，但那时候价格高，不好卖，市场心智也没有打开，最后清仓清掉了。

现在，很多消费者越来越不愿意去洗抹布了，需求发生了转变。而随着产品的优化，体验的提升，使用场景的丰富，市场在不断扩大，同时成本也在不断下降。

我们分析，"懒人抹布"的机会来了。这款产品从市场需求端来说，消费者对于价格的敏感度会更高，价格调整对于成交量的影响比较明显，所

---

[1] 阿里巴巴旗下官方教育平台。

以选择它去参加了"爆款竞价"活动。

效果还是非常明显的。参加活动之前，月销 300 多单；参加活动之后，月销接近 2000 单，增长了好几倍，流量也变大了，转化率也不错。

淘宝教育：百货市场同质化竞争严重，如何实现差异化？

胡俏：这些产品在市场里面大家都卖，凭什么消费者选择我？我认为店铺运营是关键。我们主要的目标是提高商品转化率，你接不住流量，再花哨的运营方式也白搭。如果一直补流量，你就得不断花钱，这样就成恶性循环了。

在百货市场中，消费者往往会选择价格更优的，或者质量更优的。产品的款式和功能更丰富、外观更好看都是加分项。如果这些你没有做到，直接去打链接，那么花出去的钱都是在打水漂。拥有价格优势，款式功能又好，市场占有能力才会更强。

像低价百货这种纯标的产品，价格优势是相当重要的。款式差异化的效果并不是特别好。只有在消费者搜索关键词后仍不明确自己的购买意图时，这部分产品才有成为差异化爆款的空间。

淘宝教育：百货做搜索和推荐的主图与短视频，点击率越高越好吗？

胡俏：现在很多百货都会用一些比较夸张的图片，看似积累了很多的点击率，但是可能进来的人并不一定真的想买，而只是好奇，这样势必会导致转化率下降。

要做好人群的精细化运营，还是得结合关键词。有一些产品，我们会上很多个链接，因为不同关键词针对的购买意图不同。更偏向于款式的产品、更敏感于价格的产品，我们都会根据不同人群做相应的卖点主图和场景短视频。第一眼能展现的内容其实是有上限的。一旦重点超过两个，我认为就会变得没有重点。

当买家下意识搜索关键词，呈现出来那么多链接的时候，必须第一时间锁定住视线，所以卖点不放那么多，但是跟关键词之间的关联度最高，获得的转化率就会相应提升。

淘宝教育：百货新店怎么做竞争？

胡俏：前期一个新链接或者新店层级不高的时候，抢"关键词"本身就不具备优势。在"价"和"质"这两方面你都不能做到很有竞争力的时候，可以选择不同的市场、关键词，在竞争不够充分的市场里面去做。

以"懒人抹布"为例，我会给消费者引导不同场景，让它能够卖给更多人。如果只写一个"厨房场景"，消费者买两卷就够了。但是如果我上了"洗碗""去油""一次性毛巾"等几个不同的SKU，他就会想买三卷或更多，可以多场景使用。

商家都愿意盯着大一点的市场，但如果竞争力不足，即使做上去也守不住；而小一点的市场如果挖掘好，你的店铺同样会不断增长。

淘宝教育：遇到百货行业避免不了的价格战，怎么应对和取舍？

胡俏：价格战的核心原因是品类卖的价格，让友商发现是有利润空间的。百货的运作很像超市，个别品类未必能产生很大的增益，主要是靠流量进来，其他的一些品类辅助来产生利润。

我们在淘宝已经拿了很多年的类目第一了，一般别人来与我们做价格竞争力的竞争，针对我们主要的经营人群，的确会对店铺的客群产生比较重大的影响。

当遇到主力品类的正面冲击，我们会"还击"，直接把价钱改为0利润，就是要不赚钱。这样子"攻击"我们的人就明显变少了。但是如果他和我们打价格战的产品本身就只是让我们产生增益的，那我们大概率不会再跟他们竞争。

淘宝教育：专注于低价百货13年，你认为这个行业最大的经营逻辑是什么？

胡俏：我们店铺其实很少有爆款超过9.9元，我们也想卖更贵的东西，那也就意味着营业额增多了。

为什么我们主线的那些产品,即使没有产生利润,也要把它守住?因为你已有的客群是不变的。新品有利润,但老品有客群,你若没有客群基础,新品就更难做起来,往下走可能会恶性循环。

所以我们的选品基于客群的底层逻辑,当主要品类已经关联度很高了,我们没有利润,就会释放关联度,把品类准度降低一点,可以往外再做其他实用品类的延伸。

木派家居：借3万元创业，冲1.2亿元成交额

店铺主理人　邹长亮

在家具产业做广告人，受不了甲方刁难，厌倦无休止的比稿、改稿怎么办？不如索性加入他们。

这是赣州南康家具产业带商家、"木派家居"主理人邹长亮的真实故事。

邹长亮原本是广告公司合伙人，负责家具画册视觉设计，因为与传统家具店老板的"设计理念不符"，加上生意不景气，索性借了3万元，从本地拿货，在淘宝创业卖起了学习桌。

邹长亮利用自身特长，通过短视频和精修图拔高了店铺的视

觉审美；在积累了一定现金流之后，变拿货为自产，构筑竞争壁垒。"木派家居"凭借系列精细化运营，从"内卷"严重的"性价比"市场里杀出一条路，店铺的内容访客也在短短半年时间里，从日均 1000 人次到破 20000 人次，2023 年商品交易总额（Gross Merchandise Volume，GMV）目标为 1.2 亿元。

淘宝教育对话"木派家居"主理人邹长亮，一起来聊聊店铺如何精细化运营。

淘宝教育：请介绍一下公司的创业历程。

邹长亮：我是学视觉传达出身，在 2014 年与合伙人开办广告公司，做南康本地家具厂的产品画册设计。早期，一些老板不懂设计，加之一些小城市广告业不景气，所以在 2017 年，我开始在淘宝上做实木书桌生意。

最初，我借了两三万元做电商，靠自己蹬三轮拿货、老婆做客服打单，慢慢摸索店铺运营方法，尽可能减少产品瑕疵。通过付费投放，我的店铺逐渐走入正轨，到了 2018 年，电脑桌需求大涨，厂家全面断货，我们开始自己做产品代替拿货。

2018 年下半年一次偶然的机会，我们发现儿童学习桌是个蓝海市场，便投入这个细分品类的生产中。2020 年年初，我们有一款带书架的学习桌实现月销 13000 张，客单价 700 元左右。

淘宝教育：在产业带做性价比家具，如何应对激烈的"价格战"？

邹长亮：在产业带，"内卷"一直都有，年年都在"打架"。因为供应成本已经特别低、特别透明了，人家想从低价上去竞争，有和他们死扛到底的，但我不想跟着"卷"，不如去找新的突围点。

具体来讲，肯定是在功能性、使用场景带入、售前导购和售后服务等方面去提升。

比如在 2022 年，我们的一个竞品单价比我们便宜 30 元，我们也探讨过要不要去调价，但最终策略是：守住成本，产品不能偷工减料，不能盲目打价格战；放大单品成交，通过多渠道付费把曝光转化率撑起来；精剪短视频，放大产品亮点；对客服进行专业培训，加深对产品的了解，通过提升服务质量，提升售前转化；积极处理售后问题，保证售后质量和用户口碑，减少中差评。

淘宝教育：店铺如何做出差异化？

邹长亮：我们研究了儿童学习桌的市场，发现传统大品牌的客单价较高，很多家庭无法承受，于是选择切入300~900元这个强需求价格带，做客单价500元左右的实木环保漆学习桌，再通过提前打孔，解决不同年龄段的孩子书桌高度调节的问题。

店铺主理人　邹长亮

买学习桌的家长，通常很在乎孩子的健康问题，我们也推出了一系列优化设计来满足家长的需求：出厂后通风15天再打包，保证产品到家无异味；安装简便易上手，鼓励父母带着孩子动手共同完成；产品3年内质保，通过桌面伸缩缝解决开裂问题，如果遇到开裂也能享受免费换桌面、磕碰补寄补漆膏等一系列售后服务。

淘宝教育：店铺试水短视频后，如何让进店流量快速起飞？

邹长亮：我们在2022年7月开始做短视频，一开始没有流量，在淘宝天猫行业"小二"的指导下，从第2个月开始有了进店数据，到2022年年底，我们30天内进店访客达到8万人次左右，2023年3月日均进店访客超过2万人次。

我们有一个"推拉学习桌"的短视频，可以直观测试产品的稳定性，这个视频在首页推荐获得了非常多的流量。后来我们总结出两点：

（1）首页推荐的视频，前3秒必须有吸引人的"噱头"，有视觉冲击力才会提升进店率。

（2）进店后的产品主图短视频，则以介绍产品的材质和功能为主，促进加购和转化。

淘宝教育：除了产品服务和短视频，还有哪些运营规划？

邹长亮：像我们这样的中小商家，往往把精力专注在眼前的成交数据，对于店铺长期运营没有系统的方法论，我总感觉我的才华撑不起我的野心。

2022年，我们店铺的销售额达到了8000多万元，我事事亲力亲为，感到非常疲惫。

2023年我就在思考如何通过调整组织架构来放权，鼓励各部门主管通过学习充电去提升自己，让他们变得更专业。而我自己就能把精力放到优化升级供应链、拓品类、做品牌上来，更好地突破瓶颈。

我深信一句话，"财散人聚"，只有给员工有竞争力的薪资和成长空间，我们这家公司才会长久健康地发展下去。

好店：
87个淘宝中小商家的造富秘籍

切入细分赛道，迷你烘干机年成交额破千万元

店铺主理人　许鹏

当中年女性向往品质生活，小红书"烘干机"的笔记数量超过52万份，其中收纳、颜值、功能等方面被广泛关注，逐渐成为家电行业新卖点。

当市场需求在上涨，针对特定人群，提供差异化货品，切入细分赛道，是很好的发展策略。相关报告显示：2022年前三季度，国内烘干机市场规模达到46亿元，同比增长29.4%。其中，"洗烘一体"以42.12%的高占比，成为消费者看中的洗衣机功能首选。

背靠广东佛山小家电产业带的柯乐希（skrillex），从用户需

求切入，聚焦"迷你烘干机"细分赛道，推出便携式烘干机，在2020年10月入驻天猫后，新品首发登上热销榜单，2022年全年成交额破千万元。

除了切入细分赛道，柯乐希年成交额破千万元，主要有3点因素：

（1）针对30~50岁的女性客群，在产品颜值、收纳场景、使用功能上进行创新，提供差异化货品。

（2）重点关注季节和天气，提前在站内布局关键词，通过人群圈选，撬动精准转化。

（3）用内容获得曝光，站内通过"逛逛"频道视频，站外以"达人笔记+综艺合作"，获得曝光。

淘宝教育对话"skrillex旗舰店"负责人许鹏，一起聊聊行业赛道、产品升级、获客成交等内容。

行业洞察：需求被市场验证，就得想办法切入细分赛道

淘宝教育：产品诞生的背后，是基于哪些潜在的商机？

许鹏：我们的长处是对原有产品进行升级，如果产品本身有一定市场前景，但是在消费者体验上还存在提升空间，我们就会在这方面进行创新。

比如我们发现洗衣机的"烘干一体"功能，占比在逐年上升，对标国外市场，烘干机在欧美成熟市场的普及率在70%以上，而在国内的普及率仅为10%，说明市场还存在很大的潜力。

淘宝教育：当市场需求被验证时，我们该如何切细分赛道？

许鹏：像洗衣机这种大众电器的赛道，我们很难进入。我们的创新点，主要是围绕家居收纳和出行的细分场景来展开，用小家电来满足便利性需求。

我们现在的主销产品有两款，一款是适合家用的折叠式烘干盒，打开之后可以对全家的衣物进行烘干。另外一款是便携式烘干架，主要在差旅、学生宿舍等细分场景中使用。

其次是在价格带上，烘干功能作为洗衣后的护理，高端独立烘干机的价格在千元以上，简易布罩烘干机的价格为100~200元，我们就切中间价格带，客单价定在300元左右。

淘宝教育：是否会担心同款的竞争？

许鹏：我们选取的品类和场景都很具体，市场占有率不会太高，我们的产品功能、技术已经过了深度迭代，所以我们并不担心同款的低价竞争。另外，在产品诞生之初我们就申请了专利，再加上阿里原创保护平台的存档备案，在一定程度上能够避免被直接抄袭的风险。

产品创新：用颜值和科技，打动30~50岁的精致女性

淘宝教育：切入细分垂直的场景，怎样将产品差异化？

许鹏：烘干机刚进入中国时，在国内市场的渗透率不高，我们研究过后主要发现有两个问题。

（1）消费者使用观念没有转变，衣服烘干后，在洗衣机内会缠绕在一起，外边是干的，里边是湿的。用户需要手动抖开衣物再将其放回烘干机，故消费者购买意愿不强。

（2）为了加快烘干的速度，烘干机的功率通常较大，温度较高，消费者担心这会对衣物的面料造成损伤。

针对上面两个问题，我们在改良产品时，将"晾"和"烘"结合，比如在衣架的结构上叠加"吹风机"功能，不仅使衣物干得更均衡，同时还

能解决褶皱问题。在静音和杀菌上进行功能迭代，我们的便携式烘干机也赢得了国内外的设计奖。

产品方面，将衣架折叠，或者收纳在盒子里，不占空间的同时，满足出行携带的便利性。

功能方面，我们将循环温度控制在60℃左右，使其更好地护理衣物，并给消费者提供一些数据上的依据。

2021年4月，新品柯乐希折叠式烘干盒面世，首周就成为天猫烘干机类目销售冠军。

淘宝教育：目标用户有哪些特征？产品怎么做调整？

许鹏： 我们的目标人群是30~50岁、有一定生活品位、关注衣物健康的女性客群。这些用户愿意为品质买单，在购物决策的考虑因素上，颜值、科技、情感价值超越了性价比。除了功能和场景能满足需要，我们在颜值上也做了功课，折叠式烘干盒外观采用的牛油果绿，"种草"效果非常好，平均月销量都能过千台。

淘宝教育：你们是怎么梳理产品线的，新款围绕什么方向？

许鹏： 我们现在产品相对还是比较少，但并不会盲目扩张，我们的目标是7~8个SKU，围绕衣物护理领域，从上到下贯穿。比如，我们后面会增加在烘干前后的一些护理。像熨烫、毛球清洁等，来增加产品的丰富度。

获客成交：站外种草曝光，站内圈人转化

淘宝教育：从曝光到转化，现在产品的动销方法是什么？

许鹏： 我们现在的月销量在2000台左右，2022年的GMV在1000万元左右，春冬季节天气潮湿寒冷，是我们的销售旺季，我们在站内外的布局如下。

站内：

（1）搜索上将有"烘干"需求的用户进行圈选，内容上布局短视频，通过同类产品对比，更好地展现产品卖点，用3~5秒将产品优势和卖点充分表达出来，缩短消费者购买决策时间。

（2）站内种草主要放在"逛逛"渠道，我们通过"达人+官号"发布的形式来将视频量先提上去。

（3）淘内开播，我们目前主要以拉时长为主，做好消费者的购买引导，承接其他渠道来的流量转化。

站外：达人图文种草+综艺节目植入。

（1）在微博和小红书在这两个平台，通过达人种草引流淘内来引爆销量。第一步是找垂直达人，比如旅游达人和家居博主，他们对产品的转化更好。第二步，埋下品牌词或者品类词，以图文形式合作，有助于长期为店铺带来搜索流量。

（2）我们与《乘风破浪的姐姐》《姐姐的爱乐之程》这样的综艺节目组合作宣传，对店铺的产品进行软植入，以增加曝光度。

淘宝教育：店铺短视频运营的效果如何？

许鹏：在淘宝站内，我们一条短视频的展现量，累计已经超过六万人次，但通过店铺账号发，其辐射量有限，所以视频占比大概是"达人70%+店铺30%"，以此来获得更多的曝光。达人视频一般在展现量和互动数据方面会更好，同时在评论区我们也能挖掘产品的优劣，进行迭代。

内容布局建议

1.迷你烘干机的爆火受一定的天气因素影响，与两季产品打法相同，需要提前做好潜客圈选，以及从 A❶ 到 I❷ 人群的触达。通过具有行业竞争力的爆款与站内达人进行内容合作，促进整体曝光，由浅 A 变深 A，从种草到加购。

2. 切入细分垂直的场景，提前优化关键词以及扩大内容渠道的布控，可以获取更多搜索以及推荐端短视频流量，基于人群洞察的产品改良，能够引导更多达人，进行"自来水"分享，形成正反馈。淘

---

❶ A（Awareness）：品牌认知人群，一般指与品牌被动发生接触的人群，例如品牌广告和品类词搜索触达的人。

❷ I（Interest）：品牌兴趣用户，一般指与品牌主动发生接触的用户，例如广告点击、浏览品牌/店铺主页、参与品牌互动、浏览产品详情页、品牌词搜索、领取试用、订阅/关注/入会、加购收藏的人。

"岛歌夫人"：单条短视频带来 16 万元成交额

店铺主理人　凌生

2018 年，中国出境旅游人数庞大，度假连衣裙需求剧增，凌生捕捉到这个潜在市场，在淘宝创立了"岛歌夫人"店铺，专营度假裙类，凭借原创设计和风格化的产品主图，两年累计销售额破 5000 万元。

2020 年，受新冠疫情影响，度假风格的连衣裙需求锐减，"岛歌夫人"一度面临倒闭。但凌生认为，女装电商市场的大盘仍在。所以在 2020 年，凌生开始在淘宝"二次创业"，凭借 10 年淘宝女装摄影的经验，为店铺重新规划了赛道。

他选择转型日常女装，借助广州产业带的优势，扩展产品线，并发力投入内容创作。2022 年销售额达 1.3 亿元，店铺粉丝 120 万人，单条视频成交额达 16 万元。2023 年 6 月，"岛歌夫人"店铺在淘宝女装排名前 150。

淘宝教育对话"岛歌夫人"主理人凌生，分享女装店铺如何进行品类转型，店主又是如何做内容的。

创业篇：一条 600 元连衣裙的买家秀撬动了 1600 万元的交易

淘宝教育：入驻淘宝前，你从事了哪些工作？

凌生：我曾从事淘宝女装摄影近十年，见证过许多淘宝店的起落，也深知未来消费者的购物习惯就是网上购物。2018 年，我在淘宝开设了"岛歌夫人"店铺。

淘宝教育：决定创业后是从哪些方面布局的？

凌生：确立赛道。店铺最早定位度假风连衣裙单品赛道。2018 年，中国出境旅游人数庞大，对度假风格的连衣裙需求剧增，我认为这是一个潜在市场。

店铺主理人　凌生

产品来源。以原创设计、现货为主。市场打货有很多缺陷，产品不能统一尺码和包装标识，消费者体感不好，广州产业带有"小单快反"的优势，首批订单生产只需 100 件。我们不做预售，坚持每天发货至晚上 11 点。

重投主图。在符合度假风格的场景，拍摄生活化主图，拉近与消费者的距离。创业初期，我们跑了 7 个国家进行取景。

不管是 10 年前还是现在，主图对于女装产品尤为重要。店铺成立初期，上架了一款红色露背连衣裙，客单价在 140 元左右，当时有客服反馈，有一张买家秀的照片很漂亮，以土耳其热气球为背景。凭借职业的敏锐度，我认为它用作主图的点击率会非常高。

通过与晒图买家的沟通，最终花费 600 元获得该照片的版权。将照片用作主图后，这条连衣裙共计销售 10 万余件，销售额达 1600 万元。

淘宝教育：现在店铺运营情况如何？

凌生： 经过两年的运营，2019 年店铺年销售额达 5000 万元，但危机不期而至，2020 年，度假连衣裙的需求直线下降，销售额基本为零，公司一度面临倒闭。现在看来，这或许是店铺转型的最佳时机。

再创业篇：好看的产品很多，但我们要做实穿产品

淘宝教育：店铺在二次创业时，进行了哪些改变？

凌生： 主要在以下两方面进行调整。

风格上由度假风转型为日常风格。日常风格赛道更持久，不会因为风格流行的过热，导致服务和供应链跟不上，也不会因为过冷，导致销量下滑、库存积压。

产品上从单一连衣裙品类转型为全品类，以连衣裙为切入口，扩展相似品类，每年扩品 1~2 类，例如衬衫、裤子、T恤等；选品标准上，产品以实穿性为主。2021 年，我们上新了一款黑色小雏菊连衣裙，共计销售 4 万件。

淘宝教育：店铺是如何打造爆品的？

凌生： 初步选品。结合当下的流行元素，设计相关产品，例如，2021年小雏菊元素火爆，由此衍生小雏菊连衣裙。

预热测款。在新品预热期，重点关注加购率，在新品周期内，逐步投放推广。

成交转化。通过直通车做精准的人找货；直播新品时，策划福利价格、抽奖等营销。

售后回访。及时了解退货客户不满意的原因，并进行优化修改；对满意的顾客鼓励她们多晒买家秀。

截至2023年6月，店铺在淘宝女装排名前150，2022年销售额达1.3亿元，店铺粉丝突破120万人。

内容篇：内容种草是将商品传递给消费者的重要渠道

淘宝教育：内容种草非常重要，它是将商品传递给消费者的一个渠道。你们是怎样做内容的？

凌生： 我们店铺在2023年3月，站内热点内容共计播放21万人次。

在短视频方面，我们会通过一些沉浸式穿搭、一衣多穿、种草合集等穿搭技巧分享时尚知识，给予一些针对不同场景、身型的搭配建议。

在图文方面，结合粉丝人群喜好，选择符合产品的场景，例如街边、咖啡厅、酒店内等，用手机拍摄模特生活化动作，营造日常氛围感。

我们有一条牛仔外套短视频，通过不同的搭配，向用户展示穿搭技巧，通过平台重点扶持，策略投放加精推流，该视频上线23天，成交额达16万元，飙升短视频相关类目榜单TOP1。

轮椅上的淘宝店主：新店一年成交额破百万元

"淘宝店对我人生的意义很大，正是在这创业取得的一点成功，让我也能支撑起一个普通人的家。"

来自江西山村的"80后"店主叶黎明，从小患有脊髓灰质炎，在大学毕业后，他选择跟家人来到浙江，从橱柜、衣柜的尺寸风格、材料做工开始，一步步走进全屋定制行业。面对房地产市场的降温，一家名为"昆仑木业 全屋定制"的淘宝店，于2022年3月入驻，作为他线上引流的渠道，开启自己的小生意。

因为没有专业团队支持，售后、美工、上架……店铺全靠他自己琢磨，一个人就是一支队伍。没有流量就坐在轮椅上直播，靠着十几年沉淀的定制家居专业知识，引导顾客下了一单又一单，这家新店铺在一年后成交额突破百万元。

2023年6月，淘宝"中小商家造星"计划发布，瞄准新商家从开店到稳定经营环节，推出包含最高2000元广告补贴券，专属造星流量扶持等多项切实措施，帮助新开店的中小商家加速成长。

店铺主理人　叶黎明

淘宝教育：能否简述在淘宝开店的契机？

叶黎明： 大学毕业之后，我没有找到合适的工作，于是我选择跟随家里人来到浙江，从事橱柜、衣柜的全屋定制工作，并积累经验，从一间小作坊开始，逐步发展成几十人的小工厂。

过去，全屋定制主要靠线下资源获客，线下门店直接面对消费者，我们负责生产。随着上游房地产市场的降温，整个市场的体量下降后，我在2022年3月开了个淘宝店试试，没想到这种定制产品，真的能生存下来。

我们销售的流程是：客户在店里咨询风格、尺寸、材料并下定金后，我们安排人员上门测量；或者由外地客户自行提供尺寸，我们根据客户下单尺寸生产，平均客单价在几千元到上万元不等。

淘宝教育：是否记得在淘宝的第一单？流量从哪里来？

叶黎明： 在淘宝的第一单，是个失败的例子。客户想定制一个用于收纳物品的小架子，把图发给我们后我们开始制作，然而做出来的成品并不是他想要的，后面我们把服务聚焦在我们的专业产品橱柜、衣柜定制上，才慢慢变得顺利起来。

我并不精通运营，很少做付费推广，这方面也在不断地学习，店铺的流量主要来自两方面。

直播：全屋定制的大件产品，通过直播间直接下单很难，但它能很好地介绍产品，是非常好的引流渠道，2022年每天为我们带来上千个访客，间接提升了店铺收藏加购率，为我们带来潜在客户，后期再通过客服咨询进行转化。

私域：大件定制的产品，我们更多的是老客介绍，当你用心服务客户，他会推荐朋友到我淘宝店里来咨询，还有人免费在小红书晒图，帮我推广店铺。我印象比较深的是一个大学老师，她家里装修找我定制的柜门，后面陆续给我介绍了很多客户，这些客户需求精准，而且都是免费的流量。

淘宝教育：大品牌也在做全屋定制，你是如何吃到细分市场的？

叶黎明：品牌商家的品控力更强、设计风格更前沿，通过做大规模提升利润率，但产品的开发周期相对较长，客单价更高。

我们除了更具性价比之外，还在个性化的定制服务中找到差异点。比如，品牌商家仅提供固定的材质、风格和颜色让顾客进行挑选，但是我们可以为客户定制，尽量把个性化服务做到极致，满足客户需求。

在过去，品牌通过线下的加盟或直营门店来获客，而我们更多是在个体门店和更下沉、更密集的建材市场中，去挖掘客户资源。所以我们对应的客群，更看重性价比，而近几年，这样的客群是在稳步增长的。

淘宝教育：怎么捕捉行业趋势与消费者变化？

叶黎明：以往，我们通过门店的订货看市场变化，现在通过淘宝店直接跟消费者沟通，就能捕捉前端的趋势。比如，在过去，原木、欧式风格比较多，客单价也高。而近几年，人们整体的消费预算在下降，风格更倾向现代简约，东西尽量简单，成本尽量可控。

虽然不精通流量获取，但我在做好服务方面有优势，充分了解客户的需求，完成功能和风格的设计匹配，并最终制作成品，不仅需要掌握专业知识，还需要极大的耐心，所以我有时会全天在线，作为客服去解答客户的咨询，从这里我们就能知道市场行情的变化。

淘宝教育：如果想要扩大生意体量，你的瓶颈是什么？

叶黎明： 首先肯定是线下的服务能力，想办法辐射更多的区域，比如上门测量或安装，都是靠多年积累下来的人工，在陌生的城市没有人力基础，很难进行扩大，暂时不具备规模化的能力。

其次，我们的客服是需要一定的专业门槛的，把客户想要的效果设计到位，需要行业知识的积累。

目前我在参加淘宝的培训项目，我也在想能不能做一些标品出来。只要基于消费者需求去做标品，就能更好地批量化出单，询单也可以流程化，这样才能让店铺再往上冲一冲，这是我目前的想法。

淘宝教育：你怎么看待在淘宝的经营？

叶黎明： 这家淘宝店对我人生的意义很大，正是因为在这里创业取得的一点成功，我才能支撑起一个家。我实现了自立，没有什么比这个更重要。

家装定制型产品，更适合在淘宝经营。目前也希望在淘宝上取得更大的发展，给我家里人、给我女儿更大的生活保障，我的梦想不是很大，这是我努力争取能做到的。

我觉得人就是要折腾，不要因为任何原因故步自封，每个人都会遇到困难，要学会走出来，创造更多的可能。我今年40多岁了，这一路走来，有坎坷，有困难，有失败，但是也有惊喜。

淘宝教育： 在淘宝开店以来，有没有得到来自平台的扶持？

叶黎明： 淘宝对残障人士有一项帮扶政策，"小二"让我加入一个钉钉群，提供关于店铺运营、推广的免费课程培训，希望我们能在淘宝平台中去耕耘自己的事业，去做得更好。这些课程也是我需要去持续学习的。

很多人都有奋斗的梦想，我觉得这也是淘宝平台发展的基石，希望淘宝给我们这些小商家更多的关注和帮助。

义乌"00后"都这么厉害了？淘宝店一天卖出上万个快递袋

"骑自行车入学，开宝马车毕业。"

被誉为"电商黄埔军校"的义乌工商职业技术学院，从不缺少创业神话。据悉，该校创业学院成立以来的首届 120 名毕业生，离校前的平均月收入超过 1 万元。

2023 年，阿里巴巴橙点同学平台上线"淘宝星生代"专区，打通开店实训、能力认证、校企合作等流程，支持年轻人实现创业梦想。

作为"淘宝星生代"首个合作高校，截至 2023 年 12 月，义乌工商职业技术学院累计有 700 多名在校生在淘宝开店。在学校的电商创业打榜赛中，主营快递袋的陈昱豪连续多月位居榜首。有意思的是，项科棋其实是陈昱豪的"供货商"。

淘宝教育对话两位"00 后"在校生，聊聊他们的"淘宝初体验"。

创业：反正都是同学，没必要赚差价

淘宝教育：为何选择开淘宝店，如何选择赛道？

陈昱豪：我对电子商务比较感兴趣，并在一个暑假中尝试过开"无货源"店铺，但由于没有经验，还没拿到结果就草草结束了。现在经营的店铺，既是学校鼓励我们进行创业实践的结果，又是我的电商兴趣的延续。这一次，我选择从同学家的工厂拿货，价格有优势，产品有保障。

项科棋：我就是为他供货的同学。我们家经营塑胶厂，但线上生意不是很好，想来学习电商知识，再回去"整顿"家里的店铺，等到条件成熟后再开辟新类目。

淘宝教育：在同班同学那儿进货，是什么样的体验？

陈昱豪：我和科棋在高中阶段就是同学，约好一起来这个学校。从他那进货，能保证供应链的稳定。

项科棋：我们一起做电商，正好有个人可以商量，互相学习。

淘宝教育：你们店内主打什么产品，客户群体是哪些？

陈昱豪：我俩的店铺都是主营快递包装袋，客单价在20元左右。目标群体主要是网店商家、快递驿站老板。销量最好的一款产品月销量超过500单，发往浙江、广东等地。

淘宝教育：许多人觉得开淘宝店很有挑战性，你们的自信来源于哪里？产品有哪些独特优势？

项科棋：类目选得好，快递袋在市场上需求量很大，但商家不多。自己家的产品，可以拿到成本价。事实上，塑料袋市场混乱，质量参差不齐，我们选择的是中高质量的产品，避免低质竞争。

淘宝教育：单日销售额最高是多少？

项科棋：第一次成交的产品是自封袋，一位内蒙古的买家购买了80多元的货品，当时我发了朋友圈，父母还给我点赞了。

在尚未推广的情况下也能出单，很不可思议。能在淘宝卖出一些产品，我也很开心。从开店到现在，单日销售额最高可以达到 4000 元。

陈昱豪：我一天最多卖出过几百捆快递袋，有上万个袋子。

运营：义乌的电商竞价非常激烈，我们要在质量上竞争

淘宝教育：在淘宝上开新店，如何冷启动？

项科棋：对于新店新链接，淘宝都会给一定的流量扶持，同时我们也会想办法提升成交转化。同行的主图通常比较杂乱，我让主图尽量简洁，标明用料，展现高质量产品。

淘宝教育：店铺吸引来流量后，如何提升转化？

项科棋：我们做了主图视频，突出产品的结实、美观。花了一个晚上拍摄，由两人扯着快递袋，托起第三人。这种极端又有趣的展现方式，生动地突出产品的特质。

淘宝教育：作为学校电商创业打榜赛的"榜一大哥"，昱豪做对了哪些事？

陈昱豪：第一是主图精美，第二是价格合理，第三是产品质量好，才能有稳定的客源和复购率。

此外，我每天都会关注店铺后台和私域并及时答疑，同时在自动回复里强化"大学生创业"的标签，以赢取更多的支持，让客户更愿意持续购买。

淘宝教育：现在开淘宝店竞争压力大吗？

陈昱豪：压力比较大，大家都在拼价格，可能我一单只赚 2 元钱。但我觉得没必要一味地去低价竞争。一方面，不同的价格有不同的消费人群；另一方面，我们希望靠质量赢得客户。

项科棋：压力是有的，但我有产品、仓储、物流优势，只要我把前端做好，后端就不用担心了。慢慢来，做得比别人好，肯定赚的也比别人多。

电商与淘宝：毕业后，回去好好"整顿"自家的电商生意

淘宝教育：你们在大学期间开启了自己的淘宝店，这样的大学生活是否符合你们的预期？

陈昱豪：比我想象的要更累一点，每天都要处理店铺里面的事情，没有多少空闲时间，但我觉得这样能积累更多电商运营的经验。

淘宝教育：你觉得开淘宝店难吗？难在哪里？

陈昱豪：前期还是比较烦琐，每天都要花很多心思去处理各种事。但学校给我们提供场地、指导，不用投入太多资金就能快速起店。

项科棋：遇到一些要求很高的客户时，保持好心态会比较难。我们的定制产品的印刷成本在500元左右，所以有起订量门槛；前几天有位用户的订单只有7元，并且客服联系不上他。这让我感到有点难受。

不过，每次接到大单时，我都会很开心，没有累的感觉。

淘宝教育：毕业之后，是想"找个班上"，还是继续开淘宝店创业？

陈昱豪：我会选择继续开淘宝店，同时想尝试其他类目，希望把店铺做到行业前500名。

项科棋：我也一样。虽然创业这件事有风险，但也有回报。有些人喜欢安安稳稳，但我认为创业是我的理想，我更喜欢为自己感兴趣的事奋斗。

淘宝教育：科棋，作为"厂二代"，你对家里的店铺有哪些运营建议？

项科棋：家里店铺的链接内容都比较大众化，很多人一眼就忽略了，没有点进来的意愿，也没有买的动力，应该在产品内容上做出一些特色，

吸引别人进店购买。

淘宝教育：做淘宝店的终极梦想是什么？

陈昱豪：我更想打造一个属于自己的独立品牌。

项科棋：先在学校学好知识，毕业后回去好好打理自家的电商生意。如果条件成熟，我计划再和亲戚朋友们一起开设其他类目的网店，例如眼镜、口罩等，我都有货源。

好店：
87 个淘宝中小商家的造富秘籍

"00后"开"卷"，低价饰品月成交额 15 万元

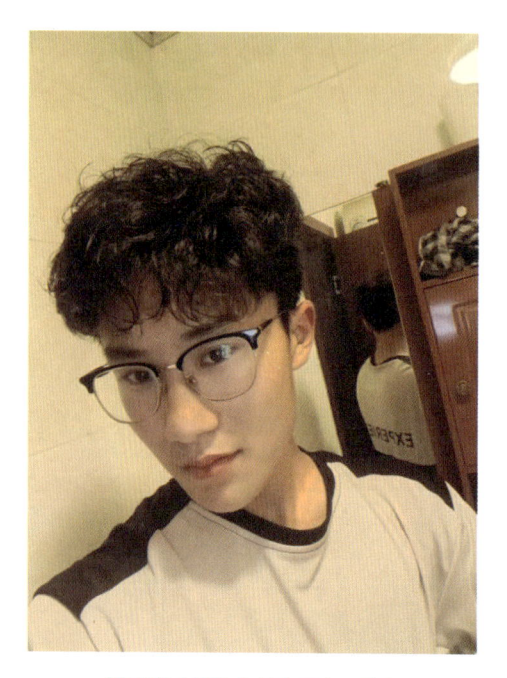

"饰谁的心啊"店铺主理人　曹鑫

"00后"大军开始入驻淘宝了？

在 2023 年 5 月举行的"淘宝天猫商家大会"中，淘天集团透露了一个数字：大约有 130 万"00后"选择在淘宝开店。

"00后"一代如何看待电商行业，他们又是如何经营店铺的？

来自成都的曹鑫，就是"00后"创业者中的一员。从 2022 年开始，他先后在淘宝开了 3 个网店，做高性价比饰品的生意。其中，淘宝店铺"饰谁的心啊"，客单价 10 元左右，月成交额约 15 万元，受众群体涵盖 15~45 岁的女性。

"我们店铺主打的就是超高性价比，在价格上，没人能'卷'得过我。"

曹鑫笑称。

曹鑫与朋友的工厂建立了长期合作，通过供应链优势压缩成本，将"低价好物"当作是店铺的"撒手锏"。

淘宝教育对话"饰谁的心啊"店铺主理人曹鑫，一起聊聊他是如何实现超高性价比的。

"饰谁的心啊"店铺产品

谈创业：结合平台规则，让新店和新品快速打入市场

淘宝教育：是什么契机让你在淘宝开店？

曹鑫：2022年冬奥会时，吉祥物"冰墩墩"特别火，几乎每家淘宝店一上新"冰墩墩"，都是一秒售罄。我寻思着我能不能在网上卖货挣钱，于是下载了千牛❶，自己去摸索。

正好我有朋友也在做饰品的供应链，我就选择了饰品类目，主营性价比饰品。当时组了一个"三人小队"开始创业，我是主理人，其余两人一个做客服，一个做运营。

淘宝教育：店铺名字"饰谁的心啊"是怎么来的？

曹鑫：当时有一首歌叫《是谁的心啊》，开淘宝店的时候，我正好想到了这首歌，玩了个谐音梗，替换一个"饰"字，突出我们是一个饰品店。

这是我开的店铺里，名字最有趣的一家。除此之外，我在淘宝还有2家低价饰品店。

淘宝教育：为什么要在同一个类目开3家店呢？

曹鑫：为了挣钱，感觉这样流量会更大。

淘宝教育：那这种方法起效了吗？

曹鑫：有效果。因为我们现在紧贴淘宝的战略去走。淘宝2023年主打的就是"好价就有好成交"。在价格方面，我们前期去做一些基础操作，先参与一些官方活动，再进行付费推广。结合平台规则，利用性价比优势，让新店和新品快速打入市场，得到很好的成长。

淘宝教育：刚开始接触电商的时候，你通过什么途径去学习店铺运营？

曹鑫：一直以来都是自己摸索，不仅会通过平台"淘宝小课"学习基础课程、我还会自己搜索淘宝大神的经验帖，借此一步一步拉起了团队，学会了如何去运营，去操作，就这么野蛮生长起来了。

我并不是从一开始就全职做淘宝店的，我在中专时期学的是数控专业，

---

❶ 千牛为一款卖家工作台，由阿里巴巴集团官方出品，淘宝卖家、天猫商家均可使用。包含卖家工作台、消息中心、阿里旺旺、量子恒道、订单管理、商品管理等功能。——编者注

毕业后去餐厅做服务员，熬了两年当上了主管。最初只将淘宝店当成副业，2023年觉得店铺发展得不错，就决定出来全职开网店了。

谈价格竞争力：在低价上，没人能"卷"得过我

淘宝教育：店铺的运营情况如何，有哪些经营策略？

曹鑫：店铺里主营手串、手链、头绳这一类小饰品，客单价一般10元左右，主打极致性价比，低价就是我们的优势。

我的供应链来自朋友的工厂，可以拿到更低的价格，加上各个环节压缩成本，主动让利，一单利润小的只有几毛，大的也就几元。所以说价格的话我只会更"卷"，基本没人能"卷"得过我。

前期，我们会通过亏本的方式去冲量，或许我一单会亏个一两元，通过推出前 N 单5折的活动去亏本促销，以低价的方式打入市场，先把流量引进来。再通过关联购买等形式，把利润拉平。

淘宝教育：为什么想要做低价产品？

曹鑫：我觉得现在的大环境下，消费者对价格更加敏感，而且现在各行各业同质化都很严重，所以我们想选择做高性价比、低客单价的产品，即便利润不高，但可以通过走量来积少成多。

淘宝教育：在不同平台开店，成交差距大吗？

曹鑫：差距非常大。"饰谁的心啊"淘宝店月成交额15万元左右，是成交额高、复购量大的一家店。

淘宝教育：哪些关键的选品策略，确保了店铺产品持续热销？

曹鑫：我们有三大选品上新策略：

第一，紧跟热点，关注爆款饰品。比如说某个明星佩戴了一条手链，

或者说某个电视剧里某个款火了,我们会马上把原料找齐,组装出来这个产品,寄给合作的模特拍照,赶在热度期内上架。

第二,模仿小红书等平台的爆款,通过价格竞争取得优势。

第三,根据市场上现有的爆款进行创新。比如说一款黑色的手链销量很高,但是没有其他颜色,那我们会在爆款的基础上,增加颜色或者款式组合。

另外,还有一种特殊情况,有一些走珠类的饰品,某些款式或者设计图热度很高,但暂时没有供应链可以生产出来,那我们会利用供应链的优势,尽快做出实物来上架。

淘宝教育:第一次有爆款是什么时候,你的感受如何?

曹鑫:那是2023年过年的时候,店里一款头绳爆了,是顺应兔年做的兔子的造型,客单价6.9元。当时是通过平台"顺手买一件"的活动,加上这个品上架比较早,市场上同类型产品少,所以上新没几天就卖了3000多件。我自然非常开心,觉得方向找对了,付出得到了回报。

淘宝教育:店铺提供哪些售前售后服务?

曹鑫:售前,包装上用泡沫包裹饰品,并贴上易碎标签,尽量避免在运输过程中损坏,但也不可能做到万无一失,比如说我发一百单,可能会有一两单因为物流颠簸产生破损。

售后,对于破损问题,或者

"饰谁的心啊"店铺产品

到手有瑕疵的产品，我们会给消费者提供两个解决方案：补发一个全新产品；店铺承担运费退货退款。

谈用户和内容：我们的客户，上到 45 岁，下到 15 岁

淘宝教育：主要的消费群体是哪些人？

曹鑫：顾客以女性为主，上到 45 岁，下到 15 岁。大部分产品的受众是 18 岁左右的年轻女性；部分产品，比如串珠类的饰品，会比较受三四十岁的女性喜欢。

她们购买后用途很多，有的是零售，有的是来批发回去再卖，可能会放在自己的实体店里卖，或者用来摆地摊，我们有很多回头客都是来批发的，给到的价格比零售还低一点。

淘宝教育：在内容运营上，有哪些布局？

曹鑫：在站内，我们会通过氛围感产品图和短视频引流，比如说古风的饰品，会在产品图加上毛笔字增添韵味；或是在夕阳下拍摄手链，营造温柔精致的氛围感。在评论区，我们经常会收获一些高质量返图和客户反馈。

在站外，我们有和达人合作推广。一般新品寄给模特拍好图片后，我们会把图片发给达人，到社交平台上去发布，然后在评论区引流，注明是淘宝某某店铺。

至于直播，几天前我亲自感受了一下直播，发现淘宝直播流速非常快，想要留住客户的话，是非常考验主播能力的。现阶段的我，可能没那么多时间和精力去投入。

卡罗特：国货"锅王"的价格策略

天猫炒锅热销榜，卡罗特连续七周霸榜，排名从未跌出前三。

卡罗特的前身是一家为国外品牌代工的工厂。2017年，针对国内铝制不粘锅市场的空缺，卡罗特品牌成立，2018年正式入驻天猫。2022年全年，

卡罗特品牌联合创始人　张建鹏

店铺卖出 2000 万只锅，成交额达 2.94 亿元。

卡罗特定位 20~30 岁年轻用户，客单价维持在 90 元左右。品牌联合创始人张建鹏总结，卡罗特经营的关键策略在于丰富货品和提高性价比：首先，通过研究用户需求，反向布局产品线；其次，不频繁改价，通过"聚划算"打造性价比"心智"，做好日销；最后，通过老客降低营销成本，投入质量把控与新品。5 年间，店铺日均流量翻倍增长，老客贡献占比 25%。

淘宝教育对话卡罗特品牌联合创始人张建鹏，一起聊聊如何提高产品的性价比。

淘宝教育：为什么定位铝制不粘锅类目？

张建鹏：2017 年以前，我们一直给国外品牌代工，那时电商已经很发达，但铝制不粘锅的市场格局并未形成，我们基于两点观察，来洞察商机：

区别于铁锅，铝锅保温效果好、延展性高，可以生产出奶锅、平底锅、煎锅、汤锅等细分品类，以往它更偏向西方的烹饪场景，但随着年轻人成为消费主力，精细化是未来的趋势。

铝锅材质轻便，烹饪清洗更省力。以往大多数家庭的厨房是一个油烟重地，而铝锅密度小，再增加不粘锅涂层，就可以轻油少烟，更符合当代的健康理念。

2017 年 11 月，我们入驻淘宝店试水，无论是销售端的反馈，还是生意参谋的市场数据，都验证了我们之前的判断。于是，我们于次年入驻天猫，切入 90 元客单价市场，2022 年，店铺成交额达 2.94 亿元。

淘宝教育：为什么定位 90 元价格带？

张建鹏：在铝制不粘锅类目，当时已有国外品牌入驻，中高端市场，价格在 500 元上下，质量好，但消费者购买成本高，需要品牌营销和更多的技术研发投入，但用户的教育需要时间，考验企业的资金链和风险成本。

低端市场，价格在 50 元左右，以优惠拉动销售，但复购与好评率不高，不仅伤害品类发展，店铺生命周期也普遍不长。

我们决定以 90 元价格，主打性价比，用两点来支撑：①提供更好的售后，降低用户试错成本，用订单量降低供应链成本。②将利润投入到质量把控，用产品力支撑复购，降低营销投入。

淘宝教育：你们在产品上做了哪些改良？

张建鹏：不粘锅类目在国内还算新品类，年轻人的接受能力会更强，因此 20 岁到 35 岁的人是我们的目标用户。在年轻用户的使用场景，居家便携、干净美观、性价比就是关键词，主要围绕三方面进行产品升级：

在使用寿命方面：老一辈买锅偏向铁锅或不锈钢锅，可能用 5 年、10 年。但铝制不粘锅的表面有不粘涂层，在使用过程中容易磨损，以往这类产品的使用寿命为一年左右，但消费者往往无法接受每年需要换新锅。

因此，在产品升级中，我们将耐磨指数从 2 万次提高到 6 万次，延长使用寿命，让消费者感觉到产品不仅好用，还耐用。

在产品颜值方面：现在消费者看重家居风格的搭配，我们的厨房用品同样在往"颜值"上升级，比如蓝色、马卡龙色、日系灰色等。

此外，产品在手柄和玻璃盖等部件做升级。比如，以前手柄材料通常是金属或塑料，我们从消费者手感出发，开发第一代硅胶木手柄，不仅选用耐火高温的硅胶，在外观上增加水管印的工艺，和仿木纹效果，不使用的时候，立在那里就是家里的一道风景线。

在产品容量方面：我们发现，在一二线城市，小规模家庭较多，且有搬家需求，通过开发不同尺寸的锅具，来匹配用户需求，从而提高转化率。

淘宝教育：如何拓展品类，提升连带购买？

张建鹏：除锅具之外的品类延伸，我们会考量核心的消费人群是否相似，新品跟我们原有的消费人群需求是否重合。

根据烹饪需求的不同，除了向汤锅、奶锅等产品进行延展，基于厨房、餐厅、出行等不同使用场景进行延伸，都是拓展关联品很好的思路，所以我们在厨房工具、餐厅好物、出行水具等产品线进行跨品类布局。

淘宝教育：为什么成为"聚划算"常客，店铺的定位是什么？

张建鹏："聚划算"是我们承接日销流量转化的场域，3年前，通过找准价格带及背后的人群，日均流量在6万~8万人次，现在日均流量已经成倍增长，其中复购占比25%。

从全店流量结构看，销量前三的款，只占流量的10%~20%。除了将核心品炒锅打爆，还跨类目布局餐饮用具、家居水具等产品，通过上新获取不同类目的访客流量，店铺通过中腰部商品，上百个链接把流量堆起来。

但流量转化背后的策略是：将主推款，打标"聚划算"，增加性价比心智，承接转化。其中有3个步骤：①主打"聚划算"，减少其他营销让利，稳定日销价格；②上新后，老客按需购买，不用担心购买后产品降价，以缩短成交周期；③通过老客贡献，降低新品获客成本后，提高上新速度与加强质量把控，形成良性闭环。

在义乌 10 年：他用价格策略打爆款，年销售额 3 亿元

瓜洲牧旗舰店主理人　周俊男

2012 年，大一新生周俊男在课余时间干起了淘宝，这段日赚 700 元的经历，让他放弃相对安稳的教育专业，毕业后辗转来到义乌"淘金"，一晃就是 10 年。

这 10 年间，产业带随着电商的发展，焕发生机与活力。在义乌，成千上万的中小商家用更强的产业资源、更敏锐的市场嗅觉、更极致的供应链效率，"卷"价格、"卷"速度、"卷"人工，将成本计算至分厘。

"人消费的，都可以在宠物身上再做一遍。"周俊男因为这句话，看到宠物赛道的趋势。

2019 年，他开始运营瓜洲牧旗舰店，并利用产业带优势，从吃喝玩乐到衣食住行，不断地拓宽宠物用品的边界，强化宠主们的一站式购物心智。

身处"世界小商品市场"的瓜洲牧旗舰店，对于"低价—单量—利润"的经营模式并不陌生，因此总结出自己在淘宝系的"打法"。即用极致的性价比，让多个爆款冲向品类前列，获取更多访客；更深、更宽的货品则成为提升连带和复购的秘诀；最后以日均 12 小时的开播承接部分流量转化。

"既然淘宝推出价格竞争力，我们就主动配合，争取把价格竞争力玩透。"8 月底，瓜洲牧旗舰店 2 个链接同时提报价格竞争力，第二天单量就翻倍，从 120 单一路递增到 500 多单。

几年间，周俊男的宠物生意版图，以天猫为原点，拓展至拼多多、抖音等，其中天猫年销售额突破 3 亿元，在所有渠道中占比过半。

以每周 3~5 款的速度上新，100 余款价格竞争力商品，日均发货 25 万件的瓜洲牧旗舰店是如何走出来的？

电商创业：上大学就开始做电商，跟着淘宝慢慢成长

淘宝教育：什么时候开始做电商？

周俊男：我上大学时，就利用课余时间做淘宝店，每天晚上都看淘宝大学（现淘宝教育）的视频，同时间也开了淘宝店铺，遇到不懂的问题，重复看几十遍，然后不断实践，一年左右的时间，日均能有 600~700 元的收入。

淘宝教育：毕业后就一直在做淘宝店吗？

周俊男：毕业后，我放弃了大家认为安稳的教育行业，决定留在杭州创业。刚开始做女装，和许多人一样，去四季青拿货、上款、打包、发货……每天都很累，没有时间学习，电商变化得又很快，反而没有赚到钱。

后面我跟朋友来到了金华浦江，做汽车用品的天猫店，几年后我们辗转来到义乌，布局宠物用品的生意。

总之，我们电商的青春都贡献给了淘宝。

淘宝教育：为什么后来会做宠物赛道？

周俊男： 出于市场原因，原本的汽车用品店业绩出现下滑，我和合伙人开始寻找新的增量市场。

在一份白皮书中我们发现，宠物行业在发达国家已有百余年的历史，而中国的宠物渗透率仅为22%，有较大的提升空间。

事实证明，在2019~2021年，宠物猫狗的消费市场整体呈现出双位数的增长，复合增速达到20%。

淘宝教育：做淘宝店这么多年，最难的阶段是什么？

周俊男： 创业期间6个月没休息都正常，早上8点半上班，第二天凌晨回去，做梦都是想工作的事情。

刚开始我们也踩过很多坑，那时我们刚入行，也想拿到性价比高的产品，就投了很多工厂，导致初期还没开始运作，就亏了几百万元，那时候公司压力是非常大的。

用性价比打市场：产业带商家也有自己的玩法

淘宝教育：你们当时的定位是什么？

周俊男： 市场空间很大，但竞争也比较激烈，垂直的人群和中高客单价，需要品牌长期的投入和内容建设，但产业带商家比较缺乏这种能力，我们的优势是品类的丰富性和成本控制。

因此，结合自身情况，定的市场策略是：中低客单价——扩大覆盖人群—抢占市场份额。

淘宝教育：所以从诞生那天起，你们的目标人群和定价，就在高性价比？

周俊男：消费市场本身就是呈金字塔形分布，品牌可以为消费者提供情绪价值，满足更细分的场景，但相应的，用户需要承担一定的溢价率。

瓜洲牧提供基本的产品需求，同时用好的价格，扩大覆盖人群，以打造出性价比。

淘宝教育：性价比心智如何建立？

周俊男：首先，要用多个爆款打性价比心智，再用周边品类丰富供给。比如我们的柠檬猫砂十几块钱 10 千克，已经成交了 100 多万单，成为热销榜第一。

其次，产品可以卖得很便宜，但产品质量不能差。因为养宠的客户，有复购需求，保证好产品和好价格，再不断地上新品，就会有复购。同时，部分产品有使用周期，我们会用优惠券对 3~5 个月未购用户做召回。

最后，产品的包装、详情页和 SKU 的描述，还有售前讲解与售后服务，从全链路去给用户购买体验，而不是单单胜在价格便宜。

淘宝教育：多个爆款都主打性价比，不亏钱吗？

周俊男：我的策略是，只要做了这个产品，就尽量做到第一名，哪怕不赚钱也没有关系，因为我们看的是一个整体，日均 5 万个订单，只要维持这个体量，快递费、仓储人效，是可以节约很大一笔费用的。

我们测算过，冲一个大爆款虽然大概率是亏钱的，但是它带进来的流量，可以给第二个产品带来一定利润，目前我们日均销售额为一百多万元。

淘宝教育：为什么一定要冲第一？

周俊男：性价比—更多用户进店—更高订单转化率和笔数—撬动更多免费流量，在淘系这属于正向循环。

目前，瓜洲牧爆款单品的引流词 TOP20 大多都是品类词，只要用户搜相关品类词，我们就有机会被展现，进店后价格、已售订单量、新客首单礼金的展示，可以缩短用户决策时长。

货品结构与价格竞争力：每一次改革都是机会点

淘宝教育：店铺爆款打法，其实就是"以价换量"，可以这样理解吗？

周俊男： 做淘宝店十几年，我们对平台的玩法和机制更了解，它的流量机制相对更稳定。

淘宝教育：店铺其他产品，怎么去承接爆款的流量？

周俊男： 能不能接住流量是综合的因素，但主要在产品的组合搭配和直播间的转化。

产品组合搭配：

（1）丰富品类的宽度，利用产业带优势，商品从吃喝玩乐延伸到衣食住行，有近万个SKU，只要爆款打出低价心智，用户进店后可以购买关联品，实现一站式购齐，复购率也能得到提升。

（2）我们会把商品关联度高的产品放在一起，做组合SKU进行销售，比如猫砂盆+猫砂、猫咪玩具5件套，不仅缩短消费者的决策时间，客单价也能提高，获取一定的利润。

直播间转化：

（1）我们每天12小时店铺直播，来承接爆款带来的访客数，用户进店后主播通过讲解提高订单转化率。

（2）虽然单件的客单价不高，但在直播间也能设计"凑单满减"玩法，让消费者一次买多件，促进周边品类的转化。

淘宝教育：作为多平台经营的商家，为什么愿意参加天天低价活动？

周俊男：2023 年 11 月，我参加淘宝教育组织的价格竞争力沙龙，学习通过价格竞争力打爆款，主动响应平台策略，争取把价格竞争力玩透。

2023 年"双 11"期间，我们营业额增长了 30%，其中一个重要的原因就是笃定价格竞争力。现在我们有 100 多款价格竞争力产品，只要是潜力款，我们都会让运营报价格竞争力和天天低价活动，没有上天天低价活动的产品不叫爆款。

每一次改革都是机会点，了解价格竞争力原理，才能跟上平台节奏。

群像

家里有厂，在淘宝开店是什么体验？

"家里有厂，心里不慌。"

对很多商家来说，将供应链掌握在手中，不仅意味着店铺可以"轻装快跑"，降低产品生产成本，也规避了发货不及时、质量不可控等短板。

一起来看看有稳定供应链的源头工厂型商家们在淘宝是如何经营的，其中有年交易额40亿元的纺织品集团；有从白胚到成品、形成闭环供应链的香云纱店主；还有"娃圈顶流"的棉花娃娃，专门打造7000平方米工厂的年轻创业者……

他们在淘宝开店的成绩如何？供应链的优势又给他们带来了什么？

草莓球球棉花岛：潮玩界"顶流"专门开设占地面积7000平方米的工厂

原创品牌"草莓球球棉花岛"，2023年4月开店，主营棉花娃娃及配饰，客单价在25~50元，累计GMV近30万元。

供应链上，自产自销，自有两家工厂，分别在湖北武汉和河南周口，每家工厂占地面积均为3500平方米。

在产品上，该店坚持生产高质量的原创产品，从产品的初稿、打样，到市场用户反馈，再到最后大货生产，注重每一个环节，充分发掘用户需求。

一支年轻的团队，做着受年轻消费者热爱的生意，从原创设计到生产制造全线贯通，从站内到站外全平台分发内容，通过年轻、有趣的棉花娃娃打理教程等内容，吸引了大批粉丝。

原创娃衣品牌"元气萌想"：背靠"大厂"，心里不慌

在棉花娃娃大火的基础上，许多专做棉花娃娃衣服、场景、配饰的商家出现了，赛道不断细化，很难想象巴掌大的小娃娃，都已经有专属的服装店铺了。

淘宝店铺"元气萌想"，就是专营棉花娃娃服饰的商家，在消费者的评论区里，"娃娘"们热闹地分享着养娃日常："做工很好，孩子穿上很可爱""我家女儿最近长胖了，裙子艰难套上""好大儿头太大了，戴这个帽子刚刚好！"

店铺背靠的纺织品集团有20多年生产经验，年交易额40亿元，自产自销。"元气萌想"自2023年5月开始运营，6月16日商品预售，在淘宝当天成交6000多元。

店铺通过图文和短视频来吸引消费者，在精致的布景里，展示娃娃穿上产品的"萌态"；负责人以前操盘过几个天猫店，有十多年电商经验，曾是电竞椅品类的TOP1。

觅纱丝绸香云纱：纺纱界的"软黄金"，闭环供应链

"轻纱掩翠微，香云漫舞，美丽如画。"香云纱，作为唯一用纯植物染料染色的丝绸面料，被纺织界誉为"软黄金"，从古至今颇受女性消费者的喜爱。

面料直播型商家"觅纱丝绸香云纱"，从事真丝行业20多年，自有丝厂和数码印染厂，设备精良。

店铺另在非遗香云纱工艺当地设有基地，占地千亩[1]，从白胚到成品已然形成闭环供应链。

通过直播、淘宝新生代会场原创品牌潮店等运营手段，店铺2023年7月成交笔数环比提升超100%，独立访客（Unique Visitor，UV）月环比提升200%，成交环比提升超50%。

家用一体集成灶工厂：高性价比集成灶7月成交额破百万元

基于线下货源优势，主理人在2023年4月开设集成灶的淘宝店铺，为了加强自己的店铺竞争力，店铺采取高性价比的路线，7月成交额破百万元。

该店拥有供应链优势，其合作工厂有100多位经验丰富的工人。

在"6·18"期间，店铺通过商业化推广进行快速引流，靠着价格优势，提升了商品转化率，为店铺带来了一波爆发式增长，成交额成功突破

---

[1] 1亩≈666.7平方米。

百万元。通过设置大额优惠券，加入限时秒杀等活动，促进顾客下单；还提供免费上门安装、分期免息等服务，提升消费者体验。

"华裳阁宋锦漳缎高端女装"：实力工厂转型淘宝开店，3 个月业绩破百万元

淘宝女装店铺"华裳阁宋锦漳缎高端女装"的主理人，是一家女装货源工厂的负责人，之前一直做批发生意，后来因为疫情和传统线下市场低迷等原因，决定转型至线上拓展销售。

在经历过其他平台的运营试水后，考虑到整体的投入产出和店铺效益，最终选择在淘宝开店，2023 年，开店 3 个月成交额破百万元。自有工厂工人 30~50 人，有 10 年做精品女装经验。

开店第一步就集中资源布局淘宝直播，发挥自身产品的差异化，打造高格调有人设的直播间，并在此期间得到了平台帮扶。7 月已陆续获得 800 元流量券。

"8 月我们还会继续参与活动的，争取拿满 2000 元的补贴权益。"主理人说。

淘宝教育认证讲师

王祥

10年电商内容经验，长期奋战在一线；品牌营销合作商及淘宝商家，熟悉大小家电、家具行业，合作品牌60多个；聚焦内容营销方向，多次实现店铺内容从0到1起盘，运用内容策略实现店铺销售倍速增长。

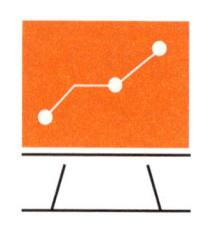

讲师支招

源头工厂商家 拥抱淘系正当时

是时候关心电商生态中重要的环节——"源头工厂商家"了，这些早期在线下运营，拥抱了一定的时代红利的商家们，分布在天南海北：吉林的袜业，江苏的家纺，福建的运动服装、卫浴以及广东的消费电子、家电家具……无不彰显着"三百六十行，行行出状元"的至理名言；对任何一个地方来讲，原材料、人才、技术工艺、土地、交通、渠道、政策等，都是"源头产业带聚集"的重要因素，这些源头工厂商家对生产工艺的摸索、质量的把控以及成本优化都几乎做到了极致，也构成了每个地方基于源头产业带极具特色的营商环境。在这片源头工厂商家的土壤中，孕育出了众多不同类目的头部品牌、上市公司乃至世界500强企业，而中小商家却是产业带商家的基础。

技术的提升、产能的优化、产品的更新迭代是源头工厂商家的拿手好戏，开模具、压库存接受一定的账期，一年服务好几个大B❶的客户，为知名企业或者品牌做OEM❷，就可以衣食无忧并且持续扩大规模。

近几年随着经济市场的波动，成本上升、利润下降，技术门槛变低，源头工厂商家也开始渐渐吃老本了。经过长久线下思维的浸泡，对平台电商始终抱着若即若离的态度，或者是做了电商后浅尝辄止，没有明确的战略目标就扎进去，结果就真的折进去了，从此就成了品牌或者是大B商家的供应链工厂，沿着传统工厂生产制造的道路前行，看到同行或者品牌商家的崛起，也只能望洋兴叹。

其中有批源头工厂商家在营销端有更加现代化的洞察，在稳定技术、产能，迭代产品的同时，开始积极探索多平台经营方法，不仅自建电商团队，还利用产业供应链的优势，多条腿走路。

过去仅仅依赖于大企业客户，现在也开始接小订单，尝试和达人、主播合作，并发展分销和经销商，一时间竟有打破中间商，赚回来差价的快感，但各种产品、商家的机制涌入后，尚未形成完善的电商运营思维，仿佛整个市场上面没有最低价，只有更低价，从而出现了分水岭，将成本压缩到极致，开始从产品的成本上下手降本提效、回归到产业带商家供应链本源，维护好大B的同时，兼带拓新；基于产业带商家成本货品的优势后，开始做价优好货，拥抱平台立足实体渐渐发力于自有品牌等。

选择一个较为准确和适合的平台赛道，这个问题对产业带商家来说，和选品同等重要，好钢用在刀刃上，抓住主要矛盾才是指导实操的基本理

---

❶ 指企业用户。

❷ OEM：Original Equipment Manufacturer，也称为定点生产，俗称代工（生产）。

论。设立一个泛前提的逻辑，精力和预算有限，希望在商品供给、内容供给、场域建设、用户留存、用户拉新方面有完整的闭环和逻辑，较为合适的就是淘系。数据显示，淘宝上持续经营10年以上的店铺数超过170万家。创业门槛低、生态多元等特征，也吸引了大批新商家加速开店，公开数据显示，过去一年，淘宝新增了512万商家，其中绝大多数是中小商家，包括130万"00后"商家，其中也不乏众多的产业带商家。

源头工厂商家的加入体现了产业的聚集性，接下来就需要企业的品牌化运作，而在品牌化运作的过程中，必然会经历一个量变到质变的过程，很多电商平台都可以卖货，但淘系却可以提供一个完备的打造路径，除了建造自有品牌的护城河，还可以入驻淘特和1688❶，抓住接触更多上下游资源的机会。除了日常的流量扶持的行为，还有整套的源头工厂商家服务的完整链路；帮助商家做生产端到营销端能力的前置，通过短视频和直播的方式，进行有效的表达和触达，帮助商家从单纯的为消费者提供产品，过渡到解决方案的提供和转化；有庞大的用户数据以及数据回流供决策，帮助产业商家能够在市场的变化中及时地调整产品的迭代和技术发展方向。

于是，天南海北的源头工厂商家们也在基于自身的产业链资源、价优好货，积极筹备电商运营团队，在营销场、内容场和货架场发力去拿成果。淘系运维流量已经非常完整，具体的运营知识和日常数据指标已经可视化和量化了。

光有决心是不太够的，重要的是操作执行落地。在这个过程中，源头工厂商家躬身开始研究运营的技巧以及流量的获取方式，筹建属于自己的电商团队或者选择参与电商团队的合作、上新、测款、打关键词等，将货

---

❶ 全称为1688.com，是阿里巴巴集团旗下的企业对企业（B2B）电子商务交易平台。——编者注

架电商力争干到极致。在这个过程中，结合平台的规则和流量扶持开始做内容，实现了拉新、留存和转化。其中，直播和短视频带来了非常好的成交增量。

种草短视频的本质，是从内容形式上进行用户触达和心智影响，缩短购买过程中的决策周期和促单。通过对于自身产品的研究和洞察，挖掘内容形式上面的展现，对商品痛点和价值的视觉化表达，在内容渠道上进行投放，拿到猜你喜欢、"逛逛"、推荐、搜索等内容场域的流量。有些服装源头工厂商家，一组人出门一天，出镜模特、摄像师、摄像助理、化妆师和场务，他们每天可发布 30 条以上的视频，月度常规内容带来的访客流量占比 70% 以上，引导成交比例高达 50%。

某小家电的产业带商家，通过对内容形式的反复研磨，制作 10 多种不同的内容进行测试，通过几个月的摸索后，月销售额上百万元的店铺中有 30% 的销售额来自短视频种草。同样都是做网红爆款的轻奢女装、同样都是在做小家电，店铺同行如过江之鲫。除了店铺日常流量维度要持续做好，还需要确保内容场域里面的短视频流量，才能够进一步做降本提效，实现店铺出圈和销售。

毕竟，商业中重要的是要互利共赢，让天底下没有难做的生意，好的服务可以吸引更多源头工厂商家在平台持续经营，也可以催生更多消费。

好店：
87个淘宝中小商家的造富秘籍

淘宝教育认证讲师
杨娅媛

20 年从业经验，10 年专职电商运营管理经历，经历和见证电商行业从野蛮生长到品牌化运营全过程。曾任知名日化企业品牌总监及市场总监，操盘和主导快消、母婴、玩具、服装等行业 top 级别的店铺，操盘全网线上销售，有单一品牌从 0 到累计销售额过亿元的经验。

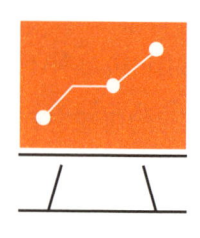

讲师支招

向新而生，价格竞争力带来的机遇与挑战

2023 年年初，我所经营的店铺商品"有幸"成为第一批价格竞争力商品入围商家，我陷入了沉思，对于新的玩法，我向来报以不排斥且勇于尝试的态度，万一能抓住一波红利呢？但是这次价格的玩法对我们而言确实是一次不小的挑战。

我深知，这不仅是艰难的时刻，也是珍贵的机遇。经营了 20 多年的品牌，价格的大幅变化，必然牵扯很多经销商的利益，但是如果不参与会错失一次机会，我又该如何抉择呢？

打开商家后台，面对入围的 20 多个产品，其中两款商品加入重点关注，我们真的享受到了第一波红利！

从后台的数据来看，每日额外曝光增加337.5%，7天获得额外商品浏览量"9000+"，我们的这个商品，浏览量/访客数增长了3倍左右，这就意味着我们在7天内获得了3000多的访客。

然而，另一款商品虽然也确实获得了不少的额外曝光，但是没有那么多的浏览量，访客增加的更是寥寥无几，有曝光没访客，毫无疑问，商品的点击率出了问题，重新梳理主图，调整卖点，直通车测图……一顿操作猛如虎，对我们运营小伙伴来说这些内功还是相当深厚的，终于在下一个7天，成功地提升了20%的流量。

初尝甜头，天猫店的运营同学获得了极大的信心，但是我却陷入了矛盾，有几款商品，是决不能调整价格的，因为全网的价格都有明确的控价，如果一个平台动了，其他平台势必也要跟进，正所谓牵一发而动全身，整个价格体系的混乱，是我不愿也不能看到的。或许是营销人的天生敏感，我知道这里存在着隐藏的机遇，只等着那些愿意创新的人去发现。

其中某款公司严格控价的儿童沐浴露有很多忠实的顾客，其中大部分是35岁以上的妈妈，这得益于早些年的品牌宣传，但是这几年，随着一些"95后"逐渐成为妈妈，对于产品的需求，不停留在单一层面，我知道这款沐浴露如果再不更新，早晚会被新手妈妈们淘汰，正好借着这次机会，我们去尝试一下未尝不可。然而从哪里入手呢？如果仅仅是单纯的降价，除了牺牲利润以外，并不一定能有明显的起色。

一筹莫展之际，突然想到《埃隆·马斯克传》里提到了经营公司的底层逻辑：第一性原理思维——追本溯源。在任何一个系统中，存在第一性原理，是一个最基本的命题或假设，不能被省略，也不能被违反。这个哲学概念很深，但能理解他提出这个概念背后的逻辑就够了。他认为任何事物的存在，任何现象的发生，都不是无缘无故的，其背后一定存在一个本质原因。马斯克是第一性原理的忠实倡导者和成功践行者。马斯克曾说：

"我们运用第一性原理，而不是类比思维去思考问题，是非常重要的。我们在生活中总是倾向于比较，对别人已经做过或者正在做的事情，我们也都跟风去做。这样发展的结果只能产生细小的迭代发展。"第一性原理的思考方式，是用物理学的角度看待世界，也就是一层层拨开事物表象，看到其本质，再从本质一层层往上走。这是他眼中的第一性原理思维模型：回归事物本质，重新思考该怎么做。

回归

新手妈妈对于儿童沐浴露的需求是什么？通过市场调研，我们发现妈妈们的需求并没有那么复杂，产品安全、天然是首选，并不像成人沐浴露，需求那么多，控油、滋润、味道、留香时间等，反而简单纯朴的产品更容易打动新手妈妈们。这正好悄然切中了营销中的概念集中法则，焦点集中在一个简单的名词或概念上，更容易在消费者心中生根发芽，比如"农夫山泉有点甜""怕上火喝王老吉""联邦快递使命必达"……做减法这个策略油然而生，如何做减法，通过无数的尝试，一系列的技术创新和配方优化，技术部成功地将原有的沐浴露配方进行了精练和简化，去除没必要多余的成分，将更天然、更安全的成分引入产品中，新配方的引入不仅仅迎合市场趋势，提升产品品质的同时，也降低了生产成本，为价格竞争力的打造创造了更大的空间。

验证

各种产品并非生而平等，任何同类商品或品牌，都会在消费者心目中形成一个选购的阶梯顺序，在这一阶梯上，各种品牌的商品各占一层其独有的概念或专属理念，两个同类型商品不可能在消费者心目中享用同一个概念，当竞争对手已经在消费者心目中形成某种概念或拥有某种地位时，如果再想用同样的概念去赢得用户，结果可能只会是耗费了极大的广告成本，徒劳无益。对所有对标的沐浴露进行了卖点分析之后，我们发现最初的理念：天然草本简约配方，市场上并未有太多的认知，这正是我们的机会，为了印证我们的想法，不贸然浪费资金投放广告，派样这个工具是我们每次上新测试的有效法宝，且在每个包裹中印有一张奶白色简约卡片，突出我们的大道至简风格。

反馈

产品派样上市后，得到了一二线城市、高消费力、精致妈妈的一致喜爱，对于极简新配方的反馈超出了预期。产品的更天然、更安全的特性在市场中树立了良好的声誉，进一步提高了品牌的价值。这种品牌溢价效应也为公司带来了额外的利润。月回购达到39.5%的妈妈购买了正装产品，而这一正装产品的链接我们加在了不能降价的老款沐浴露链接中。

突破

根据哈佛大学心理学家乔治·A.米勒博士的理论，一般的人不能同时应付多于七种的事物。这也正说明为什么很多需要记住的事物都与七相连。如七张牌的游戏、白雪公主与七个小矮人等。而在营销种草模型中，针对快消产品非极高客单价的七次触达理论，是我经过无数次验证有效的，那么万相无界的关键词、精准人群推广、消费者运营、货品运营的轮番触达，就起到了相当大的作用。经过两个月的投放，这款商品销售终于逐渐开始稳步爬坡，也被打标为优选。利用大促的时间节点，产品进行了降价，流量的增长日趋可见，销量增速非常明显。与此同时，根据生意参谋关联营销数据，优化产品组合及SKU，提升客单价、客单件也是我们的运营重点。最终，在整个大促中，我们获得了超出预期的销售额。

未来

市场营销行为应在长期内显现效力，而不应是短期效果。降价我总觉得如酒精一般，酒精到底是兴奋剂还是抑制剂？去夜晚的酒吧看看，你肯定会说酒精是一种兴奋剂，夜半下的灯红酒绿，如果没有酒精的作用，也许会缺失某种味道。

  然而，喝醉的人倒在马路边或者在家里起不来的时候，从化学原理上讲，是因为酒精发挥了强抑制剂的作用。同样降价会增加销售量，但从长远看，降价销售会减少销售量。因为，这会促使人们不愿再以正常价格购买商品。利用价格竞争力，我们实现了短期利益，但是长远的发展来看，我们会更加进一步细化商品，提升品质，加强品牌宣传，延长产品生命周期，提升产品溢价。

  这是一个充满曲折和挑战的时代，我们正在勇敢地面对着巨大的市场浪潮，以灵活的定价策略和创新的精神，改变着自己的命运，迎接着新的黎明。淘

实力渠道

澄海玩具："百元店"在淘宝逆袭，复购率高达 34%

"澄海玩具有个特点：外观一模一样，使用体验天差地别。"深耕玩具行业 18 年，杜颖将这句话转化为自己的优势。一方面，在他经营的玩具店铺万木鑫中，所有产品保留了澄海产业带的高性价比，价格控制在百元之内。另一方面，他则在供应链、服务体验和内容营销上修炼内功，在保证

店铺主理人　杜颖

质量的前提下控制成本。

2022年，万木鑫切入幼童"过家家"玩具赛道，年GMV近700万元，复购率高达34%。

淘宝教育对话"万木鑫旗舰店"主理人杜颖，一起聊聊玩具市场。

淘宝教育：请回顾你的从业经历，并介绍一下在天猫的经营情况。

杜颖： 我是广东汕头澄海人。创业的契机是因为亲戚朋友都在经营玩具工厂，当时寄了很多产品到深圳来，想让我拓展市场。2005年，我先从线下起步，在深圳开了一家门店，主要做批发生意，有时一个月销售额可达200万～300万元。

2007年，我们正式开始做淘宝店，一直经营至今，这几年也经历了大起大落。我们最初主营类目是积木，这几年积木市场竞争激烈、"内卷"严重，因此我们自2022年起进行了战略转移，针对3~4岁儿童，切入情景扮演类玩具赛道，也就是"过家家"玩具，价格都在百元以内。

2022年2月，我们推出第一款产品，首月月销达500件，2023年1月处于旺季，可以做到3000件的月销量，2022年店铺GMV近700万元。

淘宝教育：切入"过家家"玩具赛道，你看到了怎样的市场空间？

杜颖： 儿童在3~4岁的时候，可以通过模拟大人世界的各种场景，比如警察场景、医生场景、超市购物场景，来培养他们的社交能力和沟通能力。因此，"过家家"类的玩具需求应运而生，父母可以通过跟儿童互动，培养孩子在未来生活当中需要的能力。

比如说，家长可以通过一整套幼儿园场景的玩具，提前让孩子体验幼儿园生活。这是处在这个阶段的儿童必不可少的玩具，所以我们选了这个赛道。

淘宝教育：背靠澄海玩具产业带，供应链为生意带来了哪些优势？

杜颖： 深耕玩具行业15年，周围都是做玩具生意的人，我接受行业信息会比其他人会多一些。因为我很熟悉供应链，比较会选品，也了解产业带上哪些供应商口碑好，所以往往我们拿到的新品质量和账期灵活度甚至出厂价格都比同行更具优势。

举个例子，在供应链上，合作工厂从新品开发阶段就会让我们介入。我们能从市场需求、价格等方面给工厂建议，帮助工厂节省开发成本，我们也能拿到更具价格竞争力的产品。

淘宝教育：你在选品上积累了哪些经验？

杜颖： 我们也在经验上吃过亏，凭经验出的款，用户不买账。所以现在选品还是要加深对"90后"用户的理解。

（1）数据层面：我们会参考近期生意参谋中的热点商品排行榜，或多平台搜索爆款，符合我们要求的，就转移到天猫进行测款。

（2）流行层面：我们会结合时下的流行趋势，加入产品设计当中。比如现在很流行拆盲盒，所以我们就把盲盒这种类型，结合到"过家家"的产品里面。

淘宝教育：在同质化的商品中，如何让用户选择万木鑫的产品？

杜颖： 澄海的产品有个特点：外观上面看起来一样的产品，实际使用体验感天差地别。我们会导购、售后服务、老客维护上，想办法去提升它的体验感。

（1）导购：玩具的真实消费者是宝妈，她们其实不知道应该买什么玩具，也不知道买回去如何使用。我们做得特别好的一点，是给用户介绍清楚，之后再引导下单。

（2）售后：我们喊出"终身维修"的口号，随着时间的推移，会取得消费者的信任。

（3）私域：我们通过私域运营老客，会在粉丝群中提供个性化服务，比如给小朋友送上生日祝福。

我们的复购率高达 34%。用户体验做得好，我们既可以保持一定的利润，避免陷入比价的被动状态；同时，也会因较高的复购率节省营销费用，保持住价格竞争力。

淘宝教育：在节省营销成本方面，你有哪些经验？

杜颖：我们在进入新赛道后，也在摸索一套更适合我们的获取流量的方式。借着这个契机，我们走上了短视频的道路。2022 年 2 月，我们进行了尝试，从其他的视频平台，搬运了一些内容，同步在"逛逛"发布。

当时发布了十几条内容，有一条流量非常好，转换也挺好。因此，我从 4 月开始发力短视频。11 月，我们的短视频访客已经达到 215 万人次，12 月提升到 280 万人次。

2022 年"双 11"期间短视频引导交易量就达 23 万单，"双 12"期间则为 38 万单，层级也从第五层级到第六层级，全靠短视频赛道。

淘宝的心智是购物，我们做短视频，目标是如何在短时间内将卖点介绍给用户。例如，我们针对宝妈收纳玩具的需求，做玩具收纳类的内容，从用户视角，解决了这一人群的痛点，效果非常好。

实力渠道

点燃春节，爆款烟花泡泡机的诞生

2023年春节前夕，与以往提前一周放假不同，朵发电商运营总监涤生和他的店铺"朵发母婴专营店"开启了"春节不打烊"的模式。

泡泡机，这款原本春夏才会热卖的季节品，被重新包装升级成"烟花

店铺主理人　涤生

泡泡机"后，通过调低入门款售价、紧盯数据调整内容和投放等方式，在短短一个月时间里，从0起步，一路飙升成为天猫玩具类目排行第4、月销量4万多单的爆款。

在玩具类目沉淀6年的涤生也感叹："很多年，你没有看到一个产品像现在这样让你热血沸腾的。"

淘宝教育对话"朵发母婴专营店"主理人涤生，一起聊聊新品开拓、爆款打造等内容。

淘宝教育：烟花泡泡机这款产品是如何被发现的？

涤生： 泡泡机一直是独立的玩具品类，在天猫卖得很不错。我们店铺在泡泡机品类上沉淀多年，是该品类的头部商家，平时跟泡泡机供应商的关系也都比较密切，他们在研发阶段就会跟我们保持深入交流。

同时我们卖玩具的，也会紧盯短视频平台、精英动漫、卡酷网等专业渠道，进行新品发掘和新趋预判。

2022年12月初，汕头澄海的供应商把烟花泡泡机样品推给我们，我们从上到下一致判断，这很有可能是2023年的爆品。

因为2023年多地明确了"禁放"政策，"烟花泡泡机"恰好迎合了消费者对新年仪式感的需求，事实证明确实如此。截至2023年1月初，它已经实现4万多单的月销量。

淘宝教育：如何将烟花泡泡机从"潜力股"，打造成真正的爆款？

涤生： 我们自己对爆款打造是有一套方法论的。

烟花泡泡机从抖音开始传播，一开始数据没长起来，我们就进行综合分析。当发现搜索数据抬头，我们就以最快速度优化图片和运营，到第5天起开始起量，一天有几千元的销售额。

烟花泡泡机是季节品，我们判断它的热销周期是一个半月，从腊月到元宵节前后。

从 0 到 1 打爆款，前面要迅速起量，后面就一直做推广去砸。

以圣诞节为第一个预期的爆发点，我们把 12 月 14—24 日定为第一阶段，我们不做直通车的标准计划，每天最少 2 万人次，不计成本往前冲，直通车和万相台全部往上堆，让平台认为产品有 UV 价值，一直进行推荐，人群会越来越精准，后面才会有大爆发。

从元旦那天起，从之前的一天几万人次，迅速往 15 万人次飙，整个市场都飙得很猛。1 月 1—10 日，我们跟随平台"年货买不停"的节奏把量拉大，跟竞争对手拉开差距。现在我们已经从第三名升到第二名了，大家都在拼命地抢货，也在抢排名、抢销量、抢销售额。

淘宝教育：做玩具类目的电商运营有哪些心得？

涤生：我们做运营其实是做数据，做什么数据？做平台喜欢的数据。因为我们就算是再厉害，也比不过算法。所以我们只能说让这一个品，无限于接近于最好的数据，这样平台才能看得到。

通常我们讲究"三率一值"，点击率、收藏加购率、转化率，还有 UV 价值。转化率是核心，像烟花泡泡机的转化率就非常高。

我相信所有平台的"小二"，都会紧盯后台数据。它旱地拔葱似的起来了，肯定会给予更多的关注，更多的流量，为它匹配更多的成交人群和潜客。

记得后面一个晚上，有类目"小二"问我们要泡泡机的素材，我们就知道平台已经关注到了，开始推了。后来，我们在整个玩具类目的成交量已经排到第 4 了。

淘宝教育：跟其他类目相比，玩具类目有哪些特点？

涤生：玩具类目跟其他类目相比，有一个比较大的区别，是它会有时髦，有流行，有现象级产品出现，它天然具有传播属性。

比如前两年的磁力棒、磁力片，2023 年的无限魔方、3D 立体魔方，这些爆款商品都是突然就起来了，因为小朋友之间是很容易传播的。我们上一个爆款是无限魔方，用同样的方法运营打爆，月销量可以达到2万单。

同样，2023年的烟花泡泡机，不管是在小区里，还是在公园里，它既有灯光，又有声效，还有浪漫的泡泡。小朋友也好，大朋友也罢，都会喜欢，并引起围观，而围观天然就是传播。

只要转化率好，具备传播属性，我们就认定它能迅速地成为一个爆品。

淘宝教育：为了提升转化率，定价方面有哪些策略？

涤生：年货节的时候，烟花泡泡机是从27.8元起步，客户买一个的时候，我们真的不挣钱。

通常整个玩具行业都会在上链接的时候，去选择相对便宜的配置，把它摆得比较靠前，抢占比较好的位置。所以我们也没有定得特别高，第一年让大家去感受一下这种有年味、有人情味的产品。

后面我们怎么赚钱？我们会升级孔数多、能出更多泡泡的款式，或搭配2~3个泡泡液，很多家长都愿意在能力范围内给孩子最好的，就这样，我们逐渐把整个品的毛利拉高。

后来，这款商品的客单价维持在80元左右，说明很多客户都会选择两个，因为要给自己家小朋友或者是去送礼。

再放到整个行业来看，头部店铺也就两三家，我们每天会关注，他们今天拿了多少免费流量？转化率有没有比我们稍微高一点？再看一下买家秀、评价有没有问题。

看完这些之后，我们再思考是不是价格这把"屠刀"出问题了。如果是，我们要么会想办法在同样的价格上加一点配置，或者会稍微便宜一点点。

淘宝教育：在你们的规划里，过了元宵节，烟花泡泡机的销售量如何延续？

涤生：我们已经做好了准备，把玩具身上的贴纸和配色换成一些日常能用的，它还能够持续售卖。

烟花泡泡机的使用场景跟使用人群其实不限于小朋友，比如有人结婚，完全可以一边摆一个烟花泡泡机；求婚求爱，是不是也需要这样一个浪漫神器？

从后台人群数据来看，大多数玩具的购买者都是女性，但是烟花泡泡机的购买者男女各占约一半。我相信有一些大朋友也会买回去玩，因为确实好玩，一打开效果很棒。

淘宝教育：你们做直播的效果怎么样？

涤生： 过年了，烟花泡泡机是一个有人情味的产品，非常适合直播这个场域。

但我们店铺自播通常会选择去成本更低的地方去做，比如放在仓库，放在义乌。如果在杭州滨江去招一个主播，能力咱先不提，起步价就很高。你一个月可能一两百万元就亏出去了，而效果要慢慢才能看得到。

好店：
87个淘宝中小商家的造富秘籍

"985"毕业生3次创业失败，卖韩料成过亿元玩家

店铺主理人　朴学哲

"一直创业，一直失败，直到通过淘宝短视频找到了有效的带货方法，也找到了我的救命稻草。"朴学哲说。

2006年，朴学哲从电子科技大学毕业后，在行业风口期创办了一家互联网团购公司，一度跻身行业前20，但伴随着众多大公司的入局，这家资金薄弱的企业最终惨淡收场。

2009年到2014年，朴学哲开过服饰网店，也曾试图上班求稳，但他的创业热情始终不灭。身为朝鲜族人，他对于韩国料理很有研究，于是他在2015年选

择韩国速食类目再次创业,"朴小样"品牌就此成立。

作为零起步的食品新品牌,品牌成立的前三年,一直没有实质性的突破,这令朴学哲非常焦虑。当淘宝发力短视频之际,朴学哲笃定地认为,这是属于他的"救命稻草"——通过美食种草的拍摄方式圈粉无数,2023年,"朴小样"全平台年销售额累计过亿元。

淘宝教育对话"朴小样"品牌创始人朴学哲,一起聊聊在食品小众赛道中,商家该如何突围。

冷启动篇:用代理打好店铺基础为自有产品铺路

淘宝教育:创业的历程是怎样的?

朴学哲:创立初期,因为资金不足,满足不了工厂的起订量,我只能选择与同类型品牌合作,在自己的店铺售卖别人的产品。

随着运营的深入,我逐渐熟悉平台规则,并开始扩充团队,规划店铺长期运营。

积累到一定的订单量和粉丝后,我开始与工厂合作,研发自有产品。还记得店铺的第一款自有产品是辣白菜,当时一条以"辣白菜"为主题的吃货短视频,冲上了各平台热门榜,一天成交量高达 6 万单。

产品篇:在产品外观上做差异化能让用户多停留 2 秒

淘宝教育:店铺的产品策略是怎样的?

朴学哲:当前,我们的产品运营还是以单品打爆为主,到 2023 年 6 月为止，店铺SKU有30多个。单品打爆的好处，就是可以将钱和资源，集中在一个产品上做爆发，节省了打包、快递和运营等成本。

举个例子，拥有200个SKU的店铺，为了让所有产品产生动销，在关联销售时，混单打包的成本为每件0.7元，而单品打包只需要每件0.2元。和工厂谈价时，由于单品打爆单量更大，价格也会更低。

以店铺的石锅拌饭酱为例，我来分享一下，在众多的韩料速食品牌中，我们是如何突围的。

在选品上：选择搜索量大、操作简易、做法多样化的产品。

受韩剧影响，石锅拌饭酱成为韩式美食中具有代表性的关键词，在淘宝平台搜索量大，并且它只需要拌一拌，不仅能拌饭还能拌面等，操作简单，做法又多，是一个潜力爆品。

在产品研发上：做出差异化，与同类产品区分。

市面上石锅拌饭酱，一般用辣酱勾兑的方式生产，而我们的产品，是通过熬、炒的方法制作的，在口感上会更浓厚；在包装上，进行升级改造，

店铺产品

使用半透明瓶身，挤压口采用硅胶，做出差异化，让用户在搜索时，会对我们的产品多停留几秒，刺激下单。

在内容上：通过短视频等形式，主动触达目标用户。

制作石锅拌饭教程视频，用快闪镜头表达制作操作简单，主动出击，触达目标用户。

截至 2023 年 7 月，石锅拌饭酱全网销量超过 200 万单，是平台石锅拌饭酱的第一名。

内容篇：短视频带火裙带菜，原材料成本上涨近两倍

淘宝教育：食品类产品怎么做内容？

朴学哲：2020 年时，我发现很多人熟悉海带，但对裙带菜知之甚少。裙带菜味道鲜美，营养价值高，做法多样，是个有潜力的爆品。

所以我开始思考如何通过短视频的方式，让更多人了解裙带菜，从而引爆这个产品。

淘宝教育：短视频都做什么内容？

朴学哲：裙带菜有一个特性，在泡发时，会在一瞬间绽开，呈现绿油油的冲击感，非常解压！于是我拍摄了裙带菜泡发的视频，当天一经发出，立马就出单了，借此热度，我们立马构思裙带菜做法类视频，让更多的用户了解它的吃法。

那段时间，裙带菜的日销量达到了 36000 袋，并持续了三四个月。我还带动了裙带菜产业带的销量，裙带菜的成本价一度从每千克 3.7 元，涨至每千克 9 元。

我们在短视频方面，以做菜的内容为主，单月短视频最大曝光量达 40

多万人次，2023年4月短视频引导访客增长30多万人次。在做短视频方面，我总结了以下经验。

贴合平台热点话题，拍摄相应视频：例如#我的炫饭日记#、#又淘到好吃的#、#一站式美食囤货清单#等。

拍摄以美食制作类为主：特写产品制作时的画面，色彩饱和浓郁，以此方式突出色香味的优势。

淘内达人布局，微详情不定时更新上传：日常淘内达人合作，直联10位左右，微详情依据单条视频表现，不定时更新上传。

建议

1. 深入分析自身产品特性，围绕产品对内容做选型匹配，比如，"朴小样"更适合美食制作和美食生活类。

2. 围绕短视频做精细运营，将行业话题与内容标签、搜索等结合，形成多场域联动。

3. 保持阶段性复盘习惯，不断优化内容运营方向，例如优化封面、增加信息点输入等。

蕾丝红唇：30元内的少女风配饰，月销23万件

2012年，周俊辞去深圳业务员的工作，来到义乌做电商。一款手镯，让他赚到第一桶金5万元，从此扎根饰品类目。2013年，淘宝店"LACELIPS蕾丝红唇"正式开业。

"走过10年，我们面临的问题是，如何保持店铺人群的年轻化，并维持增长。"

据艾媒咨询数据，2021年年底，中国饰品市场规模达到7502亿元，其中Z世代❶人群占首饰行业整体消费力的56%，年购买频次达3次，对比欧美市场10次以上的购买频次，市场仍有提升空间。

当年轻人对饰品需求，从传统仪式感消费转向更高频的日常消费，选择多、上新快、性价比高成了他们的主要诉求。

为了满足这部分用户需求，"LACELIPS蕾丝红唇"制订了3个策略：主打30元以内客单价市场，降低决策成本；以月均200款的频率上新，用500个SKU覆盖从耳饰、项链、头饰到手链、戒指等多个品类；捕捉年轻

---

❶ Z世代是指20世纪90年代中后期出生的人。

店铺主理人　周俊

用户喜好，通过模特场景图的视觉冲击，提升用户转化。

2022 年店铺成交额为 4000 万元，2023 年第一季度销售额同比增长 60%，月销量高达 23 万件，登上节日氛围首饰店热卖榜前三。

淘宝教育对话"LACELIPS 蕾丝红唇"的主理人周俊，一起聊聊店铺的定位、产品策略等。

人群篇：10 年老店，我们在淘内，不停找年轻用户

淘宝教育：店铺的用户画像是怎样的？

周俊：以往，店铺的核心消费者是"80 后"，25~35 岁的用户占比过半，但几年后我们发现，老客的购买力并未提升。随着年纪增长，用户转向客单价更高、风格更垂直的产品，行业内同类型的店铺都出现了下滑，所以在 2022 年我们决定转型，逐步挖掘淘宝的"00 后"年轻人群进行

汰换。

淘宝教育：用什么方法改换店铺用户人群？

周俊： 我们围绕两个方面进行改良，将 18~24 岁的用户占比从 9% 提升到 26%。

选品：从影视剧、明星、热点话题等角度，挖掘年轻用户的喜好，寻找热卖的明星同款或潮流元素，并运用在选品上。

场景：选对产品之后，我们会通过模特的穿搭来还原潮流风格，并通过短视频与首图吸引年轻用户进店。

产品篇：打造少女配饰百宝箱，款式多，选品很重要

淘宝教育：店铺定位是什么？为此有怎样的产品布局？

周俊： 我们定位年轻用户，希望打造"少女的配饰百宝箱"。

在产品上，店铺拥有 500 个 SKU，覆盖从主流的耳饰、项链到头饰、戒指、手链、腰链等垂直品类。切入 30 元以内客单价，想让用户"花一杯奶茶钱，就能让自己变美"，因为决策成本不高，用一款爆品引导进店后，往往可以实现多件购买的连带率提升，店铺月销量一度高达 23 万件。

淘宝教育：产品的独家竞争力是什么？

周俊： 我们是组货型店铺，义乌的饰品市场会有几千上万款，所以选品能力是关键。

在趋势品类与流行色系上，我们会在站外平台看流行款式与色系，去找寻趋势。比如 2023 年我们发现，很多戴耳环的人在戴口罩时会觉得不方便，于是会将头发夹起来，因此淘宝内抓夹、发夹的搜索量激增，我们就第一时间进行了布局。

抓住趋势品类后，我们就根据颜色和风格，上新不同的款式，简约风格以银色系为主，年轻活泼风格，则用糖果色进行搭配。店铺在抓夹品类上，诞生了月销量1万多单的两个大爆款，以及月销量破千单的五六个小爆款。

在服装风格与季节属性上，配饰和穿搭紧密相连，我们会根据服装风格趋势来决定产品的方向。比如，前几年服装市场中性风增速明显，我们会优先选取造型更简约、百搭的饰品，但在2022年下半年，这种热度开始下滑，韩系风格开始增长，我们在选品上开始选取具有活泼元素和颜色的款式。

此外，随季节而变的品类热度有规律可循：4—6月往往是项链热卖期，到了9月以后，秋冬服装比较厚重，更多人会选择耳饰来点缀穿搭。在确定品类趋势后，我们会捕捉潮流元素，运用到选品中，以提高爆款概率。

流量篇：站外捕捉趋势，站内上新打爆款

淘宝教育：让多年老店保持活力的运营策略是什么？

周俊：10年淘宝系经营，我们已沉淀粉丝181万，目前店铺流量由"20% 老客 + 80% 的新客"构成。我们将核心精力投入站内、站外的布局，以撬动新客增长。

站内上新打爆款：我们保持月均200款的上新频率，用丰富性驱动新客进店。以季度为检验周期，爆款概率为5%~10%，通过月销量过万单的大爆款 + 月销量过千单的小爆款，组成店铺的流量池。

饰品拥有非标特性，可以通过模特图来提升点击转化。比如，在首图点击率上，同行的点击率可能是6%，我们争取做到10%。每100次展现，就有10个人点击我的产品，同行只有5个，同样的推广费用，但能获得多

一倍的流量。

  站外种草与关键词捕捉：我们会在站外，筛选与店铺粉丝与风格相契合的达人进行合作，种草后通过店铺名在站内承接。

  我们还会在全网抓取细分品类关键词，在站内布局。例如，之前我们发现磁吸耳钉在站外热度很高，于是第一时间在淘内打了这个关键词，用户在淘宝搜索时优先展示。淘

慈溪家纺连续创业者：创始人兼职当主播，赚用户口碑？

南通叠石桥，被誉为"中国的家纺产业中心"。从一匹布料的织造，到一床被芯的生产，再到产业集群，这群人在持续书写着这里的故事，利用产业带的聚合优势，在淘宝稳住生意大盘。

店铺主理人　赵锫锫

赵锫锫是淘宝店"富士商店"3名创始人中，最"会说"的一位，在近4

小时的访谈中,他几乎一刻不停地说着、比画着,拉开一幅创业往事的图景。

"我跟你说这个四件套,你看它的做工……"

"我每天都播,每天从直播多挣到的流量、多挣到的几万块钱、多挣到的粉丝反馈,都是自己的……"

这可能跟他现在的身份有关:自家淘宝店的 1 号主播,卖家纺。

事实上,赵锫锫经营淘宝店铺,也并非一帆风顺,从 2010 年开始,与朋友凑了 9 万元,3 张桌子、3 台电脑、一间小仓库,开启在淘宝的第一次创业。4 个月不到,"做不下去了"。

可是,在南通创业,还能做什么?还是家纺。赵锫锫决定扎到档口去,供货给经销商,逐渐摸清面料、花型工艺、生产等环节。通过经销商的反馈,他知道原来自己眼光不错,拿货量越来越多,消费者反馈很好。在 2014 年,赵锫锫重回淘宝,并给店铺取名"富士商店"。

淘宝教育对话"富士商店"主理人赵锫锫,聊聊创业经历、产品布局、直播等内容。

在产品上踩的坑,靠"黑猫警长"找补回来了

淘宝教育:在之前的创业中,你积累了哪些经验?

赵锫锫:第一次在淘宝创业时,我们掌握了直通车、美工、客服等方面的技能,但没守住产品那一关。

产品还是得有清晰的定位。如果整个南通产业带都卖同款,一定会陷入价格战困境。

我从儿时最爱看的动画片《黑猫警长》得到了启发:走卡通二次元路线,通过参加动漫展,拿到知识产权(IP)授权,运用到产品中进行二次创作。

淘宝教育：第二次淘宝创业，怎样调整运营策略？

赵锫锫：懂产品、会运营、产品差异定位。第一年"6·18"期间，"富士商店"1天的成交额就突破了40万元。

拉新，不走"搜索卡位"，而是去捞"猜你喜欢"等推荐流量。圈选二次元兴趣人群，凭借差异化的产品风格吸引用户进店，目前店铺超过60%的流量来自推荐。

复购，全靠小巧思。在购物体验上花足心思，无论是手提袋的拉链细节，还是每款产品的差异化包装设计，手写祝福卡片的贴心服务，以及卡通趣味贴纸等小礼品。

还有，拿产品、服务跟客户交朋友。

顾客夏天买了凉席，我便希望冬天他能来买毛毯。

淘宝教育：如何进行产品布局？

赵锫锫：在使用场景上，满足夏日凉席、换季床品等多种需求。

在价格上，覆盖学生群体、上班族等不同人群。

在品种上，从卡通公仔、便当盒、水杯等卡通周边，到拖鞋、毛巾、靠垫等日常居家小件，在以多样化提升复购率的同时，也拉高了客单价。

"我做直播并非一夜速成"

淘宝教育：店铺的增长主要来自哪里？

赵锫锫：日常的拉新、复购，只是"富士商店"的基础法则，"店铺直播"是其增长点。我们原创的速度跟不上粉丝的热情，你很难想象原本家纺是个"慢消品"，现在有的粉丝会在我们的直播间一次下5单，丰富的花形、IP款式，成为粉丝购买多件产品的理由。

淘宝教育：怎么保证产品上新速度和爆款率？

赵铭铛：目前店铺的卡通 IP 创作、工厂生产备货、运营上线售卖等环节，已缩短至 15 天。

曾经，"富士商店"也试过用朋友圈的私域来发布新品，召回老客，但极不稳定。现在每次通过粉丝在直播间的互动进行测款，决定新品是否批量生产，再运用柔性供应链快速响应用户需求，提高上新爆款率。

后端供应链响应前端直播间，一改以往先上产品，再打爆款的思路，为店铺确定性增长提供支撑。

淘宝教育：直播业务如何冷启动？

赵铭铛：从 0 到 1，从来都没有一下子成功的故事。我们 2020 年开始经营店播，知道这是平台趋势。即使有朋友喊我们出去玩，我们也会婉拒，因为要做直播。然而，初期的直播并没人看，更别提直播间的成交量了。

2021 年 10 月，我自己带队直播，我常常觉得直播间的收入是额外收入，一切从零开始，这种感觉跟当初开淘宝店一样。不到一年，店铺会员涨到 73 万人，每天直播间成交量过万单。

淘宝教育：在直播业务上总结出什么经验？

赵铭铛：第一，流量渠道在变。初期通过会员权益调动老粉丝黏性，获得直播间初始流量。后期通过直播间专供款、上新款、福利秒杀，获得停留与转化。

第二，实景直播。最早是一次偶然，店铺直接在仓库门口开播，员工发货打包的全流程都被直播出去，在断货孤品与小礼物的激励下，直播间营业额顺利破万元。

我们还装修了一个寝室风格的直播间，展示四件套在床上的真实效果。

淘宝教育：未来的目标是什么？

赵铭铛：我想带着这支直播团队，再拼一下，看能不能拼到淘宝直播的头部梯队里面去。

淘宝教育认证讲师

施鹏程

2008 年踏入电商，操盘过多类目 TOP 级爆款，擅长直通车、付费流量、价格竞争力玩法，为众多知名品牌电商团队进行运营培训。

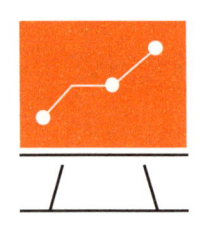

讲师支招

品牌经销新战场的生存与突围

经销商进入淘宝从何缘起？

回望十多年前，品牌经销商绝对是零售商业中的翘楚，在各自的领域里风生水起，只要拿到品牌经销权，红红火火的生意就指日可待。随着互联网的横扫，线下的店铺渐渐失去了往日的光彩。陆续一些品牌经销商开始琢磨，是不是也该尝试这个叫作电商的新领域？

那时候，顺应潮流投身电商，听起来像是个时髦的生意。但真正下场一搏，才发现这电商的"江湖"和传统的线下零售完全是两码事。以前的独占领地在线上可就不灵光了。线上的生意能够接触到更多的客户，把生意做得更大。但挑战也不少，脱离了地域的舒适，经销商之间的竞争迅速白热化，同时还会面临品牌方的旗舰直营，很多经销商在新的经营环境中明显水土不服。

这场转型比拼，品牌经销商一方面要学着怎么在平台上发布商品，还要学习怎么利用推广工具引来流量，同时还得在聚光灯下服务好客户，生怕差评影响了后续客户的转化。

经销商进入淘宝究竟是顺理成章，还是形势所迫？接下来，我会从店铺价值、运营策略、突围技巧这几个角度，聊聊品牌经销商在电商的运营过程。看看他们是怎么在淘宝天猫平台中寻找新的机遇，又是如何应对那些让人头疼的挑战的。

品牌经销商的生存之道，经销商对品牌方的价值

在淘宝天猫平台上，品牌经销商不仅仅是卖货渠道。他们还是品牌拓宽零售渠道、探索新兴模式的得力助手。在传统搜索流量渠道中，平台通过同店打散原则给予更多商家展现机会，同时也限制了单个店铺相同关键词商品的展现和推广。品牌方通过经销商体系，可以获得更多的商品曝光机会。

同时，通过这些经销商，品牌能够尝试多种经营方式。对于短视频、达人直播、店铺直播这类新的运营手段，经销商也能像探险家一样，帮品牌发掘那些新的模式、新的渠道、新的打法。

所以，对品牌方来说，拥有更多优质经销商伙伴的品牌，在电商市场的竞争中，会拥有更多的可能性和创造力。

成熟品牌经销商的运营策略

我们把经销商所经营的品牌分为两类，一类是成熟品牌，另一类是突围品牌。成熟品牌的特点是品牌词有人搜索，有机会拿到高转化的精准词流量。但同时也会有优秀的经销商已经将这些优秀产品做得不错。根据过往经验，我给成熟品牌经销商建议的运营策略是，首先覆盖品牌现有的精准流量，其次找到品牌的好货差异化突围，最后再监控品牌优秀爆款，等待突围机会。

可以先通过生意参谋的搜索分析，查看品牌词的相关搜索词，找出所有消费者在搜索的精准关键词。通过宝贝标题对用户搜索词进行覆盖，同时通过关键词推广对这些精准搜索词进行投放。往往能够很快赢得一些成交量，而且投入产出比一般不会太差。

同时可以生意参谋的品牌商品排名榜，根据自身商品库存情况，找到对应的品牌优秀动销商品。通过提供差异化的服务与价值，帮助店铺宝贝在优秀经销商的手里，争取到更多的订单。这时候经销商店铺自有的竞争力，显得尤为关键。

其次就是对现在行业中的品牌爆款进行监控，一方面在品牌经销商同行运营出错时，对于竞品丢失的爆款坑位快速补位。同时寻找爆款升级的机会，推陈出新，寻找优秀爆款的替代新品。

突围品牌经销商的运营策略

突围品牌的经销商，往往面临品牌知名度不高，潜在消费者不多，品牌词搜索流量不大的一些问题。这类品牌一般需要经销商去开疆拓土，帮助品牌争取更多的市场份额。对突围品牌经销商来说，需要的不仅仅是勇气，还有策略。

首先可以通过生意参谋的市场排行，查看类目下的优秀商品，对照当前品牌的产品线，找到产品定位、产品特征、目标客群更加接近的对标竞品，将他们作为"进攻"对象。这个过程中建议不要只盯着规模较大的市场，应该更多地关注竞争人数少、市场规模小一些的蓝海品类。降低进攻难度，优先保障打品的成功率。

在打品的过程中，可以更多地关注好自身引流后的流失对象，分析客群流失的原因，尽可能降低流失率，提高流量利用效率，提高打品的成功率。

同时，突围型经销商需要关注好自身的打品利益，防止品牌直营及其他经销商收割我们的打品成果。需要向品牌方争取更多的爆款保障，争取爆款的独占权、推广补贴等利益。

经销商突围的锦囊妙计：精准客群控价引流

经销商突围的第一只锦囊妙计就是"精准客群控价引流"，精准词的流量大家都会去抢，但如果不做好流量成本的把控，流量成本过高，可能会导致转化率很高但投产很差。

首先通过生意参谋的搜索分析，获取品牌词的相关搜索词，随后根据不同宝贝的客单价 × 转化率计算出宝贝的 UV 价值，使用宝贝 UV 价值除目标投产，计算出保障投产所能承受的点击单价上限，以此为目标进行精准关键词的引流。

飙升货品快速占坑

每天关注一遍所有货品的整个市场动销，统计出当前经营货品的全网日销情况。通过长线跟踪，计算出货品的日环比增长率、周环比增长率。每周进行一次复盘整理，找出增长率最高的飙升货品。

一旦发现增长趋势特别快的飙升货品，第一时间投入所有推广预算，首先占领相关的品牌型号关键词。同时参考同行竞品的飙升货品成交关键词、成交人群，加大投入资源抢占飙升货品的每日销量，提前抢占品牌尖货坑位。

专供货品切入赛道

品牌经销商最怕的就是同款商品，同行打价格战、恶意竞争。所以在有把握的情况下，需要向品牌方争取货品专供。可以通过生意参谋市场排行，找到叶子类目中表现优秀的货品，并计算当前竞品的赢利空间。在市场规模体量不错且有一定赢利空间机会时，与品牌商议打造专供货品，通过拉新切入赛道，成为品牌切入市场的端口货品。

专供货品往往能提升经销商店铺的综合竞争力，是品牌竞争力的赋能配合单品突围打法的综合产物，但同时也要承担单品切入失败可能带来的风险。

店铺老客私域经营

对电商经销商而言，私域客户就是自己的金矿，品牌不是自己的，但历史成交的这些老客户、会员是我们可以优先建联的对象，也是店铺的核心资产。

建议经销商从进入淘宝开始就建立起会员制度，通过群聊等管理手段维护老访客。通过私域运营，品牌老客资产实现累积，帮助品牌经销商在竞争激烈的市场环境中获得独有的竞争力。淘

新锐品牌

新锐品牌

中式婚礼周边，精准击中"00后"

"Moreyes 莫叶斯"店铺的买家秀，总是一片喜气洋洋。伴郎团手持折扇、房间贴满大红喜字、新人投出手抛彩带……这是由诗雨创立的婚品店铺，店铺名代表着"更多的肯定和祝福"，目前由诗雨和爱人共同经营。

店铺主理人　诗雨（左）和其爱人（右）

093

有数据显示,"95后""00后"正成为结婚"新主力"。

面对年轻一代,"Moreyes莫叶斯"精准拿捏他们的需求:热爱国潮,追求极简婚礼,尤其注重高出片率。

店铺客单价50元左右,年销售额破百万元,连续两年"霸榜"类目第一。

"现在算是蓝海,结合当下年轻人喜好的婚品设计其实很少。"诗雨介绍道。

淘宝教育对话"Moreyes莫叶斯"主理人诗雨,一起聊聊她的创业故事和经营之道。

谈创业:有浪漫的一面,也有现实的一面

淘宝教育:什么时候开始尝试电商创业的?

诗雨: 在四川美术学院就读大二时,我尝试在淘宝开了一家女装店,赚到了大学期间的生活费。因为我有些"社恐",不擅与人当面交流,所以大学毕业后,开淘宝店成为我的第一选择。

2015年,我正值热恋期,比较关注婚庆礼品。所以选择伴手礼这个品类,开了一家淘宝店,希望利用平面设计和摄影方面的专业能力,做好选品和视觉呈现,传递幸福的能量。

淘宝教育:当时,婚庆行业存在哪些商机?

诗雨: 当时行业内做伴手礼的商家很少,且产品设计普通,我通过自己的原创设计能力,做出多款破圈产品,其中"多肉"植物伴手礼月销量过万单,店铺年销售额一度高达200万元。

随着伴手礼赛道的竞争逐渐激烈,2020年,我们转做婚庆用品,当时结合年轻人喜好的婚品还不算多,提升空间比较大。

淘宝教育：在淘宝做婚品生意是怎样的体验？

诗雨：婚品生意有浪漫的一面，也有现实的一面。

在经营过程中，我们既遇到很多理念相同、幸福甜蜜的夫妻，也不乏因婚礼取消而退货的顾客……我感悟到，经营好一段感情真的很不容易。

但总的来说，我们的大部分用户都是幸福的，在店铺的评论区，经常有用户晒结婚照、婚礼现场照，用户对产品的认可让我们很开心。

谈产品："00后"已成为婚恋"主力军"，要设计他们喜欢的婚品

淘宝教育：店铺主要产品线有哪些？

诗雨：店铺产品可以分为三大类。婚宴产品，包括伴手礼、喜糖盒、桌卡、签到本等。婚房布置，包括红色喜字、摆件、贴纸。接亲道具，主要有伴郎折扇、新娘团扇、手抛彩球等，为了避免接亲环节尴尬，这也是最重要的一类产品。

淘宝教育：哪些关键元素，确保了店铺产品受到"00后"的追捧？

诗雨：第一，切入新中式风格。"00后"年轻人已经成为婚恋"主力军"，他们追求极简婚礼，热爱国潮，既注重婚礼的仪式感，又拒绝令人尴尬的"条条框框"。

第二，增强产品功能感。过去，婚房里贴的喜字比较简单，但现在年轻人结婚追求高出片率，喜欢拍照发朋友圈。

我们在产品设计中，无论是接亲道具中，印有"甜蜜爆表""红包狂飙"等热词的折扇，还是婚房中铺满整面墙的"喜"字，视觉效果拉满。

其中，单价不到 14 元的折扇，是我们店铺最大的爆品，从 2021 年到 2022 年都是全网第一，月销量一度超 5000 把。

淘宝教育：如何提高产品的连带购买率？

诗雨：我们通常采用主题式的设计，使搭配更系统化。

比如，2023 年推出的兔年系列产品，从接亲道具里的折扇、横幅，到婚房布置中的抱枕、地垫，再到婚宴仪式中的桌布，都成一整套。另外，还推出婚庆用品套餐，让消费者可以一键购齐。

谈用户和内容：这个类目，很少有"回购"

淘宝教育：你们的主要消费群体有哪些？

诗雨：我们店铺的购买人群 90% 是女性，以"90 后""00 后"为主。因为准备婚礼采购的大部分是女生，她们比较细心、关注细节。为迎合年轻女性的审美，我们的产品会讲求可爱、精致、有趣。

淘宝教育：流量主要来自哪些渠道？各自占比是多少？

诗雨：店铺中 70% 的流量是自然流量，用户一般通过店铺动态、首页推荐等进店，20% 是直通车、猜你喜欢、微淘等，10% 是站外流量。

淘宝教育：具体怎么做"拉新"？

诗雨：婚品生意基本都是单次成交，几乎很少有"回头客"，所以对店铺运营来说，最重要的就是"拉新"。但拉新是我们最头痛的。因为前几年，店铺主要依靠自然流量，随着竞争的加大，我们开始尝试内容运营，通过短视频种草的形式宣传我们的原创产品。在站内，通过"逛逛"图文、短视频进行产品宣传。产品图、视频等物料中，模特基本不露脸，让顾客的注意力集中在产品本身，留下想象空间。同时注重投稿话题的选择，结合平台主推的话题可放大传播效果。例如我们参加了"淘宝星生代活动"，在"逛逛"带话题发布后，浏览量是平时的 10 倍。在站外，我们会在小红书等渠道通过自有账号、达人合作来进行内容种草，并在评论区留下淘宝店名，将用户引流回淘宝成交。淘

织造司：汉服商家的问鼎之路

近年来，年轻一代的兴趣，正在推动汉服从小众圈层走进广阔、更日常的着装场景。

2020年3月在淘宝成立的汉服品牌织造司，洞察到年轻用户对汉服的多元需求：在产品侧，改良趋势单品；在营销侧，深耕圈层人群，进而向大众渗透；在供应链侧，改良生产技术。

目前，店铺每年都维持较高的增速，是淘宝女装头部汉服商家。

淘宝教育对话织造司主理人谢凌龙，聊聊头部商家的崛起之路。

淘宝教育：织造司是如何确立赛道和风格的？

谢凌龙：我们通过一些研

店铺模特图

报，分析了女装各品类的增长速度，发现"00后"对汉服的喜爱度强势增长，所以我们选择了汉服赛道。

在实际经营中，通过后台数据，我们发现除了"00后"，还有很多"90后""80后"，甚至更成熟的女性群体，也非常愿意尝试汉服。

织造司的汉服，主打日常、实用的风格。在大众印象中，汉服是穿起来烦琐、过于吸睛的衣服，我们通过改良，让汉服变得更通勤、日常，是可以穿去吃火锅的衣服。

淘宝教育：在品牌创立初期，为什么会选择淘宝作为主营平台？

谢凌龙： 2020年3月，我们在淘宝注册了店铺。冷启动阶段，我们在私域渠道，建立了垂直于汉服人群的粉丝群；产品上新后，在粉丝群进行宣发售卖。

整个链路跑下来，我们发现千元以下的客单，难以解决人力成本，于是我们将营销阵地从私域转向公域，在站外进行内容种草。

实际上，我们运用了淘宝的"AIPL体系"［认知（Awareness）、兴趣（Interest）、购买（Purchase）和忠诚（Loyalty）的首字母缩写］，将更多的用户认知和兴趣放在站外，在购买方面，没有给用户明确的导向。但我们发现，大多数用户的购买心智、行为还是锚定天猫和淘宝。

截至2023年4月，我们的店铺成交额过亿元，成为淘宝女装头部汉服商家。

淘宝教育：店铺在经营上总结了哪些方法论？

谢凌龙：（1）全域营销：通过如《梦华录》等剧集、"迪奥抄袭马面裙"等热点催化，汉服已经有了更广泛的市场接受度。在此基础上，但凡有目标客群的平台，我们都会进行内容投放，采买用户认知。当下，我们已经和全网1万多个传统穿搭、传统文化的关键意见领袖（Key Opinion Leader，KOL）合作，每月产出3万~5万条短视频，在不同场域投放。在淘宝内，每个月大概也有一亿次的直播流量。

（2）让汉服日常化：不同于其他汉服商家，我们将汉服进行改良后，使得产品更加日常、时尚，能够通勤出门，提高产品的使用率，降低入门门槛。在设计风格上，我们会参照传统服饰，将纹样二次创作，并结合时装的方向，创新产品，我们的爆品率高达70%～90%；在功能点上，我们通过改良面料组织还有压褶工艺，使马面裙可以机洗。

（3）改良上游供应链：在古代，因为马面裙采用妆花等非遗工艺，生产时间很漫长，一个织工一天只能织2～3厘米，上游供应链的产能有限，无法大批量生产。我们通过对传统纺织机械改造后，提高了生产效率，实现了马面裙工业化生产，现在能保证一年百万条的生产体量。在我们改革之前，汉服的发货时长一般是45～60天，现在我们能做到15～20天发货。

（4）用户数据洞察：我们会定时在站外和粉丝群内，抓取用户对颜色、汉服形制等喜好，提取这些关键词之后，通过数据整合，分析趋势变化，后续把这些数据留存下来，作为未来爆款的方向。

淘宝教育：请问目标消费者的需求经历过哪些变化？

谢凌龙：我们的目标用户是传统文化爱好者。2020年，我们通过站外，对用户购买汉服的场景进行分析，发现用户购买汉服的核心是场景化需求，例如出门旅游、拍摄写真、送给朋友。

2021—2022年，出于部分原因，这部分场景化需求变小，成套的汉服购买力度也逐渐降低。在产品侧，我们重点以单品爆款打法在进行售卖。2023年开始，这部分场景化需求将重新复苏，所以在产品侧，我们会上新偏传统、礼服的款式，重新推出成套的汉服。此外，我们会尝试更多的非遗工艺、例如绞罗、缂丝、宋锦等工艺，来满足这部分用户的需求。

店铺模特图

淘宝教育：马面裙作为趋势货品，织造司如何运营将其打爆？

谢凌龙：2020 年 6 月，我们上架了第一款产品，舞法天女马面裙，定价 278 元，高峰期每月销量达 5 万条，到目前为止，仍维持在单月 1 万条的销量。

（1）单品销售模式：传统的汉服商家，他们的商品组合更多是整套售卖，这样的组合，会将汉服变得很难日常穿出门。我们将马面裙作为时尚单品，作为半身裙去营销，用它搭配不同的毛衣、衬衫等。

（2）日常化场景：在营销侧，我们将马面裙的拍摄场景放在了通勤场景中，比如在地铁上、电梯间、扶梯等，也放在生活场景中，比如小吃店、咖啡厅等。通过日常化内容，让用户感受到，汉服也可用于日常穿搭。

好店：
87 个淘宝中小商家的造富秘籍

"90后"合伙人做"00后"的宠物生意

数据显示，2022年中国城镇犬猫数量超过1.1亿只，"毛孩子"撑起了2706亿元的市场。宠主进一步年轻化，"95后"占36.8%，居消费主导地位。

宠物消费市场不小，响当当的品牌却不多。如何赚到年轻一代"铲屎官"们的钱？

店铺的三位主理人　旺旺（左一）

潮宠品牌"CUL 盒子大学的柠檬"（以下简称 CUL）的三位"90后"主理人，原是宠物外贸公司设计师，后与老板合计"内部创业"，在淘宝天猫成立面向年轻宠物主的新品牌。

2022 年夏天，店铺原创的"消暑神器"宠物冰垫成为爆款，一举拿下 4800 单，成交额超 40 万元。入驻一年多，这家新品牌的粉丝总数已破 4 万、年销售额突破 800 万元。

淘宝教育对话"CUL 盒子大学的柠檬"主理人旺旺，聊聊新品牌如何根据需求研发产品，以及小众赛道如何拉新获客、实现产品破圈。

淘宝教育：为什么选择"内部创业"，做一个宠物新品牌？

旺旺：我们公司主要做外贸宠物玩具 ODM（俗称贴牌），专供美国前 4 的大卖场，单款玩具下单量是 10 万~20 万个。这些外贸大单因为涉及全年龄段人群的使用，在款式设计上更为谨慎，过于年轻化的表达不会被选用，所以老板给了我们设计师小组一个机会，利用公司资源打造一个专属于国内年轻消费群体的宠物品牌，CUL 就这样诞生了。

2023 年，团队已经招募了 10 来个小伙伴，都是"90后""00后"年轻人。我们的品牌理念是"Hello,'三无'产品"："无边界"——人和动物都可以用；"无对错"——任何设计风格都可以接受；"无底洞"——鼓励大家自由开脑洞，这本身也体现了现在年轻人生活方式和态度。

我们目前的产品主要是宠物玩具、碗垫、猫包、猫砂等，但并不局限于只去做一个宠物用品的品牌，而更偏向于"人宠共用"，即使不养宠物的人也会被我们的产品设计吸引种草，以此拓展更多受众群体。

淘宝教育：从设计到上新，如何确保原创设计商品得到年轻人的认可？

旺旺：我们通常会在新品上新前 3 个月就开始出图设计，在产品研发过程中，与目标用户保持密切沟通，草图与正式图的比例控制在 6∶1 以内。以爆款冰垫为例，从设计到上新的流程具体分为以下 5 个步骤。

店铺产品

草图初筛：储备 40～50 稿设计，先在粉丝群进行初筛投票；

开版打样：首批选出 12 款产品，与版师及样衣工敲定产品结构材质，评估投产比。

样品质检：收到样品之后，我们会以外贸质检标准，对产品的喷墨效果、附着能力以及安全性、大货成本等多项指标再次进行筛选。

社群测款：通过验收的样品拍摄产品图，确认线上显示效果与实物差异，最终筛选出 8 款产品上线，并在 300 人的核心粉丝社群进行试售，我们会将和品牌调性比较相符的老客分类圈选，不限于插画师、艺术家、猫舍店主以及家居博主等多样客群。

线上销售：集中投放数据最好的 4 款产品，数据排行 5～6 名的产品将作为常规的替代款来推，不再列入返单计划。

淘宝教育：产品设计通常会考虑哪些因素？

旺旺：我们希望通过外观设计和功能性，满足消费者对宠物的爱和依恋，好的情绪价值能够让对方更愿意为之买单，也更加有记忆点。

在外观设计上，根据近期的时尚风格、流行趋势来设计相应的产品。比如之前半透明的服饰比较火，我们开发出磨砂半透质感的PVC"冰砖猫包"，满足主人DIY个性外观的心理需求。

在功能性上，依托成熟的外贸供应链，真材实料"下血本"。比如猫包使用碳纤维的撑杆，以保证包体不变形；专利锁扣杜绝猫咪逃脱；底板的吸铁石区域，用来放置零食罐头，方便宠物外出进食。

在用户体验上，针对"太空舱背包"，采用箱包设计领域的人体工学理念，背起来完美贴合背部线条且包体不会外翻，腰腹的插扣设计也能在体感上减重40%；为了论证透气性，我们甚至还自制了等比例的"大号猫包"，自己钻进去体验，从而判定猫咪是能否正常呼吸。

在季节货品上，夏天我们会推出既能帮宠物解暑也能在野餐用的冰垫，2022年月销量可以达到2000件，冬天我们也会推出可保温的猫碗和猫窝，猫窝月销量有时能达到800多件。

淘宝教育：如何通过站内站外的联动，带来更多新客与成交？

旺旺：2022年，我们的销售额为800万元左右，其中，天猫和淘宝大概为500万元。线上集中发力时间在每年4—6月，冰垫和宠物出行包非常热销。

此外"6·18""双11"等大促的数据也会不错，2023年我们的目标是年营收额突破1200万元。在站内外的拉新运营中，我们主要聚焦三方面。

第一，通过直播打造属于主理人或设计师的个人IP，加深对品牌的信赖感，提升粉丝黏性。日常店铺也会开展买家秀有奖分享，将好的内容集中投放到"逛逛"，加深"生活化""趣味化"的心智。

第二，坚持100元左右的客单价定位，以及每周至少一次的上新频率，保证品牌能够囊括的人群足够多。同时我们还不放弃猫砂等零利润、高复购的货品，以扩展更多的人群标签，帮助店铺引流。

第三，利用小红书进行流量的收集和种草。家居和宠物博主在站外自发对弹力球、花朵逗猫棒等的种草，为我们淘系店铺带来很多新粉，曾单日转化超 200 单。这些靠产品力赢得的信任背书不仅助力成交数据变得更加优秀，系统也会引入同标签的人群流量，带来正向的循环。淘

新锐品牌

我在淘宝教盘发，年销发簪 10 万支

一手握发簪，一手卷头发，只有后脑勺出镜的模特，不出 10 秒便轻松搞定一个古风盘发造型——这就是淘宝店"追师手工坊"做短视频屡试不爽的"绝招"。

"直给"的盘发干货，引来"手残党"们一边吐槽一边下单：

"一看就会，一试就废""我不只缺头发，还缺手""头发有、簪子有，眼睛会了手不会"……

店铺主理人何刚观察过评论区，"大部分消费者总说自己是手残党，怎么也学不会盘头发，我们就来出教程，从而让人记住追师是卖发簪的"。

"90 后"何刚，先后尝试过厨师、维修工、调香师、房屋中介等工作，2010 年，进入广州一家内衣店铺，负责电商运营。

首次试水电商行业，就把店铺做到了过亿元规模，他从此发现了人生方向，"这辈子就要扎根电商，跑不掉了。"

操盘过家电、服装、美术用品等类目，经营了多个过亿店铺后，他做起了属于自己的生意。

2019 年，淘宝店"追师手工坊"创立，主营古风发簪，前两年只做基

础的产品上架，2021年，店铺开始发力短视频，年销售额从200万元暴涨到3000万元，累计销售发簪超1000万支。

以下为淘宝教育与"追师手工坊"主理人何刚的对话。

"种草"篇：我是公司里第一个会盘发的

淘宝教育：目前店铺流量来自哪些渠道？

何刚： 短视频是店铺最大的免费流量，我们的策略是："有店的地方就有内容，有内容的地方就有店。"目前已沉淀全网粉丝150万，在所有平台都有布局。

淘内短视频效果最好时，一天能给店铺带来50多万人次的推荐流量。

淘宝教育：还记得店铺的第一个爆款短视频吗？

何刚： 一个"简易版单螺髻盘发教程"的短视频，播放量高达5000万人次，也是我们目前单条视频播放量的最高纪录，带动了店铺视频保持在10万人次播放水平线上。

配乐搭配旁白和字幕，只用5句话就完成了发簪教程。还没等观众反应过来，视频已结束，视频简短更能吸引观众评论。有人没看懂，"为什么我盘得像鸡窝"；也有人顺利学会，"穿越回去当丫鬟，也有一门手艺了"。

抓住平台和用户需求来做内容，是视频的底层逻辑，也是短视频业务启动的第一步。

定好视频方向后，第二步则是用发布量堆出影响力。目前店铺里有两位员工专职负责短视频，而他们的盘发手艺都是从何刚那里学来，"我是公司里第一个学会盘发的，也可能是天赋吧"。

淘宝教育：在短视频制作上积累了哪些经验？

何刚： 第一，抓住用户需求，内容围绕"盘发教程"，通过多种盘发方式来巧妙展示商品。

第二，不断优化视觉，从简单教程出发，逐渐植入剧情、娱乐等内容，提升视频的可看度。

第三，把控视频节奏，整体视频控制在 30 秒以内，大部分甚至只有 10 秒。重要的是，把每个 0.5 秒的细节都做到极致，并通过数据不断优化内容。

除了内容打造，"降低短视频制作的单条成本"是做内容运营的关键。我们做盘发教程的单条成本，仅在个位数。只需一天拍摄时间，就能产出 60 个短视频，覆盖一周的内容供给。

产品篇：最开始整个行业的单价都在 10 元以内，我们提到了 17 元左右

淘宝教育：创业时为什么选择发簪赛道？

何刚：我是一位标准的古风爱好者，总是就着各种古装剧"下饭"，但创业选择发簪赛道，并非只因个人偏爱，而是看中了它背后的潜力。"发簪是从 200 多个产品中脱颖而出的"，赛道虽小，但未来有机会增长。

发簪用户以 18～24 岁的女性为主，其消费能力较强。同时，随着国人自信度的提升，古风感的产品会逐渐流行。另外，发簪入局门槛较低，我只花了 2 万元启动资金，全部用于产品开发和进货。

淘宝教育：和市场上同类产品相比，你们的产品竞争力是什么？

何刚：最开始整个行业的单价都在 10 元以内，我们提到了 17 元左右，增长近 70%。

从市场直接拿货缺少优势，我找设计师对产品进行创新，加入花朵、流苏等元素体现唯美感，雕刻样式更简洁，打造出兼具古风和日常感的

店铺模特图

"新中式"发簪；同时升级包装以保障用户体验。一系列操作完成后，产品定价大大高出同行。

发簪工艺难在打磨，我们希望通过店铺的全手工发簪，让老师傅们的手艺得到认可。

运营篇：我原来都做过月销过万的爆品，现在做月销两三千件的，可能这叫"降维打击"

淘宝教育：如何将产品打造成爆品？

何刚：电商从业多年，我有自己的一套打爆品方法：先明确产品的细分属性，再倾斜各方面资源重推，一定要拿到细分赛道第一名。拿笔的定义举例，从签字笔，到炭笔，再到铅笔，产品定义要能代表一个单独赛道。

如果大赛道中的头部商家很强，则从细分类目围剿，例如拿到"铅笔第一""笔芯第一""笔杆第一"……通过占据更高的市场份额，拿到更多流量和曝光。

从产品层面，打好爆款能带来利润。但从店铺层面，持续经营不能只依赖单个爆款。

很多商家会遇到一个问题，营业额降了就心慌，如果只依赖某一个产品，业绩下滑是无法抗拒的。

目前，店铺有1500多个SKU，5个核心品类，包括发簪、扇子、梳子等。我们每年规划两个新品类，必须依赖品类扩展来保证增量。

用行业头部产品建设店铺壁垒，再补充优质腰尾部产品，实现长尾效应。

2个月回本，这家店铺如何征服"银发族"？

"谁家玉笛暗飞声，散入春风满洛城……"

笛子作为迄今为止发现的最古老的汉族乐器，常常出现在古诗词中。如今，笛子不仅是许多中小学必学的民族乐器，也深受银发族的喜爱。

根据QuestMobile发布的《2020银发经济洞察报告》，除了社交、视频和资讯，音乐是银发网民线上兴趣偏好最高的品类。

为了学好一门乐器或者一首歌曲，他们也愿意付出动辄上千元甚至上万元的价格。对此，淘宝店铺"亦竹乐器手作工坊"掌柜深有感触。

这家店铺专营传统手工竹笛，客单价400元左右，自2022年3月开店，5月已经盈亏平衡，目前月成交额30万~40万元，年成交额400万~500万元。银发老人和学生群体是店铺的重要支撑。

店铺4位"80后"联合创始人（丁竹一、高李文、来立中、欧阳曦），曾就职于各大互联网公司，在发掘到中高端笛子市场空缺后，放弃了百万元年薪，一起投入亦竹品牌的建设中，"我们想做精品竹笛，想让事业长久发展下去。"

淘宝教育对话"亦竹乐器手作工坊"的4位主理人，聊聊传统竹笛的市场潜力、内容化、产品策略、品牌定位等。

创业：中高端竹笛的市场空缺大

淘宝教育：开这家店铺前从事过哪些工作？

来立中：之前我们几个合伙人都在互联网行业，基本都是所在公司的中高层，年薪都在100万元左右。

淘宝教育：为什么选择辞职创业呢？

来立中：我们都是"80后"，在35岁左右都出现了危机感。当时想着，哪怕再在公司干个10年，之后该何去何从呢？我们想让事业长久发展，打工的尽头是创业。

淘宝教育：选择竹笛类目创业的原因是什么？

高李文：原因主要有以下几点。

（1）身处竹子原产地，供应链有优势。

苦竹作为国内做笛子最重要的材料，原产地之一为杭州余杭区的铜岭桥村，而我们的合伙人之一在铜岭桥有60亩（1亩≈666.7平方米）竹林和工厂，自产自销，成本和质量都可控。

（2）中高端竹笛的市场供给不足，用户实际需求大。

我们发现之前销量比较好的笛子客单价都在220元左右。做高端竹笛的店铺数量少，销量也并不好，市场上并没有广为人知的头部品牌。但消费者并非不需要中高端笛子，而是买不到质量真正能匹配价格的产品，我们觉得自己可以填补这个空白，我们来了，好产品就来了。

（3）爱好和情怀驱使。

竹笛作为我国的传统乐器，发展历史悠久，我们作为爱好者，也希望能为它的发展贡献力量，做好笛子，做精品，让更多人了解、学习演奏竹笛。

店铺产品

淘宝教育：造成市场上中高端笛子供给不足的原因有哪些？

高李文：笛子核心就两个东西，第一是材料，第二是调音。有些商家没有竹林和工厂，从江西等地进竹子，质量参差不齐，做不了精品；有些商家没有合适的调音师，笛子出厂调音不准，甚至不调音，竹子打个孔就流向了市场，卖几十元到一百多元，主打低价走量。虽然短时间内能带来利润，但这不是我们想做的事。

消费者：银发族是高质量客户

淘宝教育：店铺的主要消费人群是哪些人？

高李文：我们的目标客户是对笛子质量有要求的爱好者或者从业者。

进店消费的人群一类是宝妈宝爸，为孩子选购乐器；另一大类是五六十岁的中老年人，其中男性银发族是高质量客户。

除此之外，很多外国人也经常来店里下单，一般是来自新加坡、澳大利亚、加拿大、马来西亚等地。他们绝大多数是看了我们的短视频，或者被买家秀吸引来的，我们会发到他们指定的转运仓。

淘宝教育：如何吸引银发群体的关注，最终提升成交？

高李文：50～70岁的笛子爱好者特点是，他们早些年花几元钱在上海民族乐器一厂买个笛子，自己摸索着吹，吹了几十年，现在条件好了想换一只好的笛子。经常有客户跟我说，他换了好几家店铺才找到满意的笛子。

这类人群，不需要你做好评返现，也不需要专门设计"套路"和"话术"，只要银发族对产品和服务满意，他就给你写"小作文"，洋洋洒洒写一大篇好评。此外，很多老年人的摄影器材很高级，他们还会布景，找角度，拍的买家秀比我们自己拍的图还好看。

这些银发族，经常是"客带客"的模式，"爷爷甲"今天收到我们的笛子，觉得很不错，到公园遛一圈弯，宣传几句，马上会有"爷爷乙""爷爷丙""爷爷丁"来下单。

供应链：核心技术要掌握在自己手上

淘宝教育：您刚刚提到供应链有优势，具体给店铺带来了哪些好处呢？

高李文：首先是我们原材料成本低、质量高。我们在苦竹原产地自有60亩竹林。据我们的了解，自有竹林的商家还是很少的，大部分都是从外地拿货，比如江西货，可能竹子长了一年就砍下来做笛子，水分大、质量差。

其次，自有制笛工厂，掌握制作笛子的核心技术——调音，产品力强。

我们的笛子设计师都是音乐专业毕业的，调音技术和音乐审美都很好，稳定产出精品。

淘宝教育：产品的客单价是多少，根据什么标准定价的？

来立中：我们店铺的笛子客单价为 400 元左右，定制笛子的最高价格为 8000 元，根据竹子材料和制作难度不同来定价。店铺还上架了笛子的线上课程，任教老师曾是浙江民族乐团的演奏家，现在跟我们一起合作研发课程，入门课程价格是 200 多元，进阶课程价格是 700 多元。

淘宝教育：一根竹子从生长到被制成成品，需要多久时间？

高李文：一根竹子从生长到成品要 10 年左右。因为好的竹子起码要生长 4~6 年，砍下后还需要自然阴干 3~4 年，最后制作时间需要 15 ~ 35 天，才能出来一把好笛子。

店铺产品

淘宝教育：制笛过程中最关键的步骤是什么？

高李文：第一是要选择好原料，我认为生长 5 ~ 6 年的竹子最好；第二是手工调音，每根笛子都不一样，是非标品，音调准不准、音色好不好、低音共振怎么样、高低音切换流畅与否，都是靠调音师长年累月的经验和音乐审美调出来的。

淘宝教育：第一个爆款是什么产品，怎么打爆的？

来立中：2022 年 9 月左右，一款单价 399 元的竹笛一个月成交额达 20 万元左右，算是爆品了。原因是从 5 月开店到 9 月，已经积累了一定的口碑，我们在站内外进行宣传，通过万相台[1]和直通车等工具投放。9 月正值开学季，学生群体有着旺盛的购买需求，销量就出现了小爆发。

运营：都是互联网出身，熟悉平台玩法、投放策略

淘宝教育：付费投放的策略是什么，效果如何？

来立中：我们几个主理人都是互联网出身，所以对平台玩法、投放策略比较熟悉，我们在万相台日均投放 1500 元左右，带来 2 万元左右的成交额。我们投放占店铺总交易额 12% ~ 15%，还是可以接受的。

直通车一般会根据消费人群的不同调整关键词，比如入门级笛子，我们会投放"初级""入门"等关键词；高端一些的笛子我们会投"进阶""专业"等词。

淘宝教育：店铺提供哪些售前售后服务？

来立中：售前我们提供一对一的竹笛定制服务，一般吸引来的消费者

---

[1] 万相台是一个一站式数智经营操作系统。——编者注

都是有一定基础的笛友，对于笛子的外表、用材和音调有追求。

售后除了基础的七天无理由退换货，我们的产品基本上都是终身保修的，前几天还有个客户将2022年买的笛子寄来修复，不仅免费，我们还出了回程的运费。已购客户来询问演奏遇到的难题，我们也会无偿指导他们口型、气息之类的技巧。

我们有两个私域群：一个是买了课的学员群，另一个是交流群。学员可以在里面寻找同好、交流切磋等，无形中也增加了客户黏性。我们不会发硬广，交流多了群友需要换笛子的时候自然会进店下单。

淘宝教育：终身保修服务，对复购率是否有影响？

高李文：笛子的使用寿命还是比较长，能用3～5年，我们还提供保修服务。所以消费者来复购一般是两种情况：第一种情况是演奏者水平进阶，需要换更好的笛子；第二种情况是拓展调门，笛子的调门有C、D、E、F、G调，每个调门适合演奏的曲是不一样，有些演奏者有E调之后，可能想做一个升级，试试F调或者是C调，他就会来再次下单。

内容：针对银发族，我们会在短视频里演奏老歌

淘宝教育：你们如何做内容？效果如何？

高李文：我们同时在做短视频和直播，有专门的拍摄团队，每周发7条左右短视频，以站内"逛逛"为主，通过短视频渠道下单的顾客还是挺多的，每个月能带来7000~8000人次的进店流量，成交额为几万元。

在我们看来，做短视频更多的是一个品牌积累的过程，用户在刷视频的时候，看到我们演奏家的视频，他对于我们品牌就会建立一些认知，我们希望短视频带来更多品牌曝光量，而不是当下一定要有多少成交量。

淘宝教育：你们制作的种草短视频，通常以哪些内容角度切入？

来立中： 我们做的种草短视频一般分两类。

第一种是教学类，科普一下正确的演奏动作和气息控制，或者教观众吹一些热门单曲，这类内容看的人挺多的，有些是因为喜欢曲子，有些是对笛子感兴趣。

第二种是纯演奏类，让形象很好的女老师吹奏笛子，通常会在西湖等地取景，古色古香的环境配合笛声，视觉效果很好。

淘宝教育：根据人群的不同，短视频的内容有什么不一样？

高李文： 针对银发族，我们会特意演奏一些老歌，比如《铁血丹心》等老一辈比较有记忆点的歌曲，他们会通过短视频进店询问这首歌应该怎么吹，用什么调来吹？交流多了，他们便可能转化成我们的客户。

建议

（1）乐器产品天然具有丰富的表演性，直播在店铺运营中扮演着不可或缺的作用，既可作为客服渠道提升转化率，亦可依靠丰富的内容扩大公域流量获取来源。

（2）银发族乐器品类的切入点相当契合当前人口趋势，结合产品本身使用特点及人群特征，完善人货匹配画像，也可持续不断获得系统流量反哺。

（3）将产品多投放至新场域资源位，如百亿补贴、"聚划算"等，可提升频道渗透，拓展新人群。

白朗：小家电新品牌的破零之路

"在与大品牌产品的竞争中，国产小家电该怎样活下去？"

根据相关市场分析，我国小家电行业整体仍属于头部化竞争，在厨房小家电领域，美的、苏泊尔、九阳的市场份额合计约占 67.9%。

面对市场成熟且集中度高的局面，出生于 1979 年的家电老兵黄志刚的解法是，切入细分品类，并以 2000 元的高客单，避开与头部品牌同赛道竞争，而这是他第二次在天猫"创业"。

早在 2001 年，大学毕业后的他，来到广东佛山顺德，从事家电行业销售。并在 10 年前，投身电商热潮，成为淘宝教育的早期学员，一举将烤箱产品，做到类目头部。2021 年，他拿到法国品牌 brandt 白朗授权，将一款"欧快"取暖炉带入中国市场，同年 brandt 旗舰店入驻天猫，2022 年店铺 GMV 突破千万元。

新品牌破零背后有 3 点要素：①选择差异化赛道，主推国外旅居群体有心智的"欧快"取暖器，避开小家电的同类竞争。②洞察国内消费者购买需求，做本地化产品改良。③不断进行内容化布局，站外积极种草，站内以短视频获客。

新锐品牌

店铺主理人　黄志刚

淘宝教育对话白朗科技总经理黄志刚，分别从赛道定位、产品升级、内容布局等方面进行分享。

电商创业：二次创业，重回天猫

淘宝教育：为什么会从事家电行业？

黄志刚： 我 2001 年在江西农业大学毕业之后，南下广东找工作，刚好我的师兄当时在顺德"万和"，在一个专门从事厨房电器的企业里工作，我也就跟着师兄就做了家电的销售工作。

靠山吃山，在顺德的土壤里，最有优势的就是家电，这是一方水土养育一方人。从 2001 年到 2010 年，我从事厨房大家电、烟机、灶具、热水器、消毒柜、烤箱产品的销售，对生产环节和产品市场都有一定的沉淀。

淘宝教育：从销售投身于电商，是因为什么契机？

黄志刚：2001年到2010年是中国家电产业线下渠道剧烈变化的10年。这10年间，因为我卖小家电，所以接触了各种家电的零售业态。

2010年，我开始从事电商。

淘宝教育：在这个关键点上，你做了些什么？

黄志刚：2010年开始，最初在天猫，我们把一个名不见经传的淘品牌，用了4~5年的时间，把它做到线上的类目头部。那时候确实有时代的红利。

后来因为大量的同行进入，开始陷入低价的竞争，如果产品不能持续升级，并有效击中目标用户，生意变得很难做，我就退出了电商。在2016年，我拿到了2000万元的融资，把在天猫积累的烤箱用户，转到线下去做烘焙体验馆，坚持了几年，项目以失败告终。

淘宝教育：现在来看，当时项目失败的原因是什么？因为什么又重新回到电商并入驻天猫？

黄志刚：我花了4年，想把烤箱用户变成烘焙体验用户，线上做烘焙社区，线下开体验连锁店，但后来发现，烘焙是一个伪需求。

用户第一次做烘焙很兴奋，第二次做觉得很费时间，有点像一个反人性的需求。可以做兴趣，但是要培养持续忠诚用户，很难找到切入点。

如果做回家电行业，就必须找到差异化赛道，所以在2021年7月，我拿到法国家电品牌"brandt 白朗"的中国代理权，以2000元的高客单价，定位高端市场，并着手入驻天猫。

赛道与定位：如果做和大品牌一样的产品，很难活下去

淘宝教育：第二次创业"brandt白朗"入驻天猫，你觉得机会点在哪里？

黄志刚：如果做和大品牌一样的产品，怎么活下去？基本上是活不下去，那我只有避开他们。

我只能往高端化走，切入高客单价的产品，错开它们的主力人群。

针对不同人群，采取差异化的营销策略，如果市场需求是100台取暖器，我只抓10%，服务高端客群，这也是我要入驻天猫的重要原因。

淘宝教育：从近几年的市场环境来看，是否担心过高客单的定位时机不对？

黄志刚：我们确实担心过，各个平台也好，各个品牌也好，都在推性价比。但跟大品牌拼性价比是万丈深渊，最终会无路可走。

市场虽然会动荡，但是消费需求始终存在，我宁愿把销售目标定少一点，也得坚持品牌的定位，服务好我的高端人群，靠降价获得市场规模是本末倒置。

淘宝教育：往高端化走之前，有哪些准备和思考？

黄志刚：市场是瞬息万变的，但有三方面我已经想清楚，并且时机成熟。首先是市场需求、其次是细分赛道、最后是抢占市场。

市场需求：家电走高端化的定位，已经被市场验证过。像摩飞已经做到20亿元的体量，西屋、大宇也做到10亿元的体量，他们也是从2017年前后开始拿代理，进口品牌在中国操盘发力，说明消费升级一直存在，这条路是行得通的。

细分赛道：传统小家电，比如电饭煲、电磁炉很难做出差异化，但在

改善生活品质的赛道，消费者是信赖进口品牌的，比如空气净化器、高端的取暖器，这些品类目前来看，还存在市场空间。

我们主推的"欧快取暖器"，本意是欧式快乐炉，简称"欧快"。很多在欧洲生活旅居的人，她们对这个品类是有认知的，所以将"欧快"引入中国市场，一部分精英群体会首先感知到，并有购买意愿，我们调研过这个群体大概有 50 万人。

抢占市场：很多同类型产品，原装进口过来直接在天猫卖，但在中国"水土不服"。不懂营销，也不懂贴合中国用户做产品改良，我只要能做好这些，就能先发制人，像爱丽丝梦游仙境一样，在竞争者意识到之前，跟时间赛跑。

产品：改良产品，才能迎合中国消费者的需求

淘宝教育：其实已经存在空调这样的产品？从功能上看，购买取暖器的理由是什么？

黄志刚：取暖器有很多品类，不止空调，还有我们熟悉的"小太阳"、油汀取暖器等。

"欧快"它的核心产品竞争力，在于温度控制的精确性，它能够快速地进行全屋的空气对流，对室内空气进行循环加热。但空调的热气会带走水分，且热气往上走，而"小太阳"的辐射范围有限，所以品类功能上，有差异。

便宜的取暖器，它的发热管容易熔断、变形，但"欧快"的发热技术较成熟，使用寿命较长。

淘宝教育：欧式的产品怎么更"接地气"？

黄志刚：让欧式的产品，贴近中国家庭消费者的购买偏好。

功能上：在取暖的基础上，设计增加晾衣架，解决消费者冬季衣服的烘干功能。

场景上：很多人买东西讲究"大气"，从客厅的柜式空调来看，背后的消费心理是，柜式产品的显得高端，能作为客厅的装饰，所以我们在外观上进行改良，将原本横放的产品，改良成"立柜"式，将取暖器竖起来，也更节省空间。

淘宝教育：目前你们是以季节性产品为主，未来会怎么拓展产品线？

黄志刚：产品不会跳出环境电器的大赛道，但会切得比较垂直，比如针对厨房的移动空调，以及露营的户外便携空调等。

内容布局：消费者的购买决策变了，必须拥抱内容化

淘宝教育：在内容上做了什么布局，进而让消费者做出购买决策？

黄志刚：在高客单类目，光靠站内搜索展现，就让消费者下单的概率不高，用户会在淘宝站外进行同类产品的对比验证，然后回到淘宝内进行最终决策。

所以我们在站外的知乎、小红书、抖音，以达人合作的模式进行多平台布局，用关键词的形式，占领消费者心智。比如以"取暖器"关键词为例，我们的知乎曝光排名第一，小红书排名第二。

站内我们也布局了短视频，内容化是电商趋势，所以必须去拥抱它。比如我们2023年冬天做取暖器的短视频，10个系列的产品，每个系列500条。通过微详情短视频来测试，数据好再通过引力魔方、万相台工具去投这个视频。其中单条视频3000多的访客，为我们带来6万多元的销售额转化。

淘宝教育：如果在站内短视频上拆细一点，具体的步骤有哪些？

黄志刚： 要用商品的爆款运营思路，去做短视频，一般的策略是如下几步：

找对标：很多新手做短视频没有方向，一定要去看行业竞品，数据比较好的短视频，找到你的模仿对象，可以有3～5种类型作为模仿对象。

模仿：带着用户思维，将对标视频，按照秒数进行拆解，在人、货、场、镜头和声音方面，最好保持较高的相似度，在其中你会逐步了解，视频的拍摄逻辑。

优化潜力视频：通过曝光次数、点击率、加购率来判断视频的优劣，在不改变逻辑的情况下，持续优化背景音乐（Background music，BGM）、光线、场景、话术、模特等细节。

追加覆盖：将数据好的视频模式进行覆盖，并覆盖到转化好的商品上，用爆款带动全店的成交。

淘宝教育：在直播上，你是否有自己的想法？

黄志刚： 我们原来不想上直播间，觉得它就是一个在线客服，后来在行业"小二"的帮助下，通过几轮的提报，我们进入了某个直播间，当天就卖了2000多台。

这让我们发现，直播间是一个能和消费者更好互动的转化渠道，2023年10月，我们刚开播的前两个月还处于摸索期，需要在团队、运营和直播间陈列上持续打磨。

我们初期的搭建，主要围绕三个方面：首先是围绕家居搭配场景，最大化地呈现产品外观；其次是做好产品卖点讲解与用户答疑，促成转化；最后是直播专属价、礼赠、优惠券相关权益，辅助提升数据指标。

淘宝教育："双11"临近，你在做哪些规划？

黄志刚： 主要在预售、引流、售后三方面分别去做对应的准备。

预售：根据行业 2023 年的玩法政策，去盘点货品，制订相应的活动方案，高客单的产品我们更多还是投入在预售阶段，届时货品会有定制暖身毯作为赠品的关联权益，吸引目标用户付定金。

引流：一方面通过超头直播间来为店铺引流，目前已经确定参加直播预售活动，为"双11"造势，实现开门红；另一方面在站外多平台进行短视频的产品介绍与种草，在站外进行曝光引流。

售后：面向运营及客服开展多场"双11"培训，确保能做好服务，接住流量转化同时，灵活调整运营策略。

用"情绪疗愈"吸引"95后",新品牌 2 年内成交额破亿元

"嗅觉经济"正在迎来大爆发。

受新冠疫情影响,居家场景增多,香氛的使用场景愈发高频,市场格局却较为分散。

相关数据显示,2021 年香薰赛道销量前 10 的品牌市占率均未超过 10%,在未来仍处于发展快车道。

高增长赛道如何突出重围?2022 年 4 月,HRAUNLavas(以下简称 lavas)入驻天猫,以格调简约的扩香石闯入大众视野。

凭借精雕细琢的文案和视觉,营造品牌与用户的情绪共鸣,强化场景与产品的关联度。开店 1 年半,通过公私域联动,构建品牌护城河,店铺销售额突破 2000 万元。

2023 年以来,淘宝天猫优化一系列私域工具,如推出宝藏人气店铺计划、降低会员运营门槛、上线内购机制等,助力商家打通运营粉丝的通道。数据显示,截至 2023 年 8 月粉丝会员人群资产和复购率,同比实现两位数

新锐品牌

店铺主理人　李宇航

增长，多个品类粉丝会员人群贡献度超 50%。

　　Lavas 品牌创始人李宇航认为，过去做私域的固定成本很高，而淘系私域工具的升级，降低了运营粉丝的难度。

　　2023 年 7 月，lavas 入围"宝藏人气店铺"计划，通过站外种草，回流淘内人气增速 303%，获得平台 90% 的手机淘宝搜索关系曝光激励。与此同时，店铺通过会员礼、内购会等工具，实现每月"4000+"会员人数的增长，店铺复购率高达 30%。

　　淘宝教育对话 HRAUNLavas 旗舰店创始人李宇航，从创业经历、品牌定位、流量私域等角度展开分享。

创业与品牌：创业得会看赛道，品牌需要自己的克制力

淘宝教育：分享你过去创业的经历，以及为什么开启 lavas 的品牌之路？

129

李宇航：我硕士就读于北京大学，受家庭环境影响，一直在找感兴趣的行业探索、创业。大学时打造了校园线上订票平台，当时以人人网等社交媒体获客，面向大学生售卖酒店景点门票，做到百万元营业额。

毕业后的2013年，我又开启了"青年黑卡"项目，这是一个会员制权益平台，商业和运营模式当时被许多公司效仿，5年时间营业额达上千万元，2018年项目被途牛团队全资收购，两年后我开始尝试新的创业。

一个偶然的机会，朋友送了我一款香薰产品，于是我开始关注这个行业。以当时的市场调研，对标欧美日韩，发现了中外市场渗透率的差距，而这个品牌很有可能在"香"赛道出现，2022年lavas应运而生，同年4月入驻天猫。

淘宝教育：作为品牌创始人，在前期阶段你会聚焦哪些事？

李宇航：前期阶段是定战略，找钱、找人、找资源。在战略上分析赛道、分析人群，看业务是不是足够有潜力，人群是不是足够年轻。

但公司的真正重心还是在产品的打磨，盲目追求业绩或者利润，容易让动作变形。其次对创业公司来说，你要找的是拥有同样直觉的人，拥有理解年轻人群审美心智的团队，这是组织力。

我们的员工首先是产品的消费者，一个新品出来，从试香环节到内容环节，基本上会全员参与，在产品的项目里，大家完全自由地分享。我们会有自己的坚持，也会基于消费者调研，然后投票。

淘宝教育：在创业路上一直换赛道，你怎么理解现在的电商和品牌？

李宇航：我之前也一直做互联网，都会提到营销三板斧，以点击求高转化。但冲动下的购买，带来的是短期利润，对今天的品牌来说不一定有利，我反而觉得今天的消费者，经过反复推敲后再去买，才是好的事情。

品牌还是需要有一定的克制，不是盲目追求脉冲式的销量，我们目前达人直播只占销售额的10%，核心是通过达人，在站外打开长尾流量，最终在搜索上呈现出一定的回流。从站内看到商品，然后收藏加购，再去站外多平台了解、求证，在决策链路拉长的购物旅程中，品牌有了很多布点去做内容，去做服务影响力，用户才慢慢形成对品牌的了解。

如果你不知道用户为什么购买你，对品牌来说是非常危险的事情。而在生意参谋的"客户"板块，你可以看到消费者是谁，来自哪个渠道，对应的货品、内容及权益偏好，进而优化运营策略，提高购买转化率和客户留存率。

淘宝教育：1年半的时间lavas的成绩是否达到预期？你认为品牌的优势在哪？

李宇航：我们2022年年底营业额突破了1000万元；截至2023年7月累计营业额达1800万元；截至2023年年底，全渠道累计营业额已经破亿元。

关于品牌的优势，其实我跟许多投资人聊过这个问题，在这个赛道里它分两类创业者。一个有很强的商业资源，但他对产品和目标用户的理解不一致，即使把决策权下放到部门经理，也很难跑通；而另一波创业者，有很强的产品直觉，年轻且有一定的审美，但商业能力较欠缺，但lavas应该是这两者的综合。

对于初创品牌，在原创保障上，天猫的千星计划给我们一定的帮助。你要不断地突破自己的产品，通过不同渠道的沟通和服务，让消费者建立起品牌认知，这是一个需要长期积累的过程。

人群和品类：新品牌要找到自己的核心战场

淘宝教育：如何通过分析大盘数据，去找到新品牌的市场机会？

李宇航：做品牌要想清楚几个问题：目标人群是谁？竞争品的价格带

是否有空间？行业内的品类机会在哪里？

目标人群：从目标人群特点来看，首先是已婚未育的资深白领居多，其次是新一代的"00后"，而这些用户在一、二、三线城市的占比能达到85%，即追求生活品质的那群人。

在年龄上，我们核心的目标人群是18~35岁，占品牌的70%。其中18~25岁的人群占20%，年轻化人群的渗透率更高，同梯队的品牌只有7%左右。

价格带：国产品牌的价格带普遍在200元以内，而国际大牌则在千元以上，我们当时切入的是400~500元的价格带。

举例来看，当时我们主打扩香石的品类升级，从600克升级到1000克，当时在600~700元的客单价区间，国内没有任何品牌在做，完全没有竞争对手。

品类机会：从占比来看，在香薰赛道内有无火香薰、蜡烛、车载香片等，我们最先切入的是扩香石这个相对小众的品类，通过使用场景来突出差异化。

淘宝教育：在诞生之初，如何定义品牌的目标人群？

李宇航：前置的契机是，在我目前的人生阶段，想做有世界影响力的、有精神内核的品牌，那人群应该是先打头部的，然后逐渐往下扩散，通过这群"高势能人群"来实现圈层影响和口碑传播。

新品牌通过阿里的工具就可以测试，结合类目人群和竞品人群去看，用户对产品的反馈如何，入驻天猫2个月后，我们从细分类目切入，销量几十万单直接冲榜，来印证自己的方向。

比如定义潜客来源，我们在18~30岁的人群占比不错，但30岁以上的那些国际大牌消费者，占比偏低，就可以把这部分人再挖一挖。其次在性别占比里，我们发现80%是女性，20%是男性，但男性的礼赠需求也会很高，也是机会人群。

淘宝教育：你们用什么打动用户，形成购买？

李宇航：总的来看，我们发现"95后""00后"对于情绪价值的付费意愿，要超出于远远超出于其他的功能性标品。这个世界是多元的，所以消费意识也不一样，核心是找到这群人，然后通过品牌的内容设计，向消费者传达审美语言，从产品到沟通的动作，目的是逐渐培养和用户的深度关系，它是一整套的动作。

淘宝教育：第一款产品是什么，怎样进军市场？

李宇航：最开始做的是扩香石，跟蜡烛和无火香薰比，它相对小众，其次能在场景上打出差异化。比如无火香薰，特点是扩香强，适合放在客厅；香薰蜡烛是有仪式感，强调氛围；而扩香石的扩香范围相对较小，适合放床头助眠，更倾向于重新定义一些小类目。

我们目前核心打入的是香薰类目，并逐步在香水线和车载香氛线上拓展。店铺扩香石作为第一梯队主销款，香薰蜡烛作为第二梯队辅助款，第三梯队是节日礼盒款。

淘宝教育：从市场占有率来看，我们的机会品类在哪里？

李宇航：通过天猫数据，我们可以看到同梯队品牌的市场占比数据：观夏香薰线占到店铺的60%，剩下的40%占比是香水线；蒂普提克（法国知名品牌Diptyque）香薰线只占到品牌的30%，然后剩下70%是香水线。

我们从品类占比中，定义出自己核心要守住的品类和人群，以及机会的品类和人群，在大的品类里找差异化，尝试以新品开发进行品类的渗透。

比如，我们之前新上的1000克扩香石，是我们看过市场分析之后，发现店铺40%销售额来源于600克的主推爆款，跟"小二"聊下来后，新品要么往上要么往下，往下就打低价格带，往上就是去抢占更头部的人群，填补缺失的价格带，最后这款1000克扩香石，前端售价为700元左右，表现也还不错。

淘宝教育：新品开发周期有多长，流程是什么？

李宇航： 上新周期一般为两个月左右，如果把新品拉到品牌最高优先级，从策划到样品出来，大概需要 30 天。流程还是以小单快返的模式，来响应前端市场的节奏，流程一般是：小批量生产、上市测款、加大返单、迅速拉爆。

比如 2023 年年初上线的 Q 蜡 6 件套礼盒，我们在看到它有爆款潜力后，迅速进行了返单，但市场火爆的程度远超预期，还出现过一次断货。

如果在完全新的品类里去开拓，周期会更长。比如从品牌深度上来说，我们 2022 年年末就在打磨香水产品，但筹备了 1 年，也迟迟没有面世，就是在完美主义里挖细节。

流量和私域：建立与用户的深度关系，是品牌的未来

淘宝教育：怎样看待淘系的私域工具升级？

李宇航： 每一个品牌都要找到自己运营人群的闭环方法，其中涉及内容和工具。

针对目标用户生产内容是前提，但无论是视频、图文还是权益，都少不了工具作为载体去释放信息。淘系的工具升级，是在给品牌形成路径的闭环，即从公域拉来的流量，进店后有不同的方式作为运营抓手，帮助店铺与用户产生更深度的关系。

淘宝教育：目前店铺站内外流量的分布情况如何？

李宇航： 站内的新客流量占 75% 左右，剩下的 25% 来自站外的搜索。在站外以社交平台为主，平均每月有 300~500 篇的发布比例，通常是以产品置换的形式进行种草，再回流至站内。

站内流量的承接，一般通过关键词在搜索端承接泛流量，也会有具体暗号在客服端承接精准用户的转化。同时我们也在逐步开拓线下门店，通过门店升级服务与体验，让线上、线下形成循环，提升品牌力。

淘宝教育：拉新一定会面临瓶颈，如何去调整复购的占比？

李宇航：复购分为两方面，一方面由服务权益和工具提升，另一方面也通过产品上新驱动。

私域工具：以往我们只能通过短信、客服来触达用户，但触达率有限。2023年千牛商家后台围绕人群、权益、内容对工具进行了升级，构建私域能力，帮助商家在前端做曝光和触达。我们已经开启了粉丝内购会，来促进复购提升。

产品策略：高客单且非刚需，复购虽难，但有3个思路。一是针对目标人群，寻找机会场景和品类，通过上新吸引老客复购；二是从关联品出发，让用户复购，比如香氛的补充液；三是通过礼小样、中样来试香，尝鲜后复购正装。

淘宝教育：会员增长情况如何，怎样持续地投入？

李宇航：现在每月新增会员数在4000人左右。但借助官方平台在"6·18"和"双11"期间的活动，配合权益设计，是最主要的会员增长方法，数量会持续攀升。

比如参加会员挑战计划，忠诚客户的决策周期更短，不仅帮我们提升复购率，日常店铺的客单价在400元左右，但是活动中会员客单价能到800元以上。

另外，未来在复购上，最核心的是做积分体系和权益打通。我们给核心消费者传达的是，无论在线上的电商平台购买，还是线下的门店购买，都可以根据订单来做积分补登，并在购买时直接折现。

通过产品和内容做品牌力的渗透，通过权益和服务做会员私域的投入，才能让品牌跨越周期，实现长期经营。

19.9元的开箱刀如何圈粉"70后"？

原本想把产品卖给"95后""00后"，却意外发现"70后""80后"也是主要购买人群。

猫爪切切创始人陈力滔，入驻天猫1年后发现："在天猫，'年轻人群'更多指是指心理年龄，只要愿意尝新，都是我们的目标用户。"

店铺主理人　陈力滔

陈力滔扎根广东阳江刀剪产业带，做了30年厨房用品，从事传统的国际贸易生意。在女儿的建议下，选择用更有趣、更年轻的设计尝试直面线上消费者，于 2022 年 7 月入驻天猫，客单价百元左右，逐步实现从 0 到 1 的增长。

店铺能够破零，除了在产品上能贴合目标用户的偏好，还在于内容上的布局，主要有如下几点：

（1）在站外小红书、B 站、抖音平台种草放大曝光，根据投放策略迭代已有爆款内容模型，逐步完善和追投。

（2）以日更 3～5 条短视频的频率，在淘内猜你喜欢、搜索短视频等渠道进行曝光，持续为店铺积累 A（认知）人群。

（3）直播上前期每场直播 2～3 小时，拉高时长累积账号权重，为店铺带来访客和转粉，积累成交标签。

淘宝教育对话"猫爪切切"创始人陈力滔，在供应链渠道、产品升级、人群种草等方面进行探讨。

做电商：从面对企业，到直接面对消费者

淘宝教育：能否介绍一下进入淘系的契机？

陈力滔：我做厨房用品行业已经有 30 年的时间，以前我们都是做传统的国际贸易，主要是欧美市场，近些年在淘系平台上尝试进行销售。

我们现在孵化了一个新品牌，叫猫爪切切，2022 年 7 月入驻天猫，主营厨房刀具与关联品类，现在刚成立 1 周年，成交额为 50 万元左右。因为是新店，所以我们常常开玩笑，说自己是 100% 增长。

淘宝教育：线下面对企业生意和电商的生意有哪些不同？

陈力滔：电商其实更考验我们对市场的反应能力。因为在电商平台中我们是根据市场反馈的结果进行售卖，一件一件地卖掉。这里面会有风险，

卖得好，你会面临断货风险；卖不好，你就有库存风险。

传统的线下面对企业生意，基本上按订单生产，接到订单，然后备料，最后交付。生意确定性高，但账期较长。

淘宝教育：为什么还是选择往电商平台走？

陈力滔： 我们以往的国际贸易，是由经销商、进口商、品牌商批量买我们的产品，然后他们面对消费者。但实际上对一个品牌来讲的话，我们非常愿意直接和消费者进行接触。

我们觉得猫爪切切这个品牌，它的受众人群和淘系的人群是非常契合的，所以我们首先入驻了淘系平台。

磨产品：针对目标人群，开发新品

淘宝教育：从线下走向电商，生产端有哪些调整？

陈力滔： 还是会以更灵活、更快速的方式去走。比如，我们会针对目标人群进行测试，做小批量的样品投放市场，根据测试结果，决定生产端的投入。

只要测试成功，就加大产品推广力度，不至于等测试完后，有很长的断档时间再售卖，热度已经下去了，所以我们尽量缩短从测试结果到批量供应的时间。

淘宝教育：在厨房刀具类目，好的产品标准是什么？

陈力滔： 在刀具行业这么多年，一个好的产品，需要综合三方面的要素：一是基础功能的满足，比如抗锈性能、硬度；二是内在原材料的品质高，比如含碳量、含铬量；三是外观颜值和握感设计，让使用者更省力。

淘宝教育：走向电商，针对目标用户有哪些产品调整？

陈力滔：在满足功能和品质要素的前提下，我们主要在颜值、品类、价格带三方进行调整。

外观设计：侧重对颜值和握感进行改良。比如，在刀柄上融合猫爪元素，去贴合年轻人的生活方式；其次运用涂层技术，改变以往冷冰冰的外观，给刀具赋予色彩，让产品更美观。

品类拓展：从品牌的产品规划上来说，我们会以熟悉的厨房刀具为基础，再逐步地拓展品类。比如和刀具搭配的菜板、置物架等。后来我们依据平台内的数据，对年轻群体的生活方式进行洞察，模仿猫爪的样式，设计了一款开箱刀，在私域内测试后反馈都不错，现在已经售出 4000 件，对新店铺来说，有了初步的小爆款。

价格带布局：我们设定的产品策略，分为引流款和利润款。比如猫爪开箱刀，我们的客单价在 19.9 元，作为引流转化的小爆款，而成套的刀具组合，我们客单价在 260 元左右，提高客单价。

新人群：年轻人群，更多指的是心理年龄

淘宝教育：店铺面向的目标群体是哪些？

陈力滔：传统的刀具，在我们印象中，中年家庭主妇或者男性厨师为主要购买者，但年轻群体的需求没有被满足。所以，我们刚开始定位的是"90 后""00 后"年轻人，尤其是精致、热爱美食烹饪的这些女性用户。

淘宝教育：实际运营后，目标用户是否有出现偏差？

陈力滔：在实际销售过程中，我们发现都市精致女性，可能是"80 后"，甚至"70 后"，都是我们的消费者。所以我们得出一个结论：当一个产品去面向消费者的时候，并不单纯以年龄来定义，而是以心理年龄来定义，有一颗愿意尝试的心，就可以跨越年龄。

淘宝教育：融合宠物的元素，是如何洞察的？

陈力滔：当时准备要切入国内市场的时候，做了很多调研，我们会发现"90后""00后"愿意为美好的东西买单，同时这类人群，养宠占比很高。

同时，年轻人即使有烹饪兴趣，下厨频率也不会太高，厨房也是家居风格的一部分，这些厨房产品会作为装饰存在。

内容营销：站外做种草曝光，站内做内容转化

淘宝教育：以什么形式进行种草，布局的平台有哪些？

陈力滔：我们在女性人群比较集中的小红书、B站、抖音进行种草布局，主要还是在曝光层面，让更多消费者了解产品，投放策略也将根据已有的爆款内容模型，来逐步完善和追投。

站外：

小红书：垂直粉丝群体的关键消费领袖（Key Opinion Consumer，KOC）：我们合作方式更多是置换形式，通过分享使用感受和原图分享进行种草；基础的KOC博主：我们的策略是铺量，提供产品图和卖点让对方进行发布。

微博：达人带货目前我们倾向于纯佣金带货，通过达人本身的粉丝基础，提升产品质量。

站内：

2023年8月中旬开始以日更3～5条的频率，投入猜你喜欢、搜索短视频、点淘、"逛逛"等场域，多条优质短视频在站内曝光量过万人次。

淘宝教育：目前你们在短视频和直播上，是否摸索了初步的方法？

短视频板块：

（1）明确短视频的目的，种草为主，产品展示和使用方法。

（2）卖点：视频画面清晰、色彩鲜艳、产品完整性，冲击性的配色设计和可爱的造型来突出卖点。

（3）猫爪切切大部分视频时长控制在10~20秒，以保持完播率和注意力。

直播板块：

（1）新开播阶段，前期每场直播2~3小时，逐渐拉高时长，累积账号权重，目前为店铺带了一定的访客和转粉，转粉率在4%~5%，成交标签在不断积累中。

（2）在人、货、场三方面提升：主播形象符合品牌调性，货品逐渐丰富，场景用实景使其更温馨，给消费者带来更佳的直播观看体验。

（3）完成冷启动的步骤：①已有直播团队；②选品，具有颜值和特色的产品；③场景搭建：实景"ins风"[1]温馨厨房；④短视频联动；⑤持续连续开播，累积权重，提升直播账号等级；⑥适当通过超级直播付费拉成交标签；⑦数据复盘，持续优化。

新商直播建议

1. 明确策略和目标：作为新开播商家，要先做对再做好，要清晰平台趋势算法方向，结合店铺和团队的运营现状明确目标，持续优化，随着权重的逐步累积，账号的流量和销量也会逐步增长。

2. 关注运营基础优化：先从场景、货盘、主播呈现、基础营销工具使用开始优化，先完善直播间的承接方法，再考虑放大流量。

3. 重视消费者运营：新开播账号，需要做好停留和转粉及基础成交，

---

[1] 指一种图片风格，色调饱和度，整体风格偏向复古冷调。——编者注

账号的核心权重除了成交之外，就是粉丝的回访率和老客的活跃度，粉丝运营不仅可以提升直播间活跃度，还可以为账号打标签，放大竞争人群推荐流量。

淘宝教育认证讲师

董占胜

小艾分析联合创始人，11年电商经验，经营过电器、乐器、食品等多个类目，多年一线操盘经验，亿元级卖家。

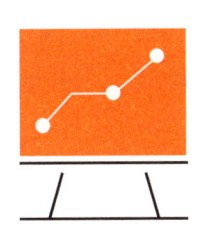

讲师支招

品牌觉醒的时代

这是无数品牌即将觉醒的时代。

很多公司成长到一定程度，便无法继续向上成长了。每一步都走得很艰难，甚至出现倒退的情况。

其实我们每一次走的艰难的时候，都是我们即将从量变变为质变的契机。

以前同样一样商品我们卖100元，看起来卖的很多，但其实挣不了多少钱。而欧美品牌卖2000元，可以挣得盆满钵满。那么我们应该如何像他们一样学习，得到更高的溢价能力呢？

在我看来，捅开这层"窗户纸"，只需要了解三件事：

第一件事，找到只有质变、没有量变的原因是什么，并改变。

重点是我们的可替代性。我们的可替代性越高，进入市场的门槛就越低，进入市场的门槛越低，进入的人就越多，进入的人越多，市场内耗就越高。

市场内耗越多。你能挣的钱就越来越少，风险就越来越高。

于是整体会变得更累，没有时间去思考，直到进入一个无法挣脱的泥潭。

挣脱这个泥潭的方法就是改变我们之前说的可替代性。

我们要是做加工生产、组装。其实，我们的可替代性极高，抗风险能力极低。

大家应该都听过这样一个故事，可口可乐的总裁曾说，"如果可口可乐的工厂一夜之间全部被大火烧掉，给我三个月时间，我就能重建完整的可口可乐。"

大火只能烧掉有形的资产，但烧不掉存在于顾客心智中的品牌。

而我们的消费者心智，正快速地改变着。

我们可以看到一些非常可喜的现象，越来越多的品类里面的消费者选择了价格相近的国产品牌，而不是国际大牌。

一方面，现在的"95后""00后"拥有越来越强大的判断力和自信心。

另一方面，已有的产品和产品模式无法满足消费者更精准的需求。

所以即便是和大品牌价格相差无几，消费者也依然愿意不停地找寻更符合自己需求的产品和品牌。

这便是有越来越多的新品牌能够快速得到市场结果的很重要的一个原因。

所以我才说这是无数品牌即将觉醒的时代。我们现在要做的最重要的事情，就是建立自己的护城河！

第二件事，明确我们的整体方向。

我们可以发现一个非常有意思的现象，一个非常执着于去赚钱的人，他能得到的钱往往是有数的。而忘记对钱的执着，专注于行动。钱，反而水到渠成了。

也就是说，钱其实是做事情的附属品。当我们明确这件事情后，事情就变得简单了。

首先，我们要明确我们想做的事情是什么，什么类型不要紧，重点是要有足够的利他性。

其次，我们要知道一个品牌的核心是品牌的价值观，你可以看到所有品牌的经营行为的背后，都是人。尤其是消费者，他感受得到每一个品牌带来的温度。

能感受得到精神和情感之间的共鸣。当然情感也是千人千面的，有的人看到的是你是什么样的人。而有的人看到的是你能让他变成谁！这就见仁见智了。

最后，当我们明确了要做的事情，也明确了价值观和客户之间的情感共鸣，就可以去完成整体方向的最重要的一件事——人群分析，竞品分析。要深度思考人群之间的关系，产品与竞品之间的差异，在现在的市场情况下是否可行。

第三件事，完成行动框架。

供应链：明确一下供应链的情况，确定一下整体的返单能力如何，看一看小批量生产和大批量生产的反应速度。免得从时间上出现断档。

产品：在产品方面一般都是始于颜值的。一见钟情的基本上都是颜值。日久生情的是品质。我就比较贪心，我想都要。

营销：在这里我们说的是比较泛的营销概念。无论是话题营销还是场景营销，我们在品牌的刚开始阶段，必然是需要有一些产品营销的抓手的。可以同向同力，可以尝试一下如何营销发布和传播。

流量：流量运营能力，我们商家一直都很关注。新款的流量管理工具，可以提高我们的操作上限。尤其是无界，可以尝试。

私域：对新品牌来说，他们是幸福的！现在的淘宝私域工具操作起来太顺滑了，无论是视频，还是图文，都可以从私域拉来流量。

内容：我们需要了解各种各样的消费者的情感诉求，和想要被满足的点。从而制定我们的内容打法。这个前期不需要太小心翼翼。但要不停地筛选。

渠道：对新品牌来说，渠道很多但一定要有重点，一定要把一个渠道做透，没有重点什么都想要，就什么都得不到！

品牌建设和文化建设：以前我们总是觉得把公司的其他一切做好了再去做文化建设，而其实不是，我们其实可以和客户一起成长的，这样的关系会更加的坚韧！

新的市场格局正在慢慢地拉开帷幕，更精准的市场需求，更垂直的市场机会，正在不停地涌入。愿我们能用更开放的心态，接纳越来越多的不同。与君共勉。

淘宝教育认证讲师

吴勇萍

十年品牌策划经验，服务过 200 多个品牌。专注电商领域，开发"品牌管理、视觉定位、超级单品"等策划产品，适应不断变化的市场，为品牌制定新的成长路径。

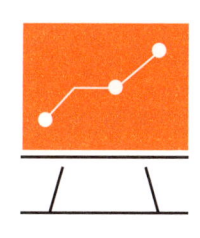

讲师支招

电商时代的原创品牌要怎么做？

在这个时代，所有的生意都值得重来一遍。

中国消费市场不断在增量中实现迭代与升级。沿着旧地图，找不到新地标；拿着旧船票，也登不上新时代的大船。随着互联网、移动设备的普及，消费者的消费习惯和需求也发生了巨大的变化。国内品牌需要不断创新和改进来适应市场的变化。

这个时代不再是人找货，而是需要货找人。品牌在消费者心中的地位越来越重要。消费者开始更加注重品牌的形象、口碑和产品质量，品牌意识明显增强。过去，做品牌需要大约十年的时间，品牌触达消费者的途径又贵又少，做品牌成为商家的难题。而电商的兴起和普及，大大缩短了品牌商和消费者之间的距离，信息触达又快又丰富，做品牌这件事情有了更多的可能性。

什么是品牌？

有人说我电商卖得挺好的，做品牌要花去一大笔钱买大量的流量，不如我多做点货卖卖。那么做品牌是花钱吗？有人说品牌就是一套视觉识别系统（Visual Identity，VI）标准呀，我们已经做了。那么品牌是一套VI吗？

品牌是在广大客户心智中产品或公司的代名词，是在消费者心中所占的地位和打下的烙印。品牌不是一次性做好的，日积月累的产品，运营，服务，文化和审美都是在做品牌。所以从我们决定做一个产品去销售的时候就已经开始在做品牌了。

好的品牌能为我们带来什么呢？

从消费者界面来说是知名度和首选率；从商业界面来说是市场份额和溢价能力；从运营界面来说是投资回报率（Return on Investment，ROI）。品牌对企业的价值是卖得贵、卖得多、卖得久。

那品牌要怎么做呢？在这里给大家分享电商时代做品牌的关键三要素：品牌心智定位；品牌视觉定位；持续管理和升级。

先说说三要素之间的关系，品牌心智定位是消费者心中的印象和位置，是企业或品牌形象和声誉的总和，而视觉定位则是通过品牌的视觉形象来传递品牌的价值和特点，强化消费者对品牌的认知和印象。持续的管理和升级，让品牌在这个快速发展的时代不断满足消费需求变化，从而在竞争环境中取得持续的胜出。

接下来，我们分别来分析这三个要素。

品牌心智定位

品牌心智定位主要是左脑思维的应用，左脑主要负责逻辑、理性、分析等方面的思维，包括对事物的分析、判断、推理等。

我们可以用三个定位和一个主张来阐述品牌心智定位。第一个定位是身份定位 Who，我们可以通过一个三角模型来确定"我是谁"。

团队擅长的模式和打法是什么？

对行业的理解和机会的把握。

企业家的长处及企业的基因。

第二个定位是特征定位 How，我的独特价值？我有哪些独特的差异化属性？

特征定位我们遵循三条原则：一是对手难跟且难做手脚；二是企业擅长且长期坚持；三是指向客户利益。

第三个定位是价值定位 What，我的差异化，给消费者带来什么最终价值？

价值定位三大价值观：①功能价值：产品或服务固有的、内在的可以提供给消费者的利益，是消费者购买产品的基本动机；②体验价值：为满足消费者社交、自尊等较高层次需要而提供的相对外在的利益；③象征价值：反应顾客的社会经济地位、个性、品位及态度与价值观。

第四品牌主张 Why，这个就是我们常说的企业使命、愿景、核心价值观。

品牌视觉定位

品牌视觉定位主要是右脑思维的应用，右脑认知指的是人们对于视觉、感性和情感的感知和理解能力。电商时代的品牌需要通过视觉、色彩、形状、图像、声音等多种元素来刺激消费者的右脑，进而创造出令人难以忘怀的购物体验。

视觉定位分三个步骤。

视觉定位第一步：策略

做策略之前我们先完成"四看"。

一看消费者：消费者是谁？有什么特征和偏好？有什么需求？哪些是他们的痛点？

二看市场：市场的视觉现状是什么？优秀视觉的品牌有哪些，他们的视觉是什么样的？竞争品牌的视觉是什么样的？

三看产品：产品有哪些品类？定价在哪个层级？核心产品是哪些？产品的核心卖点是什么？

四看品牌自身：品牌的核心，品牌需要传达什么印象给消费者？

"四看"之后我们可以根据结果来做视觉定位的关键词和关键策略，这里值得一提的是视觉定位策略的核心关注点是消费者。

视觉定位第二步：创意

创意分为两大板块，一块是VI系统，相对传统的VI体系我们可以增加更多电商适用的应用内容，如主图的规范，主视觉（KEY VISION，KV）的规范，ICON（符号）的设计等；另一块就是视觉的呈现创意，我们通常用一个"视觉通调"去指引平面及视频创作的方向。

做创意核心是找到用户与品牌的链接，基于精准用户去做：人、货、场的创意表达。

做创意的三个小提示：①好看是基础，合适才是方向；②要能传达品牌和产品的价值；③视觉的执行一定要遵从前期的创意策划方向。

视觉定位第三步：传达

传达的原则是：传播内容的一致性表达。需要做到方向一致、内容一致、风格一致；目标一致、传播节奏一致、传播主题一致。我们在每一次传播的时候都会在消费者心里留下一个烙印，一致的传达能达到重复的效果，更容易被消费者识别和记忆。

持续管理和升级

这是一个唯有变化是不变的时代，建立品牌管理意识很关键，从我们决定做一个产品去销售的时候，我们就开启了品牌之路，后续的每一天我们都要对品牌进行可持续的管理。品牌管理是企业战略的一部分，我们要在这个过程中不断调整，优化以求在竞争中持续的胜出。

品牌管理需要做以下几点：

（1）整理和沉淀品牌资产，并随着战略的变化不断的升级迭代；

（2）日常数据监控、采集和分析，时实调整视觉和传达；

（3）不断地建立品牌和消费者之间的信任，让品牌力持续增长；

（4）洞察消费者和市场的新需求，实施创新与提升。

经济的发展和媒介的变化，也带来了品牌发展的红利。原来要十年才能达到的程度，现在也许三年就可以实现，又或者不到一年就风靡了。消费者的新需求还在不断地涌现，市场需要中国有更多原创好品牌出现。

祝各位：不负好时光，成就好品牌。

神人神店

神人神店

大学生回乡"打铁记"

"因为铁娃家的锅爱上了做饭。"
"实现了单手颠锅的梦想。"
"没有涂层用起来就是放心。"

店铺主理人　田欢

"希望以后的日子,也像这口锅一样滋润,圆满,精致。"

……

层出不穷的买家秀和好评,出现在淘宝商家"铁娃公社"的店铺首页,带给主理人田欢的不仅是认可,还有高达 30% 的复购率。

田欢,"90 后",湖北恩施人,是铁匠的后代,也是村里第一个大学生。

2014 年毕业后,只身北漂的田欢发展并不顺利,但在一次偶然接触手作器具时找到了方向,即便受到家人集体"反对",也下决心回乡"打铁",制作符合中国人烹饪习惯的铁制锅具。

小小厨具的背后,市场并不小。企查查 2021 年数据显示,我国厨具相关企业共 215.3 万家,其中,仅 2020 年就新增 78.6 万家。

2016 年 10 月,田欢和师傅磨合了大半年,打坏了 200 多口铁锅,终于等到第一款铁锅问世。

2019 年,开出淘宝店,首月成交额达 30 多万元,2022 年销售额超过 1000 万元,位列淘宝神店榜——淘宝源头好锅店铺榜第一名。

淘宝教育对话"铁娃公社"的主理人田欢,一起聊聊新时代手艺人在淘宝做爆品的方法。

创业篇:大学毕业,我妈以为我回家考教资,没想到我去当铁匠

淘宝教育:为什么想要在淘宝卖铁锅,打铁的手艺是怎么学会的?

田欢:我们铁匠都会使用手打铁农具来务农。因为在铁匠铺长大,从小看着祖父打铁,乡亲们都叫我"铁娃"。

毕业后北漂那些年,我做过瓦工,卖过二手房,但状态始终不对。一次逛 798 艺术区的过程中,我接触到手工厨具这个行业,后来也结识了一

些文艺圈的老师，于是决定回乡跟师傅学打铁，重拾祖辈的技艺，并在此基础上进行创新。

刚回家那几天，我妈开心极了，但没想到我是回来当铁匠。家里人都说村里第一个大学生怎么能回来干苦活，都强烈反对。

经过和师傅大半年的打磨，研究了许多手打铁锅的制作工艺，我们用熟铁锻造出了更适合国人烹饪需求的铁锅。

店铺产品

淘宝教育：你在刚开始创业时看中了哪些机会？

田欢： 一开始，我们以微信等社交软件为主要经营阵地，但因为客服、销售系统不完善，与消费者对接往往耗费大量时间和精力，也因此流失不少订单，于是在2019年，我决定上淘宝开店，体系化运营这个项目。

当时在淘宝，国产手作铁锅的供给不多，对我们来说是很大的机会。开店第二天就接到了订单，开店首月营收就达到了30多万元，因为看到了市场前景，我便开始把线下展会集市的客流也转到淘宝内促成交易。

2022年年底，我们的销售额突破1000万元，我们完成了运营团队的升级，我个人专注做品牌规划和产品研发。现在在杭州开设了线下展厅和运营公司。

产品篇：打得粗糙也不行，流水化作业又被说是机器做的

淘宝教育：你还记得第一款产品上线花了多长时间和精力吗？

田欢：因为打铁师傅们之前只凭经验铸造农具，所以第一口锅从设计到诞生的过程并不顺利，尺寸、厚薄很难拿捏精确，我们花了大半年时间、打废200多口锅，才终于完成第一口锅的制造。

淘宝教育：产品的销售策略是什么？

田欢：因为手工锅具工期太慢，所以在开店初期，我们采取预售制，遇到大促节点，预售周期通常会拉长到40~50天，长此以往也不是办法，所以我通过以下策略，提高效率。

扩大产能：开店初期，我们的铁匠师傅只有6~7个人，2022年年底增加到50人左右。2023年我盘下了老家的一间厂房，作为打铁工坊，并公开招募铁匠，吸引了300~400人报名，最终与170人签了合同，每天可以保证100多口锅的出品进度。

手工锅具"标准化"：打铁是门手艺活，各人有各人的风格，但我们的产品严格按标准品生产，将锻打、定型、退火、规整、锤纹、把手、开锅几大步骤分离，并明确了每个工序的成品标准。

延伸品类：目前，我们主营品类覆盖中国家庭烹饪场景中包含的炒锅、奶锅、煎锅、炖锅、鼎罐、露营锅等系列，虽然我们手工产品成本较高，平均客单价为1100~1300元，但店铺复购率依然高达30%。在铁锅的销量稳定之后，逐步与其他手作品牌联名推出砧板、菜刀、餐具等厨具，拓

展产品线和目标客群。

店铺产品

运营篇：我拍段子没人看，"00后"员工在公司做饭反倒有人看

淘宝教育：店铺运营有哪些心得？

田欢：作为手艺人品牌，我们在拉新、复购及内容投放上，更希望通过生活方式的传递，加深用户的认同感。

根据平台属性做内容分发：淘宝站内的短视频主要展示锅具的使用方法。站外则根据平台特点制定不同内容方向。在抖音，我们主要分享运营同学轮流做饭的"工作日常"，展示产品的同时，让人津津有味地"追更"；在小红书，考虑到女性受众群体比较多，在拍摄和文案的风格上会更"小清新"一些，讲好传承传统手工艺的故事。

迅速落地"店号一体"：4月，淘宝开始测试"店号一体"模式，将"逛逛"、直播等账号打通，将图文、短视频、直播及买家秀，都同步在店铺动态中。我们第一时间迅速响应，发挥我们的内容优势，做了相应布局。

品质服务保障：传统铁锅和市面上大多数锅具相比，最大的优势是不含涂层、有锅气、做饭香，养护得当就可以用很久。我们不仅有完善的"手打铁锅知识科普"，还承诺15天无理由退货，顺丰送货上门，30天保价，还承诺"10年质保，终身养护"，积极解决客户遇到的使用和养护等问题。

我之前独自在私域做了四五年，遇到不少瓶颈和困难，但开了淘宝店之后，打开了新思路，可以说开店是我们品牌转型的关键一步，目前我们正在申请天猫店，希望把厨房场景内的产品都做得更好，让更多家庭感受手打铁锅的魅力。

少数派咖啡：双店并行，年入 6000 万元

吴凌波，咖啡烘焙师，因为在合肥拥有咖啡烘焙厂，一些人称他为"厂长"。他主理的少数派咖啡于 2015 年入驻淘宝，2019 年，旗下品牌"治光师"入驻天猫，2022 年两家店铺的年成交额均达到 3000 万元。过去很长一段时间，咖啡几乎都是外资品牌的天下。而近年来，国货咖啡品牌迅速崛起，数据显示，截至 2022 年年底，我国咖啡相关企业有 17 万余家。近年来，淘系精品咖啡品类不断有国内新锐品牌涌现，同比实现快速增长。厂长认为，中国咖啡市场拥有极大潜力。顺应时代，抓住人群，把握产品，做出有风格的品牌，是少数派咖啡坚持的方向。继早前爆款咖啡"野草莓"拿下单品年销售额 2000 万元的佳绩后，少数派推出的新品挂耳咖啡，广受年轻人欢迎，不到两个月成为店铺 TOP1（排行榜第 1 名），并打入天猫热销榜。

淘宝教育对话少数派咖啡的主理人吴凌波，一起聊聊他的经营之道。

淘宝教育：同时在淘宝和天猫开店，两个店铺的定位有何差别？

吴凌波：我们从 2015 年开始做少数派咖啡的淘宝店，2019 年推出新品牌"治光师"并入驻天猫。2022 年两个店的 GMV 均为 3000 万元。

我们分析客群特点发现，淘宝与天猫的受众不同。我们会对两个店铺

划分不同的业务线，突出货品差异。

淘宝店的客户主要为从事咖啡相关行业的人员，追求精品咖啡，主图设计以极简工业风为主，会提供克重更大的量贩装咖啡、咖啡课程等。

天猫店的客户主要为C端（consumer，消费者、个人用户端）年轻人和家庭咖啡饮用者，非常看重品牌。主图设计更年轻化、趣味化，规格上以常规克重的产品为主。

淘宝教育：举例分享一下你们是如何打造爆款的？

吴凌波：刚开始进入这个行业的时候，我们发现，偏深烘焙的咖啡，除了苦味，都不太有其他味道。我们就想做出差异化：做一款偏深烘焙的咖啡，但是它还能够具有产地特色。

于是我们推出了名为"野草莓"的咖啡豆，里面除了埃塞俄比亚的豆子，还用到了云南豆，做到了在除苦味、酸味之外，还拥有独特风味。这款逐步成为我们店铺爆款，单品年销量达到50万件以上，年成交额超过2000万元。

如何打造爆品，我们从以下几个角度出发。

品质。发布产品的初衷是品质。这款产品是我们店铺成立之初就推出的，第一款产品决定了顾客对店铺质量的大体看法，我们也因此吸引了很多支持精品咖啡的顾客。

价格。这款咖啡是低利润款产品，性价比非常高。顾客买后觉得好喝又划算，很多消费者会分享到小红书等社交平台，形成自发宣传的良性循环。

运营。线下我们会参与精品超市等渠道的促销活动，线上采用体验装、优先购等方式鼓励顾客消费。

内容。商品的标语、文案、传播力等需要契合受众的心态。

淘宝教育：作为食品类目里的一个小品类，国货咖啡如何打响品牌？

吴凌波：第一，风格化。我们当初做自己的咖啡品牌，核心是包装要跟别人不一样。我们在包装语言设计方面一直花很大的心血。少数派咖啡的"小白瓶"包装是我们原创的，外形可爱，有助于咖啡豆避光保存，也引起了很多国内外同行的效仿。

第二，出品稳定。品牌绑定的是产品，一个好的供应商非常重要。当食品快消品达到一定量级之后，"出品稳定"比"选品质高的产品"还要重要。稳定意味着价格稳定、品质稳定，还有产量稳定。

第三，不停学习。我们在运营天猫过程当中会跟淘宝教育讲师高频沟通，去学习了解平台不同流量渠道的特点，同时善用平台扶持策略与官方资源。

淘宝教育：在用户的拉新与复购上有何诀窍？

吴凌波：在拉新上，大促是很好的时间点。我们经常拿一些微批次的咖啡新品，通过设置体验价，投放天猫小黑盒等渠道，去做测款和转化，转化率基本上可以达到20%。在复购上，我们发现很多消费者不懂如何选品，他的需求很简单，就是想喝好喝的咖啡。所以我们推出"咖啡卡"，一次性支付后，我们会从专业人士的视角，结合用户喜好定期推荐不同风味的咖啡，同时也将我们的选品思路、品牌理念等传递给消费者。

好店：
87个淘宝中小商家的造富秘籍

我在淘宝修玉镯

店铺主理人　冯杨超（女）和厉猛（男）

"这只手镯是奶奶留给我的，也是我最爱的饰品，时间和亲情赋予了它更深的含义，早已不能用饰品来形容……"

这是顾客写给淘宝9年老店"首饰医生"的部分信件内容。

"首饰医生"的主理人是一对艺术家夫妻，名叫冯杨超和厉猛，他们均毕业于中国美术学院，通过在电商平台接单，修复破碎的玉器，疗愈着主人的情感和回忆。

在非遗工艺"金缮"的基础上，"首饰医生"创新性地加入了绘画、玉雕等技术，成为"新金缮工艺"，修复客人们破损的玉镯、玉牌、扳指等玉器，平均一个月接百来单，至今已经修复了一万多件首饰，年成交额近百万元。

淘宝教育对话"首饰医生"的主理人冯杨超和厉猛，一起聊聊他们在淘宝修复玉镯的故事。

开店：被时间和亲情赋予的含义，早已不能用饰品来形容

淘宝教育：店铺是什么时候开的？

冯杨超：我和爱人厉猛都是中国美术学院毕业的，喜欢动手做些纯艺术作品。大约是 2013 年，我大四的时候，在淘宝开了第一家店铺卖小首饰，遇到碎掉的首饰，我会利用自学的金缮工艺进行修补。

后来，很多客户主动问我，他们有破碎的镯子，能不能寄来让我修复。慢慢地这样的用户越来越多，逐渐发展成了稳定的业务，我的淘宝店也因此转做首饰修复。目前，运营团队一共 4 人，我们夫妇，一个客服，一个助理。

淘宝教育：为什么店铺名叫作"首饰医生"？

厉猛：事实上，修缮是一个"治疗"的过程，将破碎的玉器修复好，像医生治病一样。

2016 以来，伴随《大国工匠》《我在故宫修文物》为代表的纪录片热播，我们作为手工匠人得到了很多关注，最好的一个月营销额就有 17 万元。

淘宝教育："首饰修复"这个需求看起来很小众，背后的用户群体主要是哪些人？

厉猛：第一种就是普通散客。或许是玉石爱好者，或许是生活中的普通人。

第二种是专业的玉石商人。他们开出来石头的时候，可能本身就带有裂纹，通过我们的修复，让玉石得以重生。这种老客有时候一次性能带来十几只玉镯。

淘宝教育：这门小生意做了9年，最深的感受是什么？

厉猛：对于首饰修复，情感永远是大于价格的。很多顾客在寄来修复品的同时，也会留言分享背后的故事。

比如，一个女孩送了手镯来修，其实不值什么钱，但这只手镯是她姥姥的陪嫁品，她希望修复好给姥姥一个惊喜。

再如，一位母亲寄来了儿子工作后给自己买的第一份礼物，玉镯。后来儿子生病了，母亲相信"修缮也是修心"，希望儿子的身体随着玉镯的修复，赶快好起来。

每每收到这些信，我们都特别感动。或许修复费用已经超过物品本身的价值，但对顾客来说，它们早已不能用饰品来形容了，时间和亲情赋予了它们更深的含义。

修复后的玉镯

技艺：我们对工艺进行了创新，日常有 200 多单在排队

淘宝教育：修复首饰使用的"金缮"，是一种什么样的工艺？

冯杨超：我们在传统金缮的基础上，根据修复的功能和美观的需求做了改良，创新加入了绘画、阴刻、玉雕等工艺。

我们使用新金缮工艺的步骤是：先设计图样；再纹饰雕刻；然后涂金漆晾到半干，这个过程温度湿度都需要控制；再上金粉，放置两周左右，最后抛光，完成一次修复。

淘宝教育：从接单到成交，整个流程是什么样的？

厉猛：我们先拿到顾客寄来的快递，拍照跟他们确认裂痕位置和大小，然后根据裂痕走向设计图样，协商一致后贴上编号排期。我们日常手上会有 200 多单在排队，顾客一般需要等 2 个月左右的工期。等修复好后，再拍照确认，寄回给顾客。

淘宝教育：在你看来，"首饰修复"这门生意，有哪些特点？

厉猛：玉器修缮属于小众类目，但有稳定的需求。在淘宝开店多年，我们得到了平台对手工艺人的扶持，也有了一定知名度，所以并不缺订单，反而是需要更多时间来琢磨怎么把东西修得更美一些。

淘宝教育：首饰修复的收费标准是什么？

厉猛：首饰修复主要分两类。

裂纹修复：手镯有一道裂纹收费 399 元；两道浅裂纹收费 599 元；三道裂痕收 799 元；以此类推。还有一些特殊裂纹，要根据情况估价。

断裂修复：断掉的镯子也可以修，断成两截的修复价格 699 元，断成多节的修复价格可能会超过 1000 元。

内容与私域运营：用故事圈住新粉，用工艺留住老客

淘宝教育："首饰医生"的主要流量来源有哪些？

厉猛：除了短视频和图文带来的自然流量，我们还会定期参加"淘宝手艺人"相关的活动、进入相关会场，同时还有一部分流量来源于老客回购。

淘宝教育：你们的图文和短视频做得很用心，在内容运营上，有哪些心得？

厉猛：我们是第二批开通"逛逛"的商家，平均每天发五条，引流效果很明显，浏览量几百人次到一千人次不等。站内站外不同渠道，内容有一定的区分度。

在淘宝站内，我们注重工艺的表达。通过展示金缮后的成品细节、手镯碎裂前和修复后的对比图等，带来直观的视觉冲击；有时候我们也会把自己的工作过程记录下来，展示某个产品修复的步骤。

在站外小红书等场域，我们会分享一些日常生活、顾客来信等，营造故事性和温度感，并与粉丝们积极互动，带来很多新客的关注和成交订单。

此外，通过接受媒体、B 站 UP 主❶等采访，让店铺广为人知，我们也因此出圈，收获了很多流量和成交订单。

淘宝教育：如何针对老客做私域运营？

厉猛：目前，我们店铺有 14.3 万粉丝，登上淘宝神店榜里"传统手工手镯店铺榜"的粉丝量第一名，在站外也有上万粉丝。

我们会邀请老客进入粉丝群，通过修复案例分享等，进行日常沟通，有些顾客最后会与我们相处成朋友，为我们介绍新的顾客。

---

❶ 指哔哩哔哩（Bilibili）平台的视频上传者。——编者注

潮袜商家：这届年轻人要"把烦恼踩在脚下"

店铺主理人　威威

❶　指用户界面。——编者注

不想再朝九晚五地上班，四位"身怀绝技"的设计师决定离职创业，他们会擦出怎样的火花？

爱花和阿木是大学同学，专业是动画和平面设计；阿恼做的是游戏 UI❶ 设计；威威原本是服装公司的设计总监。

一年前，这四位"90后"年轻设计师还是同一公司朝九晚五的"打工人"，一年后，他们凑到一起，开了一家专营潮流袜子的网店——"烦恼商店 MoodStore"。

数据显示，国内棉袜生产市场高度分散，价格竞争激烈，袜企大多为小微型企业，生产规模小，分布在浙江、江苏、广东等地。

在整个袜子行业还在"卷"价格的当下，这四个"90后"设计师反其道而行之，推出了客单价39元的"贵价潮袜"，在袜面上加入各种色彩鲜明、天马行空的图案，既吸睛又个性，很受"00后"消费者喜爱。

"虽然之前的工作待遇不错，但更多的是甲方说什么就做什么，甚至会难以理解甲方的审美，常常觉得很心累。"店铺主理人威威表示，"现在出来创业，感觉很像在大学做毕设，有一种在完成自己的作品的开心。"

淘宝教育对话"烦恼商店"主理人威威，一起聊聊年轻人的创业之路。

组团辞职后，研究上袜子生意

淘宝教育：为什么会选择袜子类目创业？

威威：对设计师来说，袜子是相对比较扁平的物体，在色彩把控和图案设计上会更得心应手；同时客单价较低，创业风险更可控。

所以我们想先从袜子品类开始试水，逐渐扩展到文创、配饰、服装品牌等，从轻到重进行尝试。

淘宝教育：店铺名称"烦恼商店"是什么意思？

威威：我们发现在年轻人的穿搭中，往往会有个小烦恼——缺一双点睛的潮袜。其实袜子可以和手表、帽子和包包一样，成为穿搭里亮眼的存在。所以我们希望解决这个痛点，这也是店名"烦恼商店"的由来。

淘宝教育：卖出的第一件产品是什么？

威威：在筹备了一段时间后，2023年年初，我们的"烦恼商店Mood Store"正式营业。在线上卖出的第一双袜子是"烦恼袜"，脚腕处白底蓝字印着三行艺术字"烦恼"，十分吸睛，寓意着"穿上就把烦恼踩在脚下"。

店铺产品　潮流袜子

淘宝教育：产品如何定价的？

威威： 一双袜子的定价为 39 元，使用店铺优惠券后通常 29 元一双，赶上平台活动时 24 元左右。我们的消费者大多数是一线城市的"00 后"大学生和文艺青年。

淘宝教育：设计灵感来自哪里？

威威： 先做自己认可和喜欢的产品，再吸引消费者。产品刚上线，就月销 200 多件，每售出一单我们都很高兴，觉得自己的设计被认可了。

我们的产品上新了几大系列，如西湖音乐节系列、电子灰系列、生物学科系列等，研发和上新全凭创始人"个人喜好"，例如喜欢昆虫的阿木，就设计了一款印着荧光蝴蝶的袜子。

会有一些顾客跟我们反馈，觉得我们设计得很好，有的问可不可以出筒袜，有的说想买给自己的小孩穿。有一些人还会发自己的穿搭图给我们看，我们觉得很有成就感。

两倍的成本，"卷"的是精品

淘宝教育：如何解决供应链问题的？

威威： 很多制袜工厂都是接走量订单的，并且不愿意承接制作复杂的图案。接连合作了几个厂家，产品效果都不能让人完全满意。可自己的新店铺规模有限，没法一次性囤大量产品，也不愿在产品质量上打折扣。

几经波折后，团队找到了合适的工厂，供应链的问题暂时解决了。我们袜子的图案全部采用原创设计，材质上采用更舒适抗菌的精梳棉，袜头都需要手工缝制，比起很多走量的订单，成本要高 40% ~ 50%。

淘宝教育：一双袜子的制作过程是怎么样的？

威威： 一般印花袜子的制作流程是商家将图案直接发给工厂，工人将图案改成像素图，印到袜子上。因为自己设计的图案比较复杂，我们担心成品达不到预期，和小伙伴一点点将像素都点好了再发给工厂，每双往往要打样十几次才会投入生产。

合作的工厂老板说，自己见过很多像我们一样的小众潮袜，大多数都撑不下去"死掉"了：潮流袜子成本高，价格也高，受众较少，很难在价格普遍几元钱一双的袜子市场上博得一席之地。

但我们不会气馁，要总结"前辈"们的经验，努力"避雷"。

去音乐节寻找年轻人

淘宝教育：店铺做了哪些设计来吸引年轻人？

威威： 在淘宝，烦恼商店注重内容的个性表达，每双袜子都会根据主题设计不同的风格海报，店铺主页像是一本摊开的时尚杂志，十分吸睛。甚至在详情页，每个系列都有故事背景和创作的心路历程，无形中拉近了与消费者的距离。

我们团队擅长做图文，四人轮流作图、写文案，内容还是比较吸引年轻人的，每天收藏加购的人数占进店人数的10%~15%，等到有满减或其他活动的时候再下单。我们的赠品有现金红包、再来一双袜等，比较吸引年轻人。

在站外社交平台上，我们已经合作了很多潮流博主，在年轻人聚集的平台上，比较容易找到和我们属性匹配的潮流达人，他们出的片子还是比较高质量的，能够精准地圈定目标人群，也会收获很多消费者的评论和返图。

除此之外，我们还不定期地去一些线下的市集、音乐节等活动，卖货的同时宣传自己的淘宝店铺。不久前的西湖音乐节，主办方主动找到我们，后推出两款联名潮袜。

我们还在淘宝建立了粉丝群，买家们可以分享使用感受，及时获悉产品上新。一个粉丝就是一个潜在的传播媒介，通过客带客情况，带来不错的转化。

希望之后能探索出更多内容化的"打开方式"，和更多KOL合作，扩展店铺产品品类，在秋冬季取得更好的成绩。

店铺与西湖音乐节的联名潮袜产品

全村第一家淘宝店铺：我在贵州卖非遗

在贵州，我们遇见淘宝非遗店铺"水家坊"的两位"90后"主理人——潘宏甲与妻子燕子，聊一聊古老的植物染布艺术，如何赢得年轻人的心。

来自水族的潘宏甲与苗族的燕子，于2015年上淘宝开设"水家坊"店

店铺主理人　潘宏甲和燕子

铺，目前，店铺中的植物染布料月销 2000 米，很多人买去做茶席，蜡染 DIY 玩偶月销上万单，2022 年成交额超 150 万元。

"水家坊"在坚守传统手作的基础上，在工具、工艺上大胆尝试与混搭，"从原创性和独特性来看，我们所有面料的纹样在市面上不会找到第二家。"潘宏甲说。

淘宝教育对话"水家坊"的两位"90后"主理人潘宏甲和燕子，聊一聊植物染布非遗店铺如何赢得年轻人的心。

淘宝教育：最初为何想到在淘宝开一家植物染店铺？

潘宏甲：我是贵州凯里的水族人，小时候的衣服都是由妈妈亲手织染的布做成的，所以自小就对植物染有天然的亲切感。在四川美术学院就读期间，我开始进入村寨学习考察，从艺术专业的角度对植物染有了更深的了解。

2015 年，我和爱人燕子成立了"水家坊"工作室，并正式入驻淘宝。我承担产品研发工作，她承担运营和客服工作。我们是村里第一家经营淘宝店铺的，也是做得较好的，2022 年营收 150 万元。

记得一开始，我把村里老人染的布料拿到网上卖，他们很不理解，认为自己手工制作的商品是过时的，没有人会喜欢，直到后面把商品卖出去赚了钱，她们才真正相信，并感到惊喜。

我想，做非遗电商最大的意义，是推动这项古老工艺创新的同时，让当地一些乡村妇女就业，增加她们的收入，让更多的非遗手工业者被看见。

淘宝教育：在产品研发的过程中，主要注重什么？

潘宏甲："水家坊"的产品以茶席、玩偶和服饰为主，特别注重原创性、独特性与年轻化。

从原创性和独特性来看，我们所有面料的图案纹样，通常在市面上不会找到第二家。在我们这里，所有的物品和植物都可以染色，五金店的铁丝、木桶、塑料桶，都是我防染（在染色过程中借助工具防止局部上色，以制得白色花纹）的工具。

店铺产品　蜡染兔玩偶

从年轻化来说，我们设计定位主要面向年轻人群体，我们的蜡染玩偶月销400～500只，很受年轻人喜欢。后来我们发现很多年轻人喜欢DIY，于是推出玩偶白胚，月销上万只，订单多得生产不完，还因为产能有限而婉拒了大品牌的合作邀请。

淘宝教育：在淘宝，你们的运营思路主要有哪些？

潘宏甲：我们的出发点是想让传统的手工艺回归到日常生活中来，希望我们的产品既有文化价值，又有经济价值。在淘宝运营中主要思路有以下几点。

坚持初心，将手工织布、纯天然植物染色等工艺原汁原味保留下来，并融合到年轻化、个性化的设计中。

注重店铺形象，货品图片由我们自己拍摄。通过详情页、赠品蓝染书签、明信片等，传递植物染文化和我们的情感，也把店铺评分拉高。我们的客户群体本身就是小众化的，但是我们想把小众化做得更精致，服务得更好。

经常参与"淘宝手艺人"活动，把店铺推向特色会场首页，这些场域的流量具有精准性，即使当时没成交，下次也会成交。

淘宝教育：在其他平台如何布局？如何实现新客的种草与转化？

潘宏甲： 我们主要在做的平台有淘宝、小红书、抖音和视频号，小红书与抖音的主要通过内容种草，为淘宝店引流，目前淘宝平台的年成交额占线上总成交额的 95% 以上。

不同平台发布的内容也有侧重，抖音和视频号主要以视频形式，发布手工艺人的日常。小红书则主要发布新品制作的过程，吸引大家的兴趣。

2 月下旬，我在小红书发了一篇笔记，尝试把订书钉钉满整块布再做染色，想试试看结果如何，没想到引起几十万人追更，但网友们就喜欢"看别人给自己挖坑"。

通过系列笔记，我们产生了内容和互动重点，不时有人留言问，在哪里能买到我们的产品，流量自然引到了淘宝。2023 年 2 月份，店铺单月成交额超过 20 万元。

重庆姑娘网售火锅蜡烛，最美"中国味儿"

一颗八角、几粒辣椒、数片香叶、凝固在红油里，盛放在鲜艳的双耳瓷碗中，若不是中间一根白色棉线，这几乎可以被误认为是一份迷你火锅。

这是淘宝店"比利花园 Billy Garden"的爆款产品——火锅香薰，上线后迅速受到追捧，还收获外国友人的喜爱。

店铺产品　火锅蜡烛

它的诞生来源于重庆店主何璇的"火锅自信","我一直想做出一款能代表家乡重庆的产品。"

和大多数山城妹子的形象相反，自认"社恐"的她从四川美术学院毕业后，选择在淘宝创业，距今已有 13 年。因为家属在线下经营着一家汽车贴钻店，她就在线上开起了手机贴钻，启动资金只有 500 元，营收却很快上涨到 500 万元，经历过一段不愁销量的时光。其间先后经营过滴胶、黏土等，有时年销售额近千万元。

几年前，受到消费者需求转变和新冠疫情影响，儿童玩具的行业"内卷"现象严重。何璇觉察到这一变化，在 2021 年带领店铺转型求生，换了一个完全不同的赛道：香薰蜡烛。她了解到，香薰蜡烛在国外已经非常发达，但在国内处于启蒙阶段，而国内蜡烛产业齐全，材料丰富，是一个蓝海赛道。

根据《2023 香水香氛消费者洞察白皮书》预测，我国香水香氛行业将保持较高速增长，至 2026 年达 53 亿美元，在中国市场拥有广阔前景。

淘宝教育对话"比利花园 Billy Garden"的主理人何璇，聊聊"重口味"的火锅蜡烛是如何打动年轻人的？店铺月成交额从 0 上升到 3 万元，只花了 3 个月，背后的方法有哪些？

创新：越低端的产品"内卷"越严重，独具一格的风格才有竞争力

淘宝教育：在重庆做香薰产品，如何让产品突出重围？

何璇：重庆深居内陆，若以大众通品入局，在行业中是没有竞争力的。因为这里既不是原产地，也不是行业发源地，从生产到销售总是落后于行业趋势，比较被动。

香薰产品原料产地分散，装饰品来源于义乌，蜡材取自沿海地区，我们只能扬长避短，着眼于产品创意而非价格比拼，解决办法是：产品跨界设计、打造礼盒包装、提供定制服务。

产品跨界设计：从日用品、食品等方向着手，引入多种跨界造型，把香薰蜡烛制作成苹果、郁金香、牙齿、马桶、麻将牌等造型，用各式各样的创意提高产品视觉力。

打造礼盒包装：店铺配套了产品礼盒和贺卡代写，抓住消费者的送礼需求，让产品功能从纯粹悦己拓展到维护人际关系。

提供定制服务：坚持手工制作蜡烛，并可根据消费者需求定制香型。

店铺产品　花朵造型蜡烛

淘宝教育：产品布局思路是什么？

何璇：目前，店铺共有 75 个商品链接，采用引流款、利润款、辅助款并存的阶梯式布局。

引流款：香薰蜡烛重体验，于是店铺推出试香小蜡烛，用低门槛的款式吸引用户进店；强季节属性且有爆款潜质的商品也为引流款，例如圣诞姜饼人蜡烛、端午粽子蜡烛、中秋月饼蜡烛，在强营销节点能带来大笔流量。

利润款：长寿面蜡烛、火锅蜡烛、青瓷盖碗蜡烛等原创产品为利润款，同时也是推广重点。例如长寿面蜡烛，上新一个月即卖出 2000 单，可爱造型击中了年轻人"爽点"、长寿主题贴合了礼物需求、生日属性延长了产品生命周期。

辅助款：兼顾各群体喜好，分有火或无火、创意型或白蜡，都能在店铺中找到。

转型：第一笔订单来自身边的熟人

淘宝教育：换赛道是出于哪些考虑？

何璇：要想把生意做长远，光靠低龄段的消费人群是不够的，销售重点要提升到消费能力更高的成年人市场。

但新赛道带来了新挑战：突然的转型让店铺掉粉严重，销量直接下滑，最惨的时候，一整天都无法卖出一单。

直到在私域中出现转机，身边的熟人看到我在售卖香薰蜡烛，主动进行购买。亲戚朋友、电商同行，甚至仓库老板，都是转型后的第一批"种子用户"。

淘宝教育：店铺转型后，如何快速积累销量？

何璇：店铺月成交额从 0 上升到 3 万元，只花了 3 个月。除了从私域冷启动外，运营策略在于用丰富的产品吸引垂类人群。

被现有产品吸引来店的顾客，都是非常垂直的圈层用户，何璇不急着盲目扩展新人群，而是选择更用心地运营现有人群。

新客促成交：在售前客服环节精准推荐潜力产品，并用新客优惠券加速下单。

老客提回购：引导老客加入会员群、并关注售后体验，在上新时用消息群发、动态提醒等方式促活。

内容种草：短视频引导访客进店占比 20% 左右

淘宝教育：目前店铺主要流量是哪些渠道？

何璇： 以免费流量为主，短视频引导访客进店占比为 10% ~ 20%，用户多是通过搜索、主页推荐、"逛逛"，或者其他平台的短视频引流而来。

不同于衣服这种刚需品，香薰蜡烛对于大部分用户，依旧属于非必需品，必须通过图文或短视频种草，他们才会有购买欲望。

淘宝教育：在短视频创作上有哪些经验？

何璇： 第一，每款产品都要搭配站内短视频，从包装、造型、点燃效果等进行全方位展示。

第二，在内容制作上，用户对干货类内容兴趣度较高，例如蜡材分析、制作过程等；可通过营造场景感、强调香薰蜡烛的延伸意义来突出卖点。

第三，布局站外种草平台，通过自有账号、达人合作来进行站外推广引流。

3次闭店后，他的新店45天成交额超120万元

连续创业者乔德鹏的淘宝生涯中，遗憾与机遇总是同时存在。

2023年4月，乔德鹏开了他的第5家淘宝店，售卖虎皮鹦鹉，仅45天成交额突破120万元。他说自己踩中了风口，在宠物行业的上升期提前入局，成功"卡位"。

曾经，鹦鹉属于冷门产品，很少是创业者的第一选择，对于乔德鹏亦如是。网售鹦鹉，已经是他在淘宝的第四次创业了。

第一次，是在深圳卖二手手机，挣到了第一桶金，伴随二手手机在淘宝停售，他又跑到水贝市场做起了首饰生意。

2016年前后，随着直播、嘻哈文化的兴起，夸张金饰走红。乔德鹏瞅准机会，迅速上架大金链子、金手表等产品，只一个月就做到了行业第一。但好景不长，后来产品销量迅速降低。当时乔德鹏也扭伤了脚，索性闭店回了河南老家。

在家时他也没闲着，决定将家乡特产馒头搬上淘宝，此类店铺当时在淘宝仅两家，看上去有一定的市场潜力。但经营后发现，食品类目推广费较高，乔德鹏没有相关经验，只坚持了3个月就闭店了。

他决心加深自己对电商的理解后再来开店。一次，朋友告诉他，"鹦鹉类目可以试试"，于是乔德鹏的新生意开始了。这些会说话的鹦鹉没让他失望，开店3年后，他的淘宝店总体年销售额已达1500万元。

淘宝教育对话淘宝店主乔德鹏，和他聊聊在新类目的厚积薄发。

产品：花1个月，学习鹦鹉养殖知识

淘宝教育：鹦鹉渠道从哪里来？

乔德鹏：距离我的家乡仅一百多千米的河南商丘，有特别多鹦鹉养殖户，这里的鹦鹉出栏量占全国的98%，我与当地养殖户达成协议，我负责售卖，他们负责提供鹦鹉。

淘宝教育：刚进入鹦鹉类目的时候，走过哪些弯路？

乔德鹏：刚入手时特别难，因为我没有任何养殖经验就开店了，上午上架，下午就有成交订单。面对客户的咨询，一窍不通。后来，我花了1个月时间，在周边养殖场学习鹦鹉养殖常识。

淘宝教育：不同种类的鹦鹉，特点有何不同？

乔德鹏：从品种角度来分，只有牡丹、玄凤、虎皮这3类能合法饲养。其中会说话的是大头虎皮鹦鹉，这也是深受用户欢迎的品种；玄凤鹦鹉黏人、体型大、天生有秃头基因，销量较低。

从饲养方式来分，可以分笼养、半手养、纯手养。

笼养保有量最大，幼鸟一直关在笼子里，由母鸟喂养。喂养方式简单，但不亲近人类，售价较低。

半手养，幼鸟成长到30天左右时，开始人工干预喂养。这些鸟经过训练后，可以和人互动。

纯手养比较麻烦，小鸟出生后由养殖户纯手工喂养，用针管或小勺子喂奶将近两个月。这类鹦鹉，销售价格是笼养的 2 ~ 3 倍。

淘宝教育：新店铺什么时候进入稳定状态？

乔德鹏：随着我对鹦鹉行业的逐渐熟悉，开店第 5 天就能成交一笔，大概 15 天开始稳定。主要是发动老粉丝进行第一波购买，让店铺启动。未来，我打算加强对短视频的投入，并着手在淘宝开直播。

内容：玄凤鹦鹉吹口哨，观看量达 20 多万人次

淘宝教育：店铺人群画像是什么？

乔德鹏：最初我以为消费群体多是老年人，退休后养鸟种花。实际上，购买用户大多来自一二线城市，有一定的消费能力，年轻女性占比高于男性。鹦鹉被买去后，一部分用作孩子的礼物；一部分成为都市上班族的新宠，他们看中了鹦鹉饲养的简便性。

淘宝教育：如何吸引潜在用户进店？

乔德鹏：我们的获客渠道主要来自短视频。虽然搜索渠道转化率高，但付费成本也高。如果要不断拉新，还是视频渠道效果更好，流量成本低。例如首页推荐，流量比搜索高出 10 倍。

我们会挑选"会说话"、黏人的鸟，拍成趣味短视频，发布在主图视频、"逛逛"等渠道。另外，万相台的视频推广效果不错，能投放到搜索、微详情、首页推荐等。

淘宝教育：在短视频方面积累了哪些经验？

乔德鹏：不同于图片的单一效果，视频包含了鹦鹉说话、应答、飞翔互动等环节，展示效果更好。拍视频时，我一般先拍鹦鹉说话，再拍放飞，把用户想看的内容都放进去。

我们最好的一条视频，内容是玄凤鹦鹉吹口哨，观看量达 20 多万人次，相较于平时仅 2000 人次的播放量，差距非常大，至今仍是行业爆款。

服务：修改主图文案，出单量立竿见影

淘宝教育：在物流运输方面，如何更好地保证宠物的健康和安全？

乔德鹏：包装上差别不大，鹦鹉、粮食、灯一起装在笼子里，外面套上网兜，打包完就可以发货了。但要注意的是，箱子需打洞，留出呼吸孔。在运输环节，我们一定会充分考虑宠物的健康和安全。

淘宝教育：宠物行业，如何做深服务质量？

乔德鹏：我们默认一个规则：不咨询不成交。宠物行业的售前售后咨询都非常重要，我们店铺从早上 7 点一直到凌晨 2 点，都有客服值班，客服热线随时有人接听；我们还同时提供 24 小时宠物医生热线。

90 天包赔和 7 天包赔，售后量其实一样。即使只包 7 天售后，客户只要咨询，我们就一定会及时响应。

淘宝教育：行业新人，如何在原格局中脱颖而出？

乔德鹏：第一，找到店铺的差异性定位。刚开始，行业里售卖的鹦鹉大多是半手养和笼养。我开店之后，主卖纯手养，单只鹦鹉定价为 400 元左右，和其他笼养鸟拉开差距。

第二，加强服务。用超长售后取得消费者信任。我观察到一个现象，当时大部分卖家只包 7 天售后，我把主图文案改成包 90 天售后，放大了 30 倍的赔偿时效，让出单量立竿见影。

原本一周都没有成交订单，改完文案后第二天即交易 30 多单。7 天后，单日成交量最高达到 140 单。因此带动同类目其他卖家延长售后，目前全网都在用我写的这条文案。

第三，全年无休。鹦鹉类目较小，很多养殖户开店后，只在鹦鹉繁殖期前后运营，闭店风险大；而我和多个养殖场合作，保证全年都能提供鹦鹉，产品没有断档期，销量积累速度更快。

建议

1. 淘系鸟类类目持续多年保持高速增长，丰富多样的鹦鹉、元宝鸽、芦丁鸡、柯尔鸭等宠物也带动相关食品用品双轮发展，其中鹦鹉是一类颜值高、体色表现丰富、智商高、互动性强，且饲养精力投入相对不高的宠物，作为陪伴型宠物仍然具有非常大的市场潜力。

2. 随着更多利好政策的出台，以及更多年轻人、女性用户涌入，鹦鹉类目只有中老年男性"提笼遛鸟"的刻板印象被打破，也给更多商家带来新机会。商家可重点关注如高透亚克力鸟笼、大型鸟笼、鹦鹉外带笼、鹦鹉粮、鹦鹉玩具等高增长赛道。

3. 商家可充分利用鹦鹉的高互动性进行带货，通过场景直播、拍摄短视频等方式，传递有趣的互动体验，提升货品的可发现性，拓展新的消费人群。同时也要注意，由于该品类相对垂直，应注重提升用户黏性，充分利用"宝藏人气店铺计划"等淘内工具，加强店铺私域运营。

群像

6 位淘宝特色商家的创业故事

用竹编小物圈粉年轻人的匠人小宽；断代千年秘色瓷的"70后"传承人；辞去百万元年薪工作卖童装的"90后"小夫妻；20年里在淘宝"梅开二度"，打造独立护肤品牌的"教主姐姐"；因病致残后撑起整个家的"麒麟臂"爸爸；线上年销售额8000万元的"厂二代"……

这些店铺，或因小众需求萌发，或是老树开新枝，借趋势而崛起。他们作为淘系商家的6个切片，展现这届淘宝店主的人生奇遇和创业故事。

"90后"竹编匠人小宽，右手曾在一次事故中受到重伤。起初，师傅看了伤势，不肯收他为徒，但小宽对竹编的热爱和执着，最终打动了师傅。

3年前，小宽开了淘宝店，将传统竹编技法结合古代结绳工艺，开发了一系列竹编小物，受到年轻人喜爱。从收入几千元到月入3万元，他将热爱变为工作，手中的竹编从不停歇。

淘宝神店榜–非遗传承人店铺榜TOP1的"燕庐"，传承的正是断代千年的越窑顶级品种秘色瓷。

传承人丁国云认为，这家店记录着自己的成长史，"刚开始觉得技艺不纯熟，对上架的产品不好意思推广。"8年过去，他的作品对比法门寺出土的13件秘色瓷文物，接近度能达到90%。

店铺内，价值 1.2 万元的侈口碗、2800 元的陶瓷摆盘都有人下单，而 258 元一只的茶杯卖得最好。

"这么深厚的文化底蕴，不只是中国的，也是全世界的，我希望为它的延续做点什么。"传承人丁国云说。

"我们是在意大利留学期间相识的，两个人年薪加起来过百万元。但我夫人一直想做原创手绘图案童装，后来我们一起辞职，在淘宝做了自己的品牌。"

童装品牌 poco blush 的成立始于这一个浪漫的故事。

品牌主理人潘缜研前期调研发现，国内的童装市场虽然不断增长，但 90% 的商家做的还是偏中低客单价的童装，反之，高端童装品牌大都出自欧美。

于是夫妻俩立下目标，"'干掉'那些欧美小众设计师品牌！面向全球做有高度的童装。"

创业 3 年，夫妻俩一人操刀手绘设计，另一人负责店铺运营，店铺商品设计考究、面料环保，受到一二线城市"精致妈妈"群体喜爱，不仅店铺年成交额同比翻番，还斩获多个时装周大奖。

"我不想打工，想自己做老板。"2005 年，带着借来的 5000 元创始基金，张茜在淘宝上开起了护肤品店。

作为"教主姐姐·优肌管理"淘宝店的创始人，淘宝见证了她从青涩到成熟，她也见证了淘宝多年来的变化。

她会把适合的产品推荐给消费者，"踩雷"概率变低，中差评自然就少。她曾经经历"封店"，当再一次投入淘宝，对短视频的学习和运用，推动转化看涨。

当前做到年成交额 200 万元以后，她笑言："电商是我喜欢的行业，再过个十年二十年，说不定我会改称'教主阿姨'。"

来自汕头的"90后"小伙陈伟祥，因为两岁时的一场高烧，患上脊髓灰质炎，只能以双手代步，久而久之，练就一双肌肉发达的"麒麟臂"。不便外出求职，索性在家"开店"。

淘宝创业11年，陈伟祥从请父亲借钱开店，到如今已年入500万元。两家面向不同圈层的淘宝店，是他抵御生意风险的倚仗。陈伟祥依然在普宁家居产业带的千街万巷里，不停地划动双臂，通过日复一日地奔波、思考和努力，收获着越来越火的生意。

"90后""厂二代"，做商用厨具的小姐姐，这些都是山东闺女赵梦鑫身上的标签。作为家中老大，大学时做家教就月入过万元，毕业后，她将父亲的生意搬到线上。

上一代人抓住了工程订单的机遇，如今，年轻一代正在基于电商化和"内容化"的浪潮，发挥更重要的作用。

在这场生意升级之路上，父女俩各司其职——女儿负责电商销售，提炼店铺数据和用户需求；父亲24小时内必须完成"反馈"，再跟进产品设计和研发。

在某种程度上，这是一场以产业带发展和家族未来为名的薪火相传。

群像

原创设计师做电商，到底有多强？

开店 2 个月，光预售定金就破了 300 万元，一款同名动画 IP 手办，上架即卖爆！

当年轻消费者追求个性，拥有设计能力的商家也开始纷纷在淘宝开店，凭借原创设计来圈粉，满足用户的多样化需求。

这些以"设计"见长的店铺，既有机遇也有挑战。其中，生产周期长、受众长尾、供应链难把控等，是普遍出现的难题。

我们对话一批原创型店铺，有开店几个月销售额就轻松破百万元的黑马、也有通过手工定制满足个性化需求的匠人，还有武侠动画 IP 刚预售就打造出爆款……

这些原创设计的商家，应该怎么打磨产品？如何获得成交和复购？我们找到 5 位商家，聊了聊其中的方法。

半坊手工女鞋：女鞋工厂做原创，法式复古风让新店破百万元

2023 年 4 月入驻淘宝的半坊手工女鞋，专注生产法式复古手工鞋品。

背靠拥有 20 多年手工女鞋生产经验的工厂，自带独立开发设计团队，开店至今破 400 万元。

成绩的背后，得益于在产品、会员、直播短视频的共同发力。

产品上：提前通过数据，捕捉消费者需求，结合市场风格元素，设计出符合我们店铺定位的款式。

复购上：在直播和客服等公开渠道招募会员，并搭建会员分层体系，通过权益和服务来吸引更多新客入会。

直播上：紧跟平台趋势和策略，通过短视频渠道，放大产品曝光同时，为直播间引流。

"CatPunch 甜喵预警"：海归在淘宝创业做服装，既有个性又实穿

毕业于伦敦时装学院的 Turing，在留学过程中，一直在思索如何在服装上，找到设计和实穿属性的平衡，既不能被束缚在框架内，又应该活出属于自己的态度。毕业后，她回国创业，名为"CatPunch 甜喵预警"的淘宝店诞生了。

在产品上，服装的风格，既融合现代服饰的元素，又在视觉上体现复古精致的感觉；既有设计的复杂，又满足简单好穿的特点，提升新款的接受度；

在运营上，做好内容与视觉，通过引力魔方对目标人群进行触达后，用极速推进行扩大展现，并联合站外 KOL 获得更多种草，曾经让一个爆款月销达 3000 件。

画江湖之不良人：动画 IP 在淘宝平台卖手办，刚预售就卖爆

《画江湖之不良人》作为武侠动画，陪伴观众走过 9 年之久。2023 年同名店铺，重新在淘宝出发，开店 2 个月，店铺预售额已破 300 万元。新店能破零，除了通过动画，让角色在观众心中生出情感羁绊。

营销联名："不良人" IP 在 9 年间，与多品类、多领域的合作方开展联名。比如游戏《天涯明月刀 OL》《剑网 3》等；鞋服类的匹克、HEA 等。

产品打造：(1) 在原型开发阶段，根据角色性格标签，还原角色神态、表情，设计稿出来后，通过宣传图进行预热，并收集优化细节。

(2) 传统手办以 3D 打印，进行铸造工艺，但会丢失 20%~25% 的精度。店铺通过工艺升级，在确保精度的同时，缩减制作成本，提高产品打爆概率。

21 家纯手工银饰：用服务和细节，提升转化和复购

店主于淼，在美术学院毕业后，想将创作灵感变成作品展示给更多人。一次在外旅游时，偶然的机会，她结识了当地的手工银饰匠人，开始了解这门手艺。

和工厂不同，纯手工产品需要经历从：熔融、成型、拉线到抛光等 10 多道工序，才能完成产品交付，虽然制作周期较长，但能够满足用户的个性化需求，逐步增长。

近一年生意破 60 万元，7 月支付件数环比提升超 40%。除了手艺上的打磨，针对定制产品，充分的售前沟通必不可少。店主通过了解用户对产品的细节要求，才能在收货后获得好评，提升转化率。

EI 原木所：家具新店破零，线上做成交，线下做服务

店主本人主业从事装修，在成都线下有实体店铺与工厂，长达 12 年之久的从业经验，让他看到了家装需求的连贯性，于 2023 年 3 月入驻淘宝，布局家具赛道。

新店开店至今成交额达 40 万元，其中 7 月成交 UV 环比提升超 300%，关键有两点：

首先，将原本线下前端硬装的客户，培养成为软装家具的精准客户，并逐步导流至线上淘宝店，完成新店的销量积累。

其次，面对店铺 2000~3000 元的高客单价，店铺将同城人群做圈选触达，通过客服引导至线下门店体验，通过 1 对 1 的服务提升顾客满意度，从而提升转化率。

淘宝教育认证讲师

陈纪美

擅长内容打法，致力于用内容和外部流量引爆站内，文创型店铺实现 97% 的自然流量，深度理解细分市场与垂类标签，女装红人店曾连续 4 年销售额过亿元。

讲师支招

淘宝特色店铺一定要知道的成长公式

我是陈纪美，是淘宝特色手工艺店铺"自然造物"的电商主理人兼 IP 总监，我从事电商生意已经十几年了。

自然造物成立于 2013 年，一开始，我们只是单纯地想要去做一款手工艺产品放到线上销售，通过一款产品的成功，后来逐渐发现自己的使命和责任，我希望在"民艺复兴"这条路上一直走下去。

目前，我们已经与 300 多个村子的手工艺人合作，通过展厅、淘宝店铺、企业团购等形式，为村子里的手艺人带来真金白银的收益。

《2022 非物质文化遗产消费创新报告》显示，2022 年淘宝平台非遗店铺数为 32853 家，报告称非遗商品消费者规模已经达到亿元级，"90 后"和

"00后"成为非遗商品消费主力。575个老字号在天猫开设旗舰店，成交额超过300亿元，38个老字号成交额超1亿元。

我们团队刚开始进村子里走访的时候，发现很多特色手艺人的产品很好，也花费了很多心血，属于一代一代传承下来的手艺，但由于销路不好，逐渐面临手艺失传的境况，这样的局面非常令人痛心。

可喜的是，近几年通过电商，情况得到了一些改善，越来越多的手艺人开始被看见，找到属于自己的路，甚至很多农民通过直播让农产品走进了千家万户。

在我看来，非遗类目既不缺历史，也不缺手艺；淘宝上的非遗类目更是像平台的"宠儿"一般，既不缺年轻用户，也不缺流量。作为特色商家，只需要找到传统手艺和现代需求的结合点，打磨产品，从细微之处切入叙述，讲好故事。

怕的是闭门造车，不愿意考虑消费者的需求，在发挥特色手艺的基础上，让产品更日常，有更多使用场景，才能将产量提升上去，在市场中"站稳脚跟"。

举个例子来看，传统的年画非常具有地方特色，但是不适合现代城市里大部分家庭的装修风格，如果能传承年画的技法，但是绘画出"更俏皮""更拟人"的产品，能击中现代的年轻人，那它就有很大概率被市场接受，成为"抢手"的摆件挂画。

另外，非遗或者老字号也存在一个核心问题，就是品牌老化。如何把手艺和历史用更现代的方式去包装，传达到消费者手里？这是我们核心要去解决的问题。我们的解法主要有以下三点。

产品创新：对特色卖家来说，面对市场的过程中，产品创新能力尤为关键。电商平台用户多为年轻人，要贴合他们的需求，最好要秉承"好看、好玩、好吃、好用"的思路来做产品。

凸显礼品属性：另外，特色商品也具有送礼属性，天然具有节日爆发的优势。以我们自然造物的节庆礼品，主要聚焦端午节、中秋节和春节，每年大概有4000万元的产值。

以文创形式提升溢价：我们希望通过文创的能力，对产品的形态工艺、包装进行再造，提升特色商品的溢价，通过内容对品牌故事进行重塑。

以我们店铺的"爆款"遂昌长粽为例，我们做传统粽子时，并没有掀起水花。但我们在2017年的时候开发了遂昌长粽，传递"与家人分享"的含义，就打爆了这款产品。

"万能的淘宝"深入人心，在这里，只要专心把产品做好，把价定好，几乎不需要投流，以全年95%打底的平均流量，横冲直撞。甚至当我们想要去投流的时候，会发现很容易"撞车"。

在这里，即便是小而美的商品，平台也能帮你筛选喜欢这些东西的人群，而这些人群会为你的产品一次次买单。

对特色品牌来说，传统的品牌叙事往往过于宏大，于是换一种角度，着眼于个人的细微的魅力、细微的幸福感、细微的情绪价值，便形成了自己的内容特色：一个朴实快乐的人 + 用了N年 + 只做了一件事 + 养活了一个家庭。

直播高手

4个月成交额近400万元，"淘金者"挤爆直播间

"七七水贝珠宝严选"店铺主理人　贾永春

作为黄金珠宝交易集散地之一的深圳水贝市场，常常人头攒动。

有颜值又有投资价值的黄金首饰，已成为人们的"心头好"，持续热销。中国黄金协会的数据显示，2023年上半年，全国黄金首饰消费量同比增长14.82%。

在水贝，一家名为"七七水贝珠宝严选"的淘宝店，2023年4月重新投入运营，不以传统的单链接货架模式，而是以直播小店形式，从0开始奔跑，截至2023年8月底GMV逼近400万元。

"我负责后端运营，她负责直播，夫妻俩撑起了这家店。"据店铺主理人贾永春说，这是他们最成功的一次创业。而此前在抖音开播，因早前"憋单"的流量模式让用户冲动购买，退款率高达50%以上，因此转战相对稳定的淘宝进行尝试。

国际金价持续走高，背靠着水贝市场的批发性价比，店铺弱化"人"和"场"，打出"源头好货"心智，持续吸引新客进店停留，并在产品、沟通、信任度上进行提升，降低退货率。

淘宝教育对话"七七水贝珠宝严选"店铺主理人贾永春，从直播平台差异化、货品接受度、新店流量等维度，进行分享和探讨。

平台：淘宝直播更稳定，也更轻松

淘宝教育：为什么在淘宝店里直播卖黄金珠宝？

贾永春：2013年我从老家黑龙江来到深圳闯荡，辗转从事了很多行业，2016年借着短视频风口，我和爱人以短视频达人身份，流转于快手、抖音、小红书等平台之间，通过账号去吸粉、引流、变现，就这样接触了电商卖货。

在深圳水贝市场，有几千家档口，全国70%以上的黄金珠宝都源于这里。我们开始靠着源头好货的优势，最初在抖音上进行直播卖货，但效果不是很好。所以在2023年4月，又开始把精力投入淘宝店铺的直播中进行尝试。

淘宝教育：从抖音转战淘宝，当时是怎么考虑的？

贾永春：一方面，抖音的退货率高，直播节奏快，投入的精力和回报不成正比。另一方面，在水贝市场的同行，很多以直播店形式入驻淘宝都卖得不错，我们也想尝试。

现在的店铺，是我爱人多年前申请的，短暂经营过，但没有起色，长期处于无人运营状态，2023年4月看见同行做直播，才重新启动。我们在很多平台都卖过货，但都没有像这次这么成功，直播4个月以来，GMV直奔400万元，已经远超预期，我们两口子感觉走对了路。

淘宝教育：在抖音和淘宝直播，有哪些差异？

贾永春：一个是娱乐属性，一个是购物属性，因为平台属性和人群的差异，导致直播间的节奏玩法是不同的。

从购物人群看：抖音难度更高、节奏更快，需要不断打磨数据模型。虽然有很大的流量，但如果用户群体并非我们的目标群体，成交额就会非常低，大部分是看热闹的娱乐型用户，真心想购买该产品的精准粉丝相对较少。相比而言，淘宝用户的购物习惯更理性，对黄金珠宝更"懂行"。

从玩法上看：我们在抖音上，话术逻辑会抠得很细，需要很强的情绪来引导直播的氛围，先把泛流量拉进直播间，一直憋单，等流量到峰值才会开一波。在这个过程中，不想买的用户会流失，留下的才是真正可以被转化的用户。在淘宝直播的话术更侧重于专业讲解。

从购物链路来看：虽然通过情绪引导、娱乐场观、话术逻辑能把流量拉升、GMV做高。但因为娱乐和话术购买的用户，冲动过后退货率会在50%左右，把成本和物流的折损算进去利润并不高，而目前我们在淘宝上，完全是靠产品来留住用户。

货品：完全靠货品驱动，用户就是奔着好货来的

淘宝教育：完全靠货品转化用户，是怎么从0到1的？

贾永春：抖音用户对产品的认知相对较低，但是在淘宝做了两个月之后，你会发现有些粉丝比你还懂货。只要你货好，他们就会非常信任你。

即使客单价稍高，他们也会复购。

我们是跟水贝市场里的展厅合作，我直接在店里播，卖出去就发货。我们的价格都是以"克重 × 国际金价 + 加工费"来计算的，在款式加工费上我们会有一些利润。

但刚开始开播，我跟大家一样没有什么流量，展厅也是刚合作，所以我完全是直播代买，我把采购的单子给用户看，1分钱不赚，只为在直播间有成交量，让直播间的数据破零，也给展厅更多合作的信心。

淘宝教育：你是怎么设计直播间的产品，使得用户进来看到就想买？

贾永春：首先是性价比，我们不会为了赚钱而把价格抬得很高，因为用户其实也很懂，别人家卖什么价格，你们家卖什么价格，你们家好划算，购买决策非常清楚。

其次是款式，我们直播间的产品，整个市场只有一两家有货源，不太会出现同款的情况，还有就是粉丝直接拿着小红书的截图来问，这个有没有，那个有没有，久而久之就能摸索到用户的喜好。

淘宝教育：黄金珠宝的高客单价产品，怎么去降低退款的损耗？

贾永春：我们店铺很少出现售后退货问题，我们主要围绕产品、话术、信任度三个方面进行提升。

产品尺寸：对于手链，我们会询问用户的净手围；对于手镯，我们会询问用户的圈口尺寸；至于戒指，我们基本上会卖开口款的，可以自由调节大小，避免因产品佩戴不合适而产生的退货情况。

沟通技巧：一款产品，我们会花30分钟来讲解，尽可能把所有的产品细节都讲解清楚，角度做工展示到位。在用户下单之前，我们并不催单，而是让用户考虑清楚，真正喜欢再下单。

信任度：因为黄金是有克重的，我们会在直播间直接上秤给用户看，而且还会展示相关的质检证书，给用户看证书的钢印。粉丝有时候会问，是不是真的？我会半开玩笑地回答说："当然是真的了，真的都卖不过来，怎么可能卖假的。"

流量：是我坚持开播，把流量一点点积累下来的

淘宝教育：现在的经济环境下，用户为什么会涌进直播间购买黄金首饰？

贾永春：对女生来说，黄金加上好看的款式，绝对是有诱惑力的。人们知道购买黄金有利于资产保值，所以在经济下行、人们不敢随意投资的时期，用户会以这种手段储值。另外，有很多用户在婚嫁时会选择买首饰，所以我们在产品上也会匹配相应的款式。

几个月下来，有些粉丝会在直播间跟你聊天，一蹲就是十来个小时。比如中午11点开播到晚上10点，用户一直会跟你聊聊天，带带评论区的节奏。

淘宝教育：你们是怎么一步步地积累用户，将直播间流量提升的？

贾永春：这个店4月份开始做，到目前为止就两个人，我负责后端运营评论和物流，我爱人负责前端直播。刚开播时，也是完全没有人的直播间，前期从0起步都会很难。

但哪怕一个人没有，我也会坚持8小时开播，只要是进来一个人，我就会像门店一样那种服务，你想看什么，喜欢什么，我就进行1对1的促成交易。刚开始我几乎没有利润，就是从1个、2个、3个的成交量积累，把这个店铺和直播间的流量拉起来。

我播了有10天到15天，才会有一些基础流量，到5月的时候，因为成交和用户的积累，就开始有大几千的流量慢慢往上升，现在直播间也参

加了淘宝星生代新商榜的 PK，只要数据排名靠前，就能在前端透出，获得一定的流量扶持。

淘宝教育：流量提升有没有关键方法？

贾永春：首先是强化源头好货的心智，我们身处黄金珠宝产业带，在款式和性价比上有优势，能不断吸引新客和留住用户，反映到数据层面，主要集中在停留时长、互动指数、转化客单价三方面。

我们会把产品介绍得很详细，成交一款相当于 1 对 1 服务，大概需要半小时。黄金有很多属性，我们需要跟用户介绍，不同属性的克重是怎么计价的，还有各种款式的佩戴方法等。

有的用户就排队，等我们给她介绍她想看的款，停留时间被拉长的同时，评论区咨询量增多，互动指数相应提高。虽然我们每天成交量才 30 单左右，但因为黄金首饰的客单价高，平均都是大几千元、上万元一单。

淘宝教育：能成功把淘宝直播店做起来，你最大的感受是什么？

贾永春：刚开始都难，没有流量的时候容易自我怀疑，觉得自己不行。但在起步期，哪个平台会随意把流量给你呢？所以很多同行，播着播着就打退堂鼓了。今天不想播了，明天不想播了，跟我同时起步做直播店的人，他们大多都退出了，只有我做成了，这是我用坚持换来的。

"95后"在云南直播采蘑菇，携好货出山

云南丽江市区往西，80千米开外的山林间，有个普米族聚居区。这天清早，6月的雨淅淅沥沥地下着，邹纳耀和他的直播团队追着山货而来，相熟的老乡早就在村口等着了。

这个少数民族聚集区海拔高，大多数农作物都难以种植，村民们靠山吃山，主要的经济来源便是进山采摘菌菇和药材，卖给收货的商人。

"一般人收货，只要当季新鲜的松茸。老乡们采回家的山货，一半都只能自己留着吃。我们在这里架起直播设备，现收现卖，当归、灵芝、黄芪这些好货，我们也都能帮老乡们销出去。"

邹纳耀说的，正是他新开的淘宝直播店——"丽江现收山货"。

"2023年5月中旬，我看到朋友发的淘宝直播店招商信息，是一种店号一体的新经营模式，适合那些以直播域为核心经营场景的商家。我就挺跃跃欲试的。5月17日我去咨询，5月19日就开通了店铺。"

截至发稿日，店铺已经顺利完成了"6·18"目标，并正式开播40天。"今天，我们实现了200万元的销量目标！"邹纳耀认为，店铺能够迅速起号并维持一个稳定的销量，是做对了这几点。

货：背靠丽江丰富的滋补山货供给，打通供应链；人：打造"云南通"主播人设，走访村落，现收现卖；场："云游丽江+养生互动+淘宝产业带直播新场景"，开创滋补保健品直播新场景。

淘宝教育对话"丽江现收山货"店铺主理人邹纳耀，一起来聊聊特色直播间是如何打造的。

直播丽江山货，能行

淘宝教育：为什么会选择直播山货？

邹纳耀： 我们云南是动植物王国，有丰富的野生菌，像松茸、黑松露、鸡枞等，还有好多名贵药材。我是云南人，小时候就经常上山捡菌子了。

淘宝教育：现在直播的村子是什么情况？

邹纳耀： 我们是去年9月发现了这个普米族的聚居村落。正值新鲜菌子上市的时候，松茸的产量比较少，我就到处去找货源，经过多方打听，联系到了这里的村委会。现在农村基本都是老年人了，他们主要的经济来源是每年7月、8月捡菌子卖，能占到他们全年收入的一半。因为这里是高山，好多经济作物都是种不了的。有时候捡了20斤（一斤=500克）菌子，最后只挑得出来5斤

"丽江现收山货"店铺主播谭清容和村民

晒干，是真正的靠山吃山，靠天吃饭。

淘宝教育：当初是怎么样取得村民信任，打通供应链的呢？

邹纳耀：解决运输问题，团队上门收购，村民不再需要"翻山越岭"；山货"照单全收"，村民有什么囤货都可以一次性卖出，减少损耗；现货现结，每次收购的货款都当场结清；通过村委会沟通，提高可信度。

亲和力和表现力强，是我想要的主播

淘宝教育：你们的主播人气很高，可以介绍一下吗？

邹纳耀：主播叫谭清容，不同于很多妆容精致的女主播，她总是素面朝天地出现在镜头前，带着亲切的笑脸，穿着有民族特色的服饰，再加上夹杂着云南口音的普通话，活脱脱一个土生土长的云南妹子，被粉丝们亲切地称为"容妹"。然而事实上，容妹本是广东的一名老师，在旅游时被丽江所吸引，便辞职在丽江做起了主播。

淘宝教育：你们是怎么认识，进而签约的呢？

邹纳耀：第一次看到她直播，是在别的店带货非洲手鼓。我就觉得她的表现力和亲和力都很强，想要把她挖来带山货。然后我去和她交流，有没有兴趣做这件事。

清容是个特别努力的人，刚开始对山货不熟悉，我给她介绍了大概有哪些品类，她就通过各种途径去学习，一遍遍地抄写药材搭配、吃法、禁忌、功效……直到全部烂熟于心。我想打造的就是这样一个云南通、农村通的主播人设，熟知云南的农产品和风土人情。

来我直播间"云旅游",顺便学知识

淘宝教育: 有了货,有了主播,该怎么播?

邹纳耀: 当时淘宝上卖滋补保健品的人很多,但是开直播的人很少,且基本都局限于室内直播,直播像讲课一样枯燥,互动性不强,反响并不大。

最开始我们也没有和村民互动的环节,仅仅是到乡村里面直播,在农户家收货后主播来讲解。但是播了两天就感觉效果不好,吸引力不强。后来我们参考了阿里"小二"的建议,增加了和村民讲价、聊天和散步等互动环节,效果很显著,一天的销售额从2000元增长到1万多元;平均停留时长也从20多秒延长到80多秒。最高的一次,有20万人在直播间里跟着主播进村收山货。

淘宝教育: 直播能取得这样的成绩,你认为是做对了哪些事?

邹纳耀: 有以下两点原因吧。

山货现收现卖,取得消费者信任

对普通消费者而言,源头山货并不好买,质量难以保证,很多时候还会被中间商层层加价。于是主播容妹每次都会直播收货过程,收了多少斤就上架多少斤,现收现卖,大大打消了消费者的疑虑。

直播内容丰富,充满"人情味"

除了卖货,买家还能在直播间里"云旅游",感受云南村落的原生态:直播场景常常是某一户村民屋前果树下,主播抱着装满山货的簸箕娓娓而谈,山货怎么吃,有什么功效,怎么保存……少了生硬感,多了谈天的闲适。邹纳耀笑称"养生这件事,是融入中国人血脉里的"。

对于未来,邹纳耀有很多期许:"之后希望通过短直联动更上一层楼,产品由丽江周边山货扩大到整个云南省的农产品,比如说我们计划要在9月、10月跑遍云南省内各个州市县,开着车去到哪里播到哪里,让更多的人了解、喜欢、购买云南的农产品。"

非遗香云纱的"淘宝第二直播间"

很多商家没留意，从 2023 年开始，不少淘宝店铺已经悄悄开启了第二直播间。

"双直播间"的布局，源于 2023 年年初，淘宝／天猫服饰行业试跑新的直播间类型——甄选直播间。与店铺官方直播间作为与老客沟通的私域渠道不同，甄选直播间的主要目标是拉新，通过爆款直降、达人内容种草等方式承接来自淘宝直播公域的流量，带来新的成交增量。

我们就来到著名的电商直播发源地杭州九堡，与淘宝店"一抹微蓝香云纱"的主理人张晓雅、孙明庆夫妇见面，探究香云纱服饰如何通过甄选直播间，成功圈粉核心受众——高知妈妈群体的历程。

他们于 2009 年在淘宝开店，起初是做普通时装档口拿货进行线上售卖，也有过日销几千件的不错成绩。到了 2018 年，张晓雅决定转型自主设计香云纱服饰，抓住直播风口再战淘宝。

原先在服装公司工作的孙明庆负责打通供应链，而电子商务专业毕业的张晓雅，则亲自带领主播团队，通过直播销售非遗香云纱工艺的新中式桑蚕丝服饰，吸引了 26 万粉丝关注。

"一抹微蓝香云纱"店铺主理人　孙明庆　张晓雅

2023年3月,二人抓住平台风口,新开甄选直播间,通过"淘宝春新势力周"快速起势,其间成交额即破百万元,短短一个月内更实现成交额破500万元。

淘宝教育对话张晓雅、孙明庆夫妇,一起聊聊他们的经营之道。

淘宝教育:是什么原因让你们选择香云纱这个赛道?

张晓雅、孙明庆: 2018年,淘宝直播刚兴起不久我们便决定入局。一开始是做真丝服饰,后来希望把更好的产品提供给消费者,便逐渐将货品升级到真丝服饰中更高端的香云纱工艺品类,客单价在500~1000元不等。

这是一种需要"三蒸九煮十八晒"的非物质文化遗产工艺,而且只有用广东佛山顺德的河泥浸泡,才能获得挺阔的皮革质感。我们通过尝试从湖州拿桑蚕丝面料,再联系广东的工厂加工,等到3~6个月后拿到成品进行设计和打样,并最终通过直播间的讲解和展示来完成销售。

事实上,我们更像一个高端的"工厂店",从产品开发到设计再到成交，实现全链路闭环。既保证了产品质量，又保证了性价比，因此绝大多数顾客购买后都会产生复购行为。

淘宝教育：甄选直播间和店铺官方直播间有哪些差异？

张晓雅、孙明庆：在平台鼓励好内容的机制下，我们选择新开甄选直播店铺，只要通过好内容、好供给，实现阶段性成交额目标，就能得到平台的流量扶持。恰好赶上"淘宝春新势力周"的节点，我们的月成交额轻松突破500万元，实现了既定目标。

上新节奏：店铺官方直播间的定位是帮助新品测款，每天上新几十款服装；"甄选直播间"则主要走爆款路线，每天的上新数量控制在2~3款，个别销量特别火爆的款，我们愿意持续去推。

新老客占比：店铺官方直播间有24万粉丝，在成交占比中，老客占60%；甄选直播间一个月就积累了2万粉丝，新客在成交占比中高达91%。

淘宝教育：甄选直播间的策略有哪些？

张晓雅、孙明庆：私域引流：在甄选项目起号初期，从微信私域粉丝群引流1000人精准用户关注甄选直播间新账号，帮助淘宝直播算法快速定位人群画像进行精准人群召回，在开播一周内便突破单场次成交额破50万元；

拉新：因为香云纱成衣的客单价普遍较高，第一次进入直播间的新客可能不会下单。我们便设置了低价的引流福利款(桑蚕丝内衣、鞋、口罩等)，让粉丝可以体验桑蚕丝、香云纱的品质，得到认可之后自然会下单购买成衣。除此之外，我们的私域上翻和平台的免费流量也为店铺带来不少新客。

选品：我们会选择店铺销售中已经验证的爆款，并以"闪购直降"为主。爆款通常都兼具价格和质量优势，直播间里的粉丝买回去会觉得物有所值。

直播节奏：当直播间流量集中、在线人数比较高的时候，我们通过更快的语速、过款节奏进行分享，形成催促下单的"紧迫感"；而在日常讲解中，因为受众以熟龄女性居多，所以我们在直播间的语速都不是很快，更像是科普般的娓娓道来，通过详细讲解面料工艺、设计点，让粉丝了解产品的价值。

设备升级：从手机升级到高清摄像头直播。场地也从自己家里，升级到专门设计装修的中国风工作室，用场景烘托呈现香云纱服饰的风格和质感。

淘宝教育：店铺的目标人群是谁？如何提升老客黏性？

张晓雅、孙明庆：我们直播间的目标人群主要是 35 岁以上、注重生活品质的高知、退休女性。在提升老客黏性和复购方面，主要有以下经验：

产品：定位新中式高端丝绸服饰，一改过去香云纱面料传统风格的设计，注重年轻化、时装化的表达。在色彩上推出克莱因蓝等流行色系；在春节、中秋等节日款中，加入国潮、兔子等元素，让年轻人也可以穿搭上身、美美出街。

直播：专业卖产品，走心交朋友。除了对产品的材质、工艺和设计风格的专业化讲解之外，我们会跟粉丝进行走心的聊天互动。当主播播久了嗓子不舒服或者休假时，评论区的老客都会主动关心，甚至寄来成箱的橘子、人参表达心意。

老带新：我们在上新前会在粉丝群进行预告，粉丝们穿了新衣被姐妹夸赞后，便会主动介绍新客来淘宝下单，我们也会给老客发送优惠券以示感谢。

从"一抹微蓝香云纱"甄选直播间的成功打造，不难看出，2023 年淘宝服饰将扶持更多优质的消费内容型直播间，针对不同人群和细分市场做直播扶持，打造出更多人设型、内容化的直播间。

摇滚"老炮"直播盘香，引万人复购

2012年，曾经的摇滚"老炮"、唱片店老板周晓钰，在互联网的冲击下选择了关店，宣告创业失败，爱人因此也背负了沉重的生活压力，出现了严重的睡眠障碍。后来，偶然接触到文玩、沉香的周晓钰，为帮助妻子

"小鱼制香"店铺主理人　周晓钰

改善睡眠，缓解生活窘境，决定跟随师傅研究制香工艺。2014 年，他以名字的谐音"小鱼"注册品牌，在成都开了一家专业制香店。伴随新品的升级、产品体系的完善，2018 年，周晓钰开设了"小鱼制香"淘宝店，但由于缺乏电商运营经验，他仅把店铺作为品牌和商品的"线上官网"，主要的交易还是依靠线下批发。

2021 年，"小鱼制香"开始在多平台发布选品及制香科普类视频，获得了不错的反响。2023 年 2 月，周晓钰看到了淘宝内容化直播的增长趋势，决定以空杯心态"重拾"淘宝，短短半年，实现了超 500 万元的成交额，老客复购率接近 30%。

淘宝教育对话"小鱼制香"店铺主理人周晓钰，一起来聊聊他的店铺经营之道。

产品篇：一次性下单 136 件，只是出于对产品的喜爱

淘宝教育：制香有哪些工序，为什么选择来淘宝卖香？

周晓钰：制香基本分为六个步骤——选料、清洗、磨粉、调香、挤压成型、晾干。因为不同的材料有着不同的特性，我便通过参加沉香相关的展会，逐渐与有着几十年选料经验的国内外原材料供应商、沉香批发商开展合作，以保证优质原材料的持续供给。

淘宝教育：产品策略是什么，起店经历了哪些过程？

周晓钰：2014 年，需求量上来之后，我和制香师父就一起开设香工厂，进行大批量生产。目前线香每月可生产 2 吨，专利的无黏粉香因为等级和价格较高，每月生产 30 千克左右。因为我们的产品线从不使用边角料，做出来烟火气小、层次感高、留香能力强，即使同行去效仿，也很难达到我

们的纯度和品质。

目前在淘宝上，我们主要以产地不同的特性来分类产品，其中线香的爆款是越南芽庄沉香。为了能让更多人体验到高品质的产品，我把利润压到非常低的水平，买家基本会因我们产品的高性价比而买单。一款 10 克的芽庄线香只卖 26.5 元，曾有一位客户一次性下单 136 件，因为太喜欢我们的产品了。

除此之外，店铺的产品线还针对不同的年龄客群，开发出电熏香片、精油、盘香等。比如，年轻人更倾向于选择精油类香薰用品，我们的工厂便会通过蒸馏法，在不同的月份匹配不同的花期，来生产多种花香的精油、精油皂。其中沉香精油和艾草精油的累计销量都为几千瓶。

"小鱼制香"店铺产品

内容篇：科普视频垂直度高，一点进来很难不下单

淘宝教育：在直播上你做了哪些布局，是怎么起量的？

周晓钰：不管在哪个平台做直播，我们都是 0 粉开播。可能是个人性格，我喜欢一切随缘，刷到我了就是缘分。因为属于垂直度非常高的类目，只有关注沉香或者古玩相关圈子的人才会对我的内容感兴趣，大数据会把客群推过来，他们一旦点进来很难不下单。

之前我们有一个爆款视频，播放量有几十万次，很多人在观看视频后进入了直播间，后来逐渐成为我们的粉丝。只要我的人、货、场都没有问题，这个链路就行得通。

淘宝开播半年，目前粉丝破万，封面点击率25%，场观基本保持在10000人次左右。我们接下来也会在淘宝上加强对"逛逛"、首页推荐、点淘等渠道的投放，更好地实现新客引流。

淘宝教育：现在的直播成绩如何，你采取了哪些策略？

周晓钰：目前我们的直播间（工作室）有800多平方米，原材料、雕件都会作为背景陈列，每次直播前也会通过科普视频中的小插件进行预告。在淘宝上我播的场次更多，也专门针对新客，将一些经过销量验证的爆品做成体验装引流。

现在的直播节奏基本是按照下面几个步骤来灵活调整：

1.孤品＋福袋引流：每次开场放出10~20件停产的孤品，以极低的价格上链接引导消费者抢购，提高直播间的人气和热度，在点赞或直播间人数达到一定数值时，开启调价福利，保证停留时长。

2.科普＋过款：抢购带来稳定场观之后，针对一些原料或不同的产品进行沉香科普，在白板上讲解电熏香片使用步骤（方便截屏）、同时推荐今天的上架货品、活动款；

3.互动答疑：回答直播间公屏上的问题，分辨沉香来源、讲解熏香对人体的影响，以及辨别精油产品中天然香和香精香的区别等。

在不久前的淘宝美妆直播增长陪跑中，通过优化万相台计划和直播互动节奏，店铺4月比3月销售额环比增长61%，直播停留时长增长74%。

运营篇：直播间上新不玩套路，好货好价圈粉无数

淘宝教育：直播间里采用什么样的运营策略？

周晓钰：作为直播型店铺，我们目前在店铺首页布局爆款产品，但整体视觉还需要进一步加强。站内投放则会使用万相台、新人宠粉红包、产品讲解录制回放等工具拉新，再通过短视频分享沉香知识促进转化。我对直播间的新老朋友都一视同仁，希望大家都能买到心仪的产品。如果产品要上新或做买赠，我会在直播中提前做出说明，而不是玩复杂的套路。新品上新期的价格基本较低，等到大家对产品反馈不错之后，价格才会回到一个正常的水平。

当新客进入直播间之后，会在评论区问产品质量如何，直播间的老客会主动分享体验，最终新朋友也会变成老朋友。

目前，店铺的复购率在30%，客单价接近1700元，老客中甚至有几十位连续复购15~30天，客群多为25~40岁的资深白领，其中女性占比73%。在4月结束的"小鱼制香"周年活动中，我们也提前在直播中反复预热，当晚实现42万元的销售额。

未来，我想继续在淘宝上以知识型主播的深耕内容，丰富精油、无乙醇香水和电香炉产品线。通过加入年轻人喜爱的花香和车载功能，以无烟熏香和香调变化的方式帮助改善客群的睡眠品质，和其他传统熏香品牌做出差异化区隔，也能把这种生活方式带给更多人。

"90后"打造的"爸爸男模团"火在淘宝

"快递还没到,我爸在菜鸟驿站就跳起来了。"

"快乐的源泉,笑不活了家人们……"

最近,很多人竟然被一群跳舞的中年大叔圈粉。本以为会是油腻尬舞的卖货现场,但没想到是一群"爸爸们"在直播间花式"整活"。

重点是只要点进直播间,人就出不来了——深蹲、扫堂腿、扎马步,大叔们在直播间里大秀拳腿、魔力满满。网友看着直播间从一个大叔到现在的一群大叔,直呼这还是个"养成系直播间"。

"云爸爸"正式入驻了淘宝直播,1个月就把直播观看量稳在了30万~50万人次。

"云爸爸"的创始人黄栓是一位"90后",在上海打工时看到淘宝惊人的销量后毅然辞职,来到常熟扎根于男装产业7年。虽然中老年男装的消费者黏性低、复购低,"但中老年男装这个类目不能没有,消费者想给爸爸买衣服,脑子里面肯定想不到什么品牌,我就想去做真正的爸爸装这个意义上的品牌。"

淘宝教育对话"云爸爸"的主理人黄栓,一起来聊聊"爸爸男模团"

是如何诞生的。

淘宝教育：为什么你会选择来到淘宝创业做中老年男装？

黄栓： 我15岁就去上海打工了，从事过很多职业，比如说保安、服务员、汽修工、室内装修等。2014年突然接触到淘宝，看到销量觉得非常惊人，比如说刚刚才五六千件的销量，过个半小时就变成一万件。后来通过朋友了解到如何做淘宝店。2016年就直接辞掉了工作，来到常熟开了中老年男装的淘宝店。刚来常熟就一直接触中老年男装，当时是做淘宝店，后面又做了天猫店，那时候店铺一个月销量为二三十万件。

前两年在做淘系时，看到圈子里很多人都在做直播，反响也都特别好。当时我们这个中老年男装类目基本上没有人去直播，我想去尝试，我想既然要播的话就需要一个品牌，让用户购买衣服之后还能记得我，所以就用"云爸爸"这个品牌，上个月售出了将近200万件。

淘宝教育：为什么你会想到让叔叔们做模特？

黄栓： 卖爸爸装如果有叔叔在那穿着，参考价值会全面一些，消费者感觉模特跟"我爸"差不多，穿着感觉还行，他敢买。如果消费者不知道上身效果，不敢买，退货率也会更高。所以我当时请了一个叔叔做模特在直播间展示，"云爸爸"团第一个模特是我的叔叔。

一开始叔叔只是站在直播间里，也有点尴尬，然后我想要不做一些动作，介绍衣服内里细节、展示口袋，让自己不尴尬，让观众看得生动一点，叔叔也学过一些才艺，就在直播间里结合才艺展示产品。

后来是根据观众的喜爱，他们觉得叔叔挺好的，想再来一个，我们就找了一个又一个。模特我们也没有刻意去找，都是朋友或者亲戚逐渐介绍来的。

叔叔们都有自己的一些特点，我们的动作都是结合他们自己的风格、特色，教他去参考展示。核心还是希望能更好地展示衣服，比如说衣服有好几种颜色，大家都穿，让购买的参考性更强。

开第一场直播的时候我想要能卖个三件五件我就很开心了，最后卖了七八件。第二场就开始翻倍，后面流量就越来越多了。刚开始直播有2000人左右，20~40岁的女性观看的会更多，现在淘宝直播日均场观维持在30万~50万人次，年轻用户会偏多。

淘宝教育：中老年男装的现状是什么？

黄栓：首先中老年男装的用户黏性不高，用户可能没有想起来给爸爸去买，刷刷视频，看见了可买也可不买。还有就是爸爸们往往会说，我有衣服，你天天给我买干什么？大多数爸爸都会出现这种态度。

现在我们处理售后问题，好多就是隔着一层，爸爸们说给子女，子女再反映给我们，但有时候子女和爸爸们说的不是一回事，就会产生很多误差。

所以我们看中了以后的市场，爸爸们慢慢地都会通过直播自己购物，包括反馈一些问题，就更直接了。

这个类目的商家我感觉比以前少了，因为这个类目比较小，竞争越大，存活下来也不多。但中老年男装这个类目不能没有了，我是一个普通的消费者，我想给爸爸买衣服，我脑子里面肯定想不到什么品牌。我就想去做真正的爸爸装这个意义上的品牌。

淘宝教育：年轻人给买的衣服，爸爸们真的喜欢吗？

黄栓：子女给爸爸们买衣服时，可能偏向更稳重一点的风格，就怕买回家不能穿。但现在的爸爸们不想越穿越老气了，都想穿得年轻一点。

我是感觉随着社会发展，爸爸们的思想也发生着改变，也想穿得时尚、新颖一点。所以，我们有时候会开发一些新的款式，就是偏年轻一点的。

淘宝教育："云爸爸"团爆火之后，产品运营接得住吗？

黄栓：我们基本上就是属于备货模式，就有一定的备量。火的话，我们从去年开始不是一次了，之前也有好多短视频的场观已达二三十万人次。

如果是流量太大，我们接不住的话，就下播。消费者下单，我们要保证 48 小时内把它发出，最好是当天发出。因为我们追求的不是说单量多少，而是要让消费者体验感好。淘

姐妹花直播卖琥珀，高客单价产品如何圈粉？

开店次月，店铺成交额超 500 万元；不到半年，成交额突破 2000 多万元！"张家二小姐珠宝甄选"的爆火，归功于创始人左青川踩准风口，在淘宝直播迅速布局。

左青川，一位标准的文玩发烧友，鼓捣珠宝生意近 10 年。从论坛水友，到电商店主，再到直播推手，每一次个人身份的改变，都见证着市场变迁。

"张家二小姐珠宝甄选"店铺主播　张宁　张鸽

2019年，左青川试水淘宝直播，经历过短暂的辉煌后，由于经验不足铩羽而归。

不得不承认，珠宝行业的线上销售额一直在高速增长。

受疫情影响，珠宝店实体生意受阻，直播成为突围利器。《2022中国珠宝行业发展报告》显示，2022年线上珠宝首饰销售总额约为2350亿元，同比增长27%。

抓住行业风口，2023年3月，左青川重新出发，创立淘宝店"张家二小姐珠宝甄选"，主营琥珀类产品，筹备一个月后正式开播。

淘宝教育对话"张家二小姐珠宝甄选"店铺创始人左青川，一起聊聊直播新店该如何抓住时机，快速蜕变。

开店：把兴趣做成生意

淘宝教育：为什么选择进入珠宝赛道？

左青川：我从大学开始接触珠宝，2008年毕业后不久，曾花费四分之一的月薪，买了人生第一颗绿松石。我平时喜欢逛文玩论坛，从发帖"求大神鉴真假"到分享好物，渐渐地会收到网友私信询价，顺带销售几条手串，由此发现了珠宝行业的商机。

我决定把兴趣做成生意。2015年，我利用业余时间经营了第一家淘宝店，售卖菩提子、琥珀、绿松石等。当时我不懂运营，单纯靠上架产品图文，一年就卖出几百单，在淘宝赚到了人生的第一桶金。

2019年，我又开了第二家店，主营蜜蜡饰品，并开始做直播，一度斩获单月超1000万元的好成绩，但运营3年后，店铺销售额下滑明显。

我与团队一面总结经验，一面关注平台政策。2023年3月，我在淘宝的第三家店"张家二小姐珠宝甄选"诞生了。

淘宝教育：从上一次在淘宝的创业经历中，你总结了哪些经验？

左青川：第一次做淘宝直播，经验不足，问题主要出在产品和团队两方面。

第一，店铺品类单一，只有琥珀，缺乏玉石品类。

第二，团队凝聚力不够；直播间从每天早上六点开播到凌晨两点，由十多位主播轮班，造成主播们相互抢货、竞争，大家都想占据高性价比产品和黄金时间段。

消费者进直播间后，经常看到不同的主播，较难培养忠实粉丝。

我们吸取失败教训，对"张家二小姐珠宝甄选"店铺做出调整：

在模式上，直播改成单班次、双人直播模式；

在IP打造上，围绕两位核心打造"二小姐"IP，并邀请两位主播成为店铺合伙人；

在产品上，除了琥珀蜜蜡，还拓展了和田玉、翡翠、南红玛瑙等品类。

淘宝教育：从产品出发，你们的优势是什么？

左青川：我们公司位于深圳松岗，附近的琥珀交易市场产品丰富、风格贴近用户需求，有较强的价格优势。从市场收来原料后，我们对珠宝进行设计再编织，提升美观度。目前手串、水滴形吊坠都是销量较高的产品。

直播：双主播模式，"战斗力"更强

淘宝教育：双主播模式有什么优势？

左青川：双主播在直播间互动感强，不仅更亲切，还能互相补位、"战斗力"更强。经过上一家店的失败，我认为只有主播人设有特色、能提升客户黏性，店铺生意才会长久。

淘宝教育：如何定义"张家二小姐珠宝甄选"两位主播的人设？

左青川： 张家二小姐是珠宝行业的一对姐妹花。

主播妹妹，外号"静哥"，曾从事珠宝销售；助播姐姐，人称"静姐"，珠宝设计出身，这些也都和现实情况相符。两位主播性格一动一静，妹妹沉稳，姐姐直率，她们的互动也让直播间更有趣。

另外，两位主播以店铺老板身份出镜，呈现出自信的状态，对消费者来说更有说服力。

淘宝教育：你们想给用户呈现出怎样的直播间，定位是什么？

左青川： 我们一度被同行卷入价格战，但经过多年经营，我发现真正有黏性的粉丝，他们更看重产品品质和服务。在我看来，"捡漏"两个字，用在珠宝上非常不合理。

我们现在的策略是只做高品质珠宝，从直播间人、货、场三方面，都体现"高级、专业"。

人：主播人设高端，形象优雅，话术专业。

货：珠宝本身就是高级的，再加上我们的设计，产品款式会更丰富。

场：直播间灯光、镜头、场景布置高级。我们配备了8盏灯，使用双机位直播，投入200多万元装修珠宝展厅。只有这样高级的环境，才能体现珠宝的美。

淘宝教育：珠宝直播客单价高，如何获取用户信任？

左青川： 珠宝销售，信任是第一要义。我们主要从用户运营、真实场景、售后服务三方面入手。

用户运营："由浅入深"，和用户做朋友。首先，我们会直播介绍"我们是谁、在哪里、有什么优势、能给用户带来什么"，让用户了解我们。其次，在直播间加强用户互动，定制客户生日祝福、纪念日礼物等，提升粉丝黏性。再对大客户进行分层管理，为VIP（贵宾）客户配备客服经理，维护客户关系。

真实场景：除了公司的展厅，将直播场景搬到批发市场、琥珀博物馆，也是建立信任的好办法，溯源能给用户带来新鲜感。

售后服务：主播亲自参与售后，和用户近距离沟通。

运营：直播次月，单场成交额 80 万元

淘宝教育：直播作为你们的核心成交场，怎样通过直播拉新？

左青川：从事珠宝多年，我们积累了大量用户资源，前期通过私域和老店铺导流，激活老粉丝关注新店。加上平台助推和付费推广，完成第一波"冷启动"。

后来，我们推出新客福利品，例如锁骨珠、小尺寸血珀手串，定价均在 200 元左右，以此吸引精准的新客流量。目前店铺主力消费人群的年龄为 35~55 岁，女性用户占 90%。

淘宝教育：作为一家 2023 年 3 月才在淘宝开的新店，如何从 0 到 1 规划运营节奏？

左青川：第一个月主要"拉新"，第二个月策划开业活动，邀请珠宝行业专家、优秀货主到直播间做客；随着店铺成交和客流的稳步上涨，我们开始加入了优质的中高客单价产品，扩展琥珀以外类目。一下子就卖爆了，在店铺只有几千粉丝的情况下，单场成交额达 80 万元。

淘宝教育：退货率高是很多珠宝电商的痛点。你们店铺退货率怎么样？

左青川：我们店铺的退货率为 40% 左右，在行业中处于偏低水平，甚至淘宝的退货率在电商平台中也偏低。

导致退货的两大因素：一是客户的冲动购买，二是产品品质。"张家二小姐珠宝甄选"直播讲解节奏慢、力求通俗易懂，能尽可能地排除冲动购

买的行为。并且淘宝的粉丝较理性，属性就以购物为主。另外，产品品质问题多见于标品类珠宝，其颜色、尺寸的细微差别，都会导致较大的价格差异。我们店铺走高端孤品路线，标品较少。🅣

直播间成交额 1300 万元，他教年轻人把"小森林"搬进家

从平价测评到养护经验，小红书"绿植"话题的笔记超过 259 万篇，当代年轻人一边走进户外，一边把"春天"搬回家。

近几年，绿植电商正逐步取代传统的线下交易模式，释放出巨大商机。相关数据显示，2013 年中国绿植盆栽电商渠道渗透率为 0.41%，而到 2023 年攀升至 40%，未来几年仍将处于上升期。

年轻人的"小森林"向往，驱动绿植电商持续发展。但赛道选择，决定商家运营模式的差异，是以大众易养活的品种打平价策略，还是以贵货和小众打入垂直圈层，成为经营者首要面对的问题。

"90 后"店铺主理人张雨生，从老家江苏宿迁南下广州创业，靠着基地一手货源，主打绿植软装，用场景开辟新蓝海。2022 年 4 月入驻天猫至今，他开设的"赤映旗舰店"销售额突破 1300 万元，而在他的目标里，年销量至少还能增加一倍。

除了选择有造型的大绿植品类，在场景上则打造家居风格直播间，让

绿植成为软装"种草"目标用户,以一物一拍的模式,提升中高客单价的转化。

淘宝教育对话"赤映旗舰店"主理人张雨生,一起聊聊他的直播之路。

"赤映旗舰店"主理人　张雨生

创业:电商创业,淘宝是绕不开的平台

淘宝教育: 你是什么时候开始从事鲜花园艺,然后走进电商的?

张雨生: 大家好,我的老家在江苏宿迁,那边整个大环境都是搞电商。大学时期,看到别人通过开网店挣钱后,也想以后尝试电商创业,淘宝成了绕不过去的平台。

毕业后,我去电商公司上过一年班,从客服、打包、运营干起,目的很明显——通过上班学本事，后来就开始慢慢做自己的网店了。江苏宿迁也有鲜花园艺基地，主要以小盆栽为主，一部分走批发流入二级市场，一部分打价格战拼单量。

新冠疫情期间，我来到了广州考察市场，因为气候、品种、物流效率的优势，我决定留下创业，并于2022年4月入驻天猫，次月开始投入运营。

淘宝教育：去年入驻天猫，你看到的机会点在哪里？

张雨生： 以前在老家做店，我们走的是低客单，量大且竞争激烈，很累也利润单薄。启动天猫店，有两方面的考虑：

货源：我们的产品基本上和基地合作，不负责培育，以快销的模式走货。不仅拿货成本可控，也可以第一时间拿到造型好的苗。

赛道：切入大绿植品类，主打家居氛围为主，切入年轻人赛道，走300元左右的中高客单市场，利润空间能得到保证。

淘宝教育：创业，难的是什么？

张雨生： 创业就像升级打怪，不同阶段都有困难需要克服。

创业初期，最重要的是定赛道、找切入点、打通供应链，难的是看到机会后的"义无反顾"。

刚开始做直播，我花了十几万元装修直播间，以家居风格提升转化，当时身边人不看好，说行业利润低，投入大且回本难，劝我放弃。

虽然也免不了遭受冷眼和嘲讽，但我心里很笃定自己"必须这么干"，不惜一切投入，也要搞出用户想要看的直播间场景。

直播做起来后，难的是团队管理。因为当模式跑通后，想要往高处走，人员不稳定，就无法跟上发展节奏。

比如，我们每天9小时的直播，由3个主播+2个助播轮流上阵，如果要拉高销售额，一定要有备用人员顶上去。我们现在一般会由客服开始，了解客户的共性问题，熟悉植物的养护方法，再慢慢从助播往主播转。

竞争力：不单纯卖植物，我们也售卖创意

淘宝教育：植物种类繁多，店铺是怎么选择品类的?

张雨生： 从植株高度来看，一般是大小搭配，去匹配不同的摆放场景；其次，根据季节灵活上新，比如夏天挑选不怕高温、耐旱的品种；同时我们也会侧重，容易体现产品造型的植物，比如橡皮树、鸭脚木等。

淘宝教育：背靠生产基地，货源能成为竞争力吗?

张雨生： 只能说拿到纯一手货源，具备相应的优势。因为造型好才有溢价空间，所以基地的棚刚开苗，我就挑走造型好的款，很多粉丝在评论区反馈，小绿植可以在别人家买，但买大绿植一定会选择我们。

但真正的竞争力来源于创意，因为你无法垄断上游，保证造型好的款永远在自己手上。而创意永远建立在对用户的洞察基础之上。

淘宝教育：能否细化说明，创意是如何在园艺行业发挥作用的?

张雨生： 从我的理解来看，创意可以拆解为"场景+搭配"。

直播场景：之前同行直播，比较原生态，直接在基地直播看苗。但我们把直播间还原真实的家居场景，比如玄关处、电视机柜旁、卧室角落，以代入感提升转化。

其次，我们不单纯是售卖植物的造型，更强调它如何融入装修风格。比如，奶油风我们推荐爱心绒，更偏艺术调性的植物；美式风则推荐颜色更深的龙血树搭配。

连带搭配：在突出植物造型的同时，也可以搭配花盆，以连带销售，提升客单价。什么植物搭配什么花盆，既能满足植物生长习性，也能融入家居风格，需要持续了解目标用户群体的喜好。

运营：当植物成为家居软装，可以挖掘新蓝海

淘宝教育：1年左右的时间，店铺经历了哪些阶段？

张雨生：入驻初期，我们还是以传统单SKU链接在卖，选择家具风格去拍照，以图片点击、关键词设置的运营打法为主，每天成交额为1万元左右。

后来有客服反馈，产品照片比较好看，可到货实物有落差，建议我们一物一拍选苗，但此种模式，通过客服端沟通太费时间，我们开始尝试通过直播来实现。

目前，我们从家居风格切入，主打"调性绿植"，每晚直播GMV都在7万元左右，实现爆发式的增长，截至2023年8月，成交额累计达到1300万元。

淘宝教育：通过直播冲出来，是否有差异化的打法？

张雨生：在产品供给、跨类目人群两方面，我们还是有些不同的，细化来看是：

拓展品类：很多同行店铺是单品去播，每一场直播只播一种产品。我当时的逻辑就是，我一场直播有40多款供客户选择，每一棵苗都不一样。

我们就看用户停留时长，明显比单品播翻了好几番。粉丝在直播间，看完上一棵，还想看下一棵，总是期待下一棵会不会更好看。从第一天成交额300多元，一个星期以后，单场直播成交额就搞到1万元了。

跨类目人群：以前我们老是想抓绿植的精准人群，但后来我们发现，这批精准用户实际上是种花养花的老手，转化相对较难。

在"小二"的建议下，我们开始跨类目去拉家居装修的人群，将绿植作为软装一部分，这部分人群可以从品种搭配、养护上进行分享，逐渐培

育成忠诚用户。通过短视频来展现植物的造型和状态，这类点击的客户一般已经被种草，转化率相对较高。

淘宝教育：让用户"入坑"，怎么提升店铺的复购率？

张雨生：我们的直播间从成交曲线来看，呈现波峰型。刚开播我们用小盆栽搞几个福利，让店铺先有成交订单，来承接第一波流量。对于大绿植，我们会着重讲解种植环境、风格搭配，让客户在直播间停留的时间更长，进行蓄水后再引导成交。

因为大绿植的客单价在300元左右，试错成本较高，所以新客通常会在我们直播间先体验产品，再来复购大绿植。

有的客户从我们这里买了100多棵植物放家里，看见好的就说"挤一挤"，把家里面搞得像"森林"一样。我们现在的复购率，一般都能超过行业平均值的30%。

淘宝教育：鲜花园艺类目，如何提升到货体验感？

张雨生：还是围绕服务，在前期、后期把体验做足。

前期：我们会反复在直播间，讲解到货后的养护须知，比如浇水、通风、缓苗的情况。

中期：一物一拍，直播间用户拍下后，会直接对植物进行数字标注，确保"人货"匹配。如果用户拍了花盆，会跟植物一起发出，这样到货之后就能直接使用。

后期：主要是跟物流方签订协议，来保障到货完整性，比如大绿植中间我们会用竹竿支撑，四周用木架来固定，运输过程中必须立放，甚至叶片的保护也有相应打包标准。

群像
30 天成交额超百万元，他们成了直播新标杆

漳州的盆栽，丽江的山货，景德镇的瓷器，南通的家纺，这些产业带的源头好货，正在通过淘宝直播店的窗口，传递给全国的消费者，让他们"看得见，摸得着，买得懂行，逛得开心"。

"淘宝直播店"于 2022 年 11 月开始试跑，这种特有的"店号一体"模式，主要适合以直播为主要经营场景的产业带商家，以及直播高渗透率经营模式商家。

2023 年 6 月，淘宝直播联合淘宝教育面向产业带商家开展"淘宝直播店"陪跑，经过 1 个月专项培训，多家月成交超 100 万元的直播店标杆诞生了，它们还萃取出一套适用于淘宝直播店新晋商家的起号方法。

板娘的茶生活：店铺主营云南等地的茶叶、宜兴紫砂和景德镇陶瓷。店铺开号前期，将私域及站外粉丝引导至淘宝站内，通过放送福利品的方式，提升互动，延长停留时间。同时，店铺拓宽产品品类，通过茶叶品类成交沉淀粉丝，再逐步引导至陶瓷茶具，实现消费升级。6 月，店铺茶叶单场直播成交额突破 21 万元，起号 1 个月成交额超 100 万元。

旭禾真丝：开播前，店铺首先明确直播间货盘以及人设定位，持续调整上新节奏和排品模式。开播后，直播时长延长至 6 小时，逐步沉淀老粉

丝群，通过定时的上线引导复购和拉直播间的互动，获取更多公域流量。在货盘上，根据主播风格以及粉丝画像，精准选品。"6·18"期间店铺单场直播GMV突破30万元，直播封面点击率从5%提升至10%以上，新店首月成交额破200万元。

白小白原创家纺：店铺定位做中高端家纺，以天丝、高支棉和真丝为主，有产业带供应链优势。商家在南通家纺产业带扎根多年，沉淀了差异化优质供给和选品能力；主播综合能力强，承接流量能力强；私域运营及直播间转粉能力强。2023年5月直播成交额破500万元，每天直播4小时，月涨粉"1万+"。

缅甸翡翠现场收货：店铺主打市场捡漏心智。店铺货品丰富，除了性价比高的翡翠成品之外，还有水晶彩宝、黄金首饰作为货盘补充。通过持续发布有特色的翡翠市场和缅甸实景视频，短直联动流量激励持续补充，效促进用户信任建立。在时段方面，错峰直播，抓住晚间22点至凌晨1点"新黄金时间"，抢占公域自然流，店铺月成交额破300万元。

DV严选的直播间：广东电视台自有机构，以助农项目为主。店铺主营广东特色的农副产品，货品让利足。直播在广东省内各市的果园、农地实景展开。新店冷启，借荔枝热卖的时令势头，集中资源播一场，获得36万人次场观看，单场增粉3400人，成交额破5万元，全天维持生鲜甄选总榜第一名。淘宝教育认证讲师全程实地陪跑，沉淀直播起号方法论。

新苗之家盆景直发基地：商家自2023年起在漳州绿植基地开启绿植直播，供应链价格优势比较大。店铺每日直播时长10小时以上，直播间先打人群标签再圈选人群，获取试播流量支持。新店起号，7天直播场观超过1万人次，在5月28日场观超过10万人次。6月19日，淘宝认证讲师走进商家直播间，做专场陪跑，优化直播间封面图（点击率从3%提升到9.7%），当天场观16万多人次，成交额暴涨300%。

我的方法论：新店直播起号，如何在3个月成交额破百万元？

直播届顶流"东方甄选"也要进入淘宝直播了！2023年以来，淘宝直播众星云集，香港无线电视台（TVB）、米未传媒等大咖都相继加入。直播生态的繁荣，离不开巨星带来的关注，也离不开广大中小商家撑起的兴趣圈层。

数据显示，今年淘宝直播用户规模同比飙升70%，用户消费时长显著提升，中小主播成长提速。

我们来一起来看看进入淘宝3个月至3年的淘宝"新生"，如何用直播快速站稳脚跟。

其中有身姿健美的运动达人，在直播间教健身课，3个月店铺销售额破百万；珠宝专业姐妹花，在交易市场讲解琥珀知识，单场成交80万元；云南源头厂家直播卖花，开店3个月，店铺单月GMV破千万，七夕节当天卖出数万支玫瑰……

直播正成为商家进入淘宝后，获得快速成长的方式之一。

达灵体态：全网粉丝800万的运动达人，店铺以精品健身课程为主。以短直联动转化粉丝，前期短视频预热，精准垂类内容加娱乐化、争议化包装，建立主播人设和观众认知，引流至直播间。开播后以健身科普、动感氛围、幽默教学吸引粉丝停留，通过礼物、红包、社群等方式加强互动，提升转化。目前直播间每千次观看，可带来成交金额446元；起号3个月，店铺销售额已超百万元。

七七水贝珠宝严选：店铺主营黄金代购，直播场景选在黄金展厅。主理人曾在多个电商平台从事黄金直播，由于其他平台退货率太高而回归淘宝。产品上，店铺位于深圳，有源头产地的价格优势。在内容上，用主播专业度获取用户信任，培养粉丝黏性。在服务上，提供齐全证书、物流保障、返修服务等，维护用户体验。开店4个月，直播场均GMV"10万元+"，总成交额破百万元。

"张家二小姐珠宝甄选"：2023年3月开店，"张家二小姐珠宝甄选"的直播间主要售卖琥珀、蜜蜡等珠宝饰品。该店拥有专业的研发设计团队，开启直播后，次月成交额超500万元。在直播间打造上，通过灯光、高清镜头、背景墙营造"高级感"；用主播讲解体现专业度；场景选择展厅、琥珀博物馆、批发市场等，给用户制造"新鲜感"。

在直播内容上，涵盖产品展示、知识科普等，并用高频互动加强粉丝黏性。

在直播间转化上，用入门款拉新客转化，用"高货"刺激老客复购。

玉溪新疆和田玉：看中淘宝的稳定性流量和高黏性粉丝，吴蒙蒙在2023年5月开启了店铺，以玉石直播为主。货源来自南阳，那里有和田玉交易市场。吴蒙蒙依靠供应链优势，每天上新，保持直播间产品的新鲜感。产品当天质检、当天发货，支持任意机构复检，建立消费者信任。并提供终生售后，以提升消费者体验。开店仅半个月，单场直播GMV从500元增长到50000元；目前店铺累计销售额已破百万元。

新森林鲜花绿植：开店3个月，店铺单月GMV破千万元，七夕节一天卖出数万支玫瑰花。新森林鲜花绿植的顺利启动，首先得益于站外沉淀的粉丝基础，其次凭借高效的自研供应链体系，能保障产品从原料到生产，再到运输的全链路环节。

店内常态产品为花瓶，鲜花只在直播间售卖，场景选在鲜花仓库，更具真实感。提供"一站式购齐"服务，保证每天800~1000个SKU，用内容结合搜索词，逐步卡位。借助源头产地的价格优势，坚持性价比，并创新产品设计。

赤映旗舰店：店铺产品以大型绿植为主，直播间改造自种植大棚，以会客厅方式呈现，突出场景感。直播内容从绿植出发，涵盖家居设计、摆放、种植技巧等。直播节奏上，每隔半小时设置新手秒杀活动，以性价比提升新客转化；配合商业投放，在产品上架前做好蓄水，助力成交峰值更高、更密。开店3年，月成交额150万元左右。�淘

淘宝教育认证讲师

王冬冬

成德管理咨询 CEO，淘宝直播官方金牌讲师，数字化内容营销实战专家，天猫亿元俱乐部成员，所操盘店铺从 0 起步做到类目第一，单店单场直播最高成交额达 2000 万元，曾荣获淘宝直播"直播小火箭奖""最具潜力商家奖""双促优秀商家奖"。

讲师支招
新手商家直播起号的五个关键路径

从图文到视频、从视频到直播，内容的变革，总是围绕着用户的价值而展开。

而直播则以更直观的形式，在对产品进行介绍、展示的同时，加强与消费者的互动，从而促成转化。

2015 年 11 月淘宝推出电商直播，2016 年 5 月正式上线"淘宝直播"，至此各大平台直播大潮正式开启，因此 2016 年也被认为是直播电商发展元年。

几年之间，直播间已经成为商家无法忽视的转化渠道，如何通过直播间实现与消费者的深度沟通，持续输出新内容，来不断满足消费者更多维度的视觉呈现和购物体验，也成为平台评估直播间质量的重要维度之一。

截至 2022 年，直播电商行业企业规模达 1.87 万家，交易规模达到 35000 亿元，直播电商用户规模达到 4.73 亿人，人均年消费额超过 7000 元。越来越多的商家入驻淘宝直播间，主要有以下几方面原因。

从平台来看：

淘系凭借着多年在电商领域的深耕，已经拥有 10 亿用户规模及大量优质人群、海量商品池、物流和履约规则。

从扶持力度来看：

淘系直播的经营门槛更低，适合新手低成本开播，开播就有 V1~V4 的确定性流量激励。

从流量机制看：

流量来源场域丰富：首猜域、搜索域、有好货域、点淘域等多场域分发，流量来源多，平台分发标准统一且公平。

从经营工具看：

直播软件工具、营销工具、风险管控工具等维度进行了升级，为商家的成长保驾护航，让用户体会到全新的直播体验，服务也有保障。

新手商家刚开播所遇到的问题，可参考以下五步来解决。

第一步：确定选品。根据直播的流量承接需求，一般我们把货品分为引流款、爆款和利润款。引流款即配合主播话术和直播间活动，用于提升直播间人气的产品；爆款用于高效转化引流款人气和自然过渡到主推款/利润款之间的产品。利润款即在成交金额和利润上为直播间和商家带来贡献价值的产品。

第二步：制订计划。直播间不同人群匹配不同产品需求，不同产品匹配不同的内容基于直播粉丝画像、店铺搜索人群、行业客群和主推单品人群洞察，策划主播定位、场景定位和内容定位。

第三步：熟悉工具。结合平台的流量算法，实时近30分钟的直播间效率提升，核心提升的是内容指数和交易指数两个指标。内容指数和交易指数的提升可以通过营销工具的组合玩法提升停留、转粉和成交转化。

例如：

（1）秒杀设置"关注后可秒杀"的方式可以增加转粉率和转化率；

（2）通过在直播开始时及过程中预告红包发放时段，拉升用户停留时长、用户回流及转粉率；

（3）通过福利抽奖可以拉升用户停留时长、裂变促进涨粉。

第四步：把控节奏。先确保稳定的开播时长，开播后的首个30分钟至关重要！这30分钟的推荐流量承接效率，会决定你的直播间是否可以持续获得直播域推荐流量！同时关注每5~30分钟的流量变化与承接效率的提升。

第五步，复盘优化。进入中控台，选择直播管理，选择需要查看的当场的直播数据，点击"查看数据"即可进入到这场直播的数据详情页面。查看历史直播数据，左侧导航栏选择"数据"，选择"直播间业绩—我的直播列表"，即可看到更多场次的直播数据。

结合以上"起号路径五步法"，给大家分享一个案例：肥麻雀好物推荐账号，自2023年1月试播，初始团队3人，起号切入赛道为女装，主打性价比清仓为主，由于货品没有优势，结合主播人设定位和粉丝画像人群分析，开始以调香方式、使用场景、香水故事等，致力于传播香水知识，店铺保持日播的频率，平均直播场观超3万人次。2023年4月经过优化调整，店铺成交环比提升27.9%，人均停留时长提升42.3%，粉丝环比新增34.9%。目前该账号以及快速成长为类目赛道TOP1。

该账号起号做了以下核心动作：

（1）完善基础运营动作。完成设备采买、场景搭建、选品定位、营销工具的使用。确保高清直播间配置，打造一眼留人直播间；场景搭建：重点关注陈列、背景、道具、服饰搭配等；选品策略：结合人群画像做人货匹配，不同的粉丝人群匹配不同的产品。

（2）跑通直播链路。主播风格确定、主播话术沉淀、粉丝习惯培养、私域打通、熟练中控台数据分析与复盘。基础数据优化。重点优化每30分钟实时数据，培养粉丝习惯。主播通过权益、话术、直播间定调、贴片向粉丝传递直播间的定位及每天开播节奏；重视排位赛。关注停留和转粉数据表现。主播话术沉淀。加粉话术，上链接话术，引导停留时长话术，转化话术每日复盘，沉淀出"有效的话术模板"。

（3）营销策划调优。直播专场活动策划，直播间爆款商品讲解全覆盖、全私域引流链路建立。直播间核心货品讲解全覆盖，明确全私域引流链路设计：短直联动+外围引入+分享裂变工具使用，商业化基础投放，逐步摸索出投放额人群包和人群特征。

（4）复盘提炼方法。沉淀直播标准作业程序（Standard Operating Procedure，SOP），找到促单&转粉策略，沉淀主播脚本、找到最适合店铺的货盘结构、找到最适合店铺的投放方式。沉淀主播促单转粉方法，找到最佳的促单和转粉形式；沉淀主播脚本，找到账号最合适的直播模式，找到店铺最合适的货品结构。

种草生意

初中学历，逆袭成水果短视频带货王

迄今为止，初中辍学的林正聪，在电商这条路上已经摸爬滚打了15年。这也成为他职业生涯里，最漫长、也最有成就感的经历。

探味君旗舰店主理人　林正聪

当年辍学后，因为学历不高、经验欠缺，他先后当过厨师、做过工人，干过服装批发，并一度远走越南务工，直至2008年回国后进入电商行业，才稳定下来。

他身上有着生意人的精明和坚韧——选择流量大、复购率高的生鲜赛道入局。从货架电商到内容电商，他主理运营的探味君旗舰店不断学习迭代，3年时间，销售额从4000万元飙升至2.6亿元，成为淘宝生鲜行业水果短视频"带货王"。

2023年年初，内容化成为淘宝天猫的重要趋势之一。数据显示，2023年"6·18"期间，淘宝短视频的日均观看用户数增长了113%，浏览量和观看时长相应实现成倍增长。

在内容化的当下，探味君旗舰店的成绩更加亮眼：单月引导访客占比全店16%，单条短视频月最大曝光170万，内容查看高于同行同层100倍……生鲜类目的探味君旗舰店，每天靠短视频就能营收6万元到9万元，占全店8.5%。

淘宝教育对话探味君旗舰店主理人林正聪，一起聊聊他是如何通过农村网红短视频，为店铺挖掘新增量的。

产品篇：供应链标准化，打败家门口的水果店

淘宝教育：是什么样的契机，让你进入电商行业？

林正聪：我1997年初中毕业后，就进入了社会。当时并没有特别清晰的人生规划，就是出来打工赚份钱。

一开始当厨师，我努力以一技之长养活自己；到后面进入针织厂，从学徒一路升到车间主任；2000年左右，我成为越南一家公司的代理厂长，管理两三百个员工，在异国他乡学会运用英文、操作电脑；回国后干过鞋服批发，并在2008年进入电商行业……

我被社会大学鞭打得遍体鳞伤，但也因此对自己有了更高要求：拒绝

无效社交，专注于学习和工作。每一年，我都会抽出一两个月时间，购买付费课程，深入学习电商运营。

淘宝教育：为什么选择生鲜类目？

林正聪：在广西，除了水果跟螺蛳粉，其他行业做电商，相对都比较薄弱，人才也比较稀缺。

因此我在 2018 年选择水果生鲜类目切入，主要因为这个类目流量较大，用户复购率高，人群覆盖面广。

淘宝教育：如何让消费者在网店买水果，而不是家门口的水果店？

林正聪：在电商平台买水果，有两点优势：性价比高、品类丰富。

（1）性价比：有时候同一种水果，线下 2 千克的价格，在网店能买 5 千克。我们用标准化的供应链降低成本。

一方面，分拣、打包全部使用机器设备，减少人工成本；另一方面，与源头产地提前定价，确保产品价格优势和产量。仓库布局全国各区域，用户下单后可就近发货，保证时效。

（2）丰富性：线下店由于库存和损耗压力，地缘性产品较少，受运输距离限制比较大。例如阳山水蜜桃，贵州蜂糖李，很难在北方的水果店买到。但网店可以做到在源头按需下单，即买即采即发货，库存压力小，从而有能力扩张品类。

运营篇：逆势扩品类，危机也是机会，销售额从 4000 万元到 2.6 亿元

淘宝教育：生鲜类店铺，怎样实现增长？

林正聪：我 2019 年 5 月接手店铺，销售额在 3 年内快速增长，从 4000 万元攀升至 2.6 亿元。增长的关键动作，主要分为三步。

第一步，把店铺从单品类扩展成多品类。

原本店里只有百香果，我们用 4 个月时间增加了广西本地的皇帝柑、沃柑、百色杧果等，同时收录周边水果品种，例如，云南橘子、海南杧果、东南亚榴梿等，不断加强店铺的品类优势。

从运营的角度，只有让店铺多品多维，做高店铺层级，才能激发流量的分发机制。通过扩展品类，店铺获得高速增长，全年销售额超过 4000 万元，而此前同期可能仅有 1800 万元。

第二步，在新冠疫情期间逆势扩张。

当时很多产地的水果滞销，我们考虑形势后，扛住亏损压力和快递风险，配合平台开展助农活动，效果最好时一天销售额达 500 多万元，为店铺打下了坚实的客户基础。

第三步，顺应趋势找增量。

2021 年，我看到一些服饰、母婴行业的朋友从其他平台转战淘宝。紧接着，天猫的内容团队在广州举办了食品行业商家会议，公布平台对内容发展的未来规划，会上很多商家已经在内容化上走在我们前面，短视频制作、流量分发非常成熟。我觉得再不入局可能就错失机会了，当即决定成立视频组，通过短视频寻求店铺增量。

内容篇：用视频击中消费者味蕾，每天发布 200 条，整体转化率 4%~5%

淘宝教育：如何快速启动短视频业务？

林正聪：前期，因为公司已经有快手团队，我们直接用原素材进行二次创作，在淘内快速铺量，每天投放量为 100~200 条。初期启动后，短视频给店铺带来的销售增量，占整体增量的 4%~5%，这让我们更有信心加深短视频的布局。

后续，我们自己搭建了视频团队，3人负责剪辑发布，4人负责每天去产地出差拍摄，同时我们也从合作方那里交换视频素材，加速视频产出。

淘宝教育：如何通过短视频，让农村山货、水果变"网红"？

林正聪：第一，根据时令布局。从时间节奏上看，水果的短视频和其他类目不一样，要结合时令产品的热度来布局，比如说3月杧果、5月荔枝、7月桃子……

我们根据产地的产能、口感分类设置预售，确定产品上架时间，并提前10~15天进行推广。

等到发货完成，销量和评论都增长后，我们再介入短视频，以每天5~10条的投放量推广产品。而随着评价的不断累积，短视频观看者的下单效率是极高的。

第二，四大创作方向+独特的原产地场景。我们有四大创作方向：溯源、吃法、摆盘、妙招。我发现，能体现产品真实生长环境的方向是爆款密码。我们90%的视频都包含溯源属性，先用独特的原产地让消费者停留，再补充产品口感、风味、特点等元素，就能击中消费者的好奇心。

第三，丰收氛围有助于提升视频完播率和转化。在视频前5秒用足够多的产品数量营造丰收氛围，也能收获爆款视频。

淘宝教育：店铺在内容赛道如何布局？

林正聪：在水果类目中，我们店铺短视频的播放量、访客数、互动量、销售GMV等，基本排在第一位。

做好生鲜短视频，我认为有三个关键因素：第一，商家要看重短视频带来的增长，很多同行可能出于成本原因，没有坚持下来。第二，商家对爆款视频的理解至关重要。第三，利用产品的多样性，支撑短视频创作。

我们也会继续深耕内容赛道，加大人员投入和视频产出，2023年5月，每天投放的视频数量已达到200~300条。在创作手法和作品质量同步优化的情况下，我们预计2023年下半年，短视频给店铺带来的销量增长能达到30%~50%。淘

种草生意

一条"沉浸式"翻包短视频爆火之后

avalea 的产品和模特

2023 年是马聪和张亚涵夫妇注册 avalea 这个商标的第十一个年头。

2012 年,他们和众多"第一批吃螃蟹的大学生"一样,在淘宝创立了属于自己的箱包品牌 avalea。定制五金、采购皮料、找工厂生产,就这样一步步搭建起供应链的雏形。

到了 2015 年,当 avalea 已经凭借小众天然皮料和复古款式,在淘宝积累起一批老客,马聪和张亚涵决定在天猫开辟一条新的品线,主打更均匀的皮料,面向更广的消费群体,迈出品牌化的第一步。

直到今天,avalea 的两家店铺都还保留着各自的特色。在淘宝店铺中,各式小众的皮料分类，满足了"材料控"用户想要的稀缺感。另一边，天猫旗舰店则承载着主理人品牌升级的野心。目前，avalea 在淘系一年的销售额近 1 亿元。

回望这一路，张亚涵话语间反复提及两个词：稳定和摸索。仿佛手中握着的一对船桨，帮她平衡生意的航向，缓中有疾，逐渐进入更广阔的水域。

目前，avalea 的天猫旗舰店的月短视频促成加购量为 2 万件，短视频流量和加购效率长期领先。2023 年"双 11"，品牌 GMV 同比增加 184%。

淘宝教育对话 avale 的主理人张亚涵，一起聊聊她的创业故事，以及提高用户黏性的方法。

淘宝教育：品牌的定位是什么样的？

张亚涵：品牌这个东西，不仅是好的视觉，或者推出几个爆款，它应该是对客户的一个长期承诺。

如何守住对顾客的承诺，在我看来，不外乎稳定的价格、稳定的品质。

avalea 的产品

2015 年，因为注重皮料材质，avalea 的产品就已经稳定在 500~800 元的价格带。当时，淘宝内的自有品牌普遍定价不超过 200 元，而和 avalea 同样材质的专柜品牌的定价为 2000~3000 元。

一方面，这个价格带大有可为；另一方面，我们也要保证客户对价格产生信任。在五六年的时间内，avalea 坚持不促销，只在上新前有 9 折优惠，其他时间不会比上新前便宜。因为坚持得够久，和用户达成了信任，这个价格机制保持了下来。

虽然现在用户的黏性普遍越来越低，但我的客户，一上新就会回来买，不仅愿意买我们的当家款，也愿意追随我们的新款。无论淡旺季，我们的销量都非常稳定。

淘宝教育：店铺快速提升的增长契机是怎么样的？

张亚涵：avalea 一直稳定的生意，在 2021 年，忽然改变了加速度。

那时候店铺的 GMV 有一个四五倍的提升，直接差点就把我们的供应链压垮了。这是无心插柳踩中了热点。因为我喜欢在社交平台上分享生活，有一次登机前，随手拍了一条翻包的短视频，没想到一经发出就收获近六百人次的点赞。

看到"沉浸式"翻包短视频的潜力，我逐渐开始尝试复制新的场景。一开始，最"沉浸"的环境是我家。那时候家里刚装修，暖光灯打在黄麻地毯上，我自己拿手机拍随手翻包视频，每篇都有两三千人次的点赞。于是我以日更的频率，通过翻包视频做上新的预告和曝光，产品的询问量很高，站内的转化也很可观。

淘宝教育：做短视频给店铺带来了什么？

张亚涵：新品首批的销量有一个比较好的累积的话，我在站内的推广就非常好做。

在短视频火起来之前，avalea 的新品销量为 80~100 多件，而现在上新后的前几天基本能累积 300~500 件的销量。

与此同时，我们也着手升级供应链，为承接更大的流量做准备。

淘宝教育：咱们的短视频都做什么内容，主场在哪里？

张亚涵：2022 年 avalea 的内容主场从站外回到淘宝内了。单品销量和短视频的播放，是相辅相成的。单品的销量会影响短视频渠道的流量分发，店铺中销量较高的产品，几乎都是因为挂了短视频。

在短视频方面，我们一直没停止过摸索，不断测试更好的场景，放大能提升商品点击率的场景。继"沉浸式"翻包之后，我们再一次踩中流量密码，这次出圈的是"人在工位"系列。

这源于一个实习生的脑洞。当时，avalea 的生活化场景已经做得非常成熟了，她就建议实习生去站外内容平台多看看，找到适合品牌的短视频形式，回来先模仿，再开创自己的风格。她鼓励实习生，以小助理的人设，做一个新账号。

后来，实习生选中了"人在工位"壁纸系列。在工位上，以电脑壁纸为背景，展示 avalea 的包，本来大家都要上班嘛，用户就想看看你包里装了什么，问问你这个壁纸是哪来的。一来二去，就有了互动感，包也卖出去了。

站内短视频很有效果，这个系列让 avalea 的月 GMV 从 100 万元到 300 万元，增长了 2 倍。一开始就是闷头做站外，淘宝只是顺手转发过来。现在看到这么大的流量，大家都很有干劲儿，也愿意投入更多，去开发和测试新的场景。淘

"围炉煮茶"爆火，他凭短视频爆卖茶炭 1 吨

不是抹茶奶盖，不是多肉葡萄，2023 年冬天，年轻人的喝茶新姿势变成了"围炉煮茶"。

目前"围炉煮茶"相关话题在小红书的浏览量高达 1157.6 万人次。

炭炉上支个铁网烤盘，仿青花瓷骨碟装满坚果、粗陶小碗里摆上点心。

张洪武的煮茶场景

红泥小火炉一点，泥壶一放，原本属于"60后"的氛围感，也稳稳拿捏住了"95后"的心。

在潮州，一位名叫张洪武（人称"老张"）的"80后"商业摄影师，早年出于工作原因结识了"茶文化"圈里的朋友，一时兴起还在淘宝上经营起一家名为"世味煮茶"手工茶具店，但因为不懂电商，店铺闲置多年。

2021年10月，赶上淘宝天猫"内容化"趋势，老张利用自己在商业摄影上的经验，重新投入到"世味煮茶"店铺的运营中，一年时间，凭短视频种草，内容引导访客占比40%，茶炭月销1吨，热门茶壶售空。

淘宝教育对话"世味煮茶"的主理人张洪武，一起聊聊他是怎样做短视频内容的。

淘宝教育：店铺的货品策略是怎样的？

张洪武： 潮州工夫茶作为国家级非物质文化遗产之一，是中国茶道的代表，专业的茶道在"茶、水、火、器、艺"上都有所讲究。

我们店铺里大多数的红泥火炉、煮水铜壶都是由非遗传承人手工制作的，核桃炭、橄榄炭等茶炭也应有尽有。

经营手工茶具店，最大的困难在于货源，每一个货品都没有准确的数量，著名手工艺作者的货品更是供不应求的。

我们店铺经营前期，在货源上一度遇到困难。但随着合作的深入，我们对手工艺作者在意的"全网统一价"规范把控，在销售时效上的表现也得到了认可，久而久之，与红泥火炉非遗传承人童文宋等名家达成了长期稳定的供应关系。

围绕"有一定社会阅历、高客单懂茶人群"的定位，世味煮茶在选品上讲究精致、实用，主打商品潮州手工砂铫、非遗手工红泥小火炉、潮州手拉壶等，客单价在500元以上，在工夫茶具中处于中高端价位。用于走量和引流的茶炭，月销量为1吨左右。

基于选品定位，店铺主要选择受市场认可的知名手工作者合作供货，保证品质和销量；但同时也会尝试开发新的手工作者渠道，前提是作者必须懂茶具、茶艺。

店铺里每一款商品在正式上架前，我都会亲自试用。无论是茶壶，还是炭炉，都是为了成就最后的这一杯茶汤，这比商品的美观更重要。

"世味煮茶"店铺主理人　张洪武

淘宝教育：货品的上新策略是怎样的？

张洪武：对于店铺上新，考虑到"煮茶"的时令属性，老张会选择在7~8月淡季进行多SKU测款，以便在秋冬店铺旺季时更好地备货销售。

现在我们每月会推出3~4款新品，上新前会统一拍摄场景化短视频投放在"逛逛"，吸引更多专业茶客种草和进店购买。

淘宝教育：你是如何做内容的？

张洪武：2022年6月，在淘宝天猫行业"小二"组织的一次商家培训中，我了解到平台会全力扶持手机淘宝首页"猜你喜欢"的短视频，流量分发比例从10%上升到30%。对苦于"流量难拿"的商家来说，这传递了

张洪武的拍摄场景

一个非常重要的信息,意味着手机淘宝首页的短视频流量会增加2倍!于是我下决心,一定要利用短视频,讲好"潮州工夫茶具"的故事。

起初,我只是在公司搭建的简易"摄影棚"里尝试拍摄头图短视频。前期试错中,即便有丰富的商业摄影的经验,我对于每天5~10条短视频的内容产出、风格定位,以及最终在消费者端的引导成交,也非常纠结,没有把握。

尝试过不同的展现风格后,我发现在抖音爆火的鸡汤式文案,即使淘宝内观看数据不错,也很难引导成交;走量出片15~30秒纯展示短视频和黑屏开场的"小片"形式,效果也不够理想。

通过综合分析,我最终确定了"成片1分钟左右、新中式场景下完整展示煮茶汤过程"的脚本模式。透过对茶文化和茶道的讲解,包括如何点火,如何煮水,如何出汤,如何品茶,视频的观看和转化都远超其他类型。

同时,短视频前3秒的观看一定要"抓眼球",封面图跟商品详情页首图一样重要,我基本上都会选择一张"茶汤沸腾后,静中有动"的特写作为封面图，告诉消费者：茶煮好了，可以喝茶了。

就这样，越来越多"茶艺师演示工夫茶道"的内容被投放到光合平台，进入淘宝首页引导访客成交。

淘宝教育：做短视频给店铺带来了什么？

张洪武： 通过全屏短视频引流，我们"世味煮茶"在9~10月实现了店铺访客的爆发增长，目前内容引导访客占比接近40%，多个短视频播放量超10万人次，同时成为淘宝"极有家"和"必逛好店"打标商家。

淘宝教育：近期在全网大火的"围炉煮茶"，在一定程度上让更多年轻人了解潮州工夫茶，我们观察到你根据"围炉煮茶"的场景拍摄了一系列短视频，是出于什么样的考虑，成效如何？

张洪武： 当时视频还没上线，我已经确信它肯定是能够拿流量的，因为符合现在的流行趋势。结果证明，我们"围炉煮茶"的短视频确实上了精选，并带来不少成交量。用工夫茶器去煮"老白茶"的视频，比煮"单枞"的流量要大得太多了。老白茶是现在非常流行的趋势，我们的视频也会告诉消费者，比起用玻璃壶煮白茶，用泥壶来煮，茶汤口感会好很多。

11月，"世味煮茶"，一个煮白茶的短视频，最高播放量超10万人次，并入选了超级话题"茶的奇妙打开方式"，实现了单品售空，全店销量翻番。

淘宝教育：短视频团队有多少人？

张洪武： 目前店铺的所有视觉，包括图片、短视频、后期剪辑、音效，都由我一人完成。懂茶的人一眼能看出来你是否专业，短视频没那么难做，准确传递商品的价值很重要。

淘宝教育：未来有哪些店铺发展的计划与期待？

张洪武： 短视频带来的转化，实际上超出了我的预期，接下来会用好不同的流量渠道，通过更丰富的场景化短视频，分享茶器及生活方式，与更多的专业茶客产生联结。

错失风口的甜品店
如何靠短视频逆袭？

从搜索到内容，从平台运营到全域营销，电商环境瞬息万变。在淘宝开店的商家，谁没有经历过几番沉浮？

"蔡大甜 Darko"店铺主理人　蔡蔡

在杭州，淘宝教育拜访了淘宝中式茶点店铺——"蔡大甜 Darko"的主理人蔡蔡及其运营团队，探究这家店铺在淘宝兴起、沉寂，又重新回归新式茶点-茶果垂直赛道榜首的历程。

随着国潮兴起，中式下午茶越来越受年轻消费者的喜爱。数据显示，国潮在过去十年中的关注度上涨528%。在小红书上，和"中式下午茶"相关的内容已有7万多篇，其中数篇笔记点赞过万人次。

借着茶饮风行与平台鼓励内容型商家的契机，"蔡大甜Darko"凭借产品和短视频在淘宝众多商家中突围，短视频带来的流量一度占全店98%，为店铺带来1000万元的成交额。

淘宝教育对话"蔡大甜Darko"店铺主理人蔡蔡，一起来聊聊店铺的成长，以及如何做好短视频内容。

淘宝教育：首先介绍一下你们店铺。

蔡蔡：我们的淘宝店铺名叫"蔡大甜Darko"，在2009年入驻，主营中式国风茶点，曾经一度做到了金冠，但因为错失直播风口沉寂了一段时间，在2022年4月重启运营，通过产品创新和短视频运营等方式，不到半年成交额达200万元，成为淘宝新式茶点–茶果垂直赛道第1名。

淘宝教育：店铺从0到1经历了哪几个阶段？

蔡蔡：回顾过去，我们共经历了4个阶段。

第一阶段，2009年，我们开始在淘宝上做手工甜点，那个时候在电商平台卖甜点的比较少，我们做的又是纯手工、低糖、低脂、无添加剂的点心，吸引了很多女孩前来选购。

第二阶段，2012—2018年，当时在微博上，很多美食达人分享我们店铺的甜品，销量暴增，我们在2012年开始建工厂，面积从600多平方米一度扩展到1700多平方米。

第三阶段，2018—2021年，直播兴起，但我们没有及时布局。原本规模小于我们的友商，通过全天直播在销量上远超我们，当我们月销两三千单时，他们已经破万单了。

第四阶段就是现在。当淘宝天猫宣布扶持内容化商家的时候，我们不能再错失机会，开始发力短视频，《梦华录》和"围炉煮茶"在2022年的爆火，帮我们有效地拓展了年轻客群；通过布局热加工、冷加工的国风甜点，让我们的产品更加多元化。

淘宝教育：产品客单价是多少？定价考量有哪些？

蔡蔡：上架这个产品之前，我们要不断地去替换素材，调整售价，从100~1000元我们都试过，最终调整到一个价格上的"甜蜜点"，既能出量，又保证了利润。目前我们单品价格为20~40元，日常的客单价为150~280元，节假日为900~2000元。

定价时的考量主要有：

第一，产品够独特。目前国内定位国风茶点的品牌不多，我们有差异化优势。

第二，有话题性。我们的产品可以做成各种造型，抓住顾客"喜新"的心理，在不同时节推出不同款式的产品，有效提升销量。

第三，100元可以同时购买三四款产品，商品连带率高。蛋黄酥、米花酥、绿豆糕等爆品是搭配购的"热门选手"。

淘宝教育：做短视频有哪些经验？

蔡蔡：我们站内流量的98%来自短视频。平均一个视频在站内外能给我们带来几万元收益，大概一天有200个人过来咨询。效果最好的一条短视频，在站内累计为我们带来5万多元的流水。

好的短视频起到的作用会远远大于付费广告，但"好"是没有统一标准的。

我们会跟行业和淘宝教育的内容"小二"保持高效沟通，了解平台内容趋势，再根据销售的情况，在重点领域深耕，同时布局不同类型的短视频，营造丰富的内容生态，不同的短视频能够在种草时起到相辅相成的作用。

从内容上看，主要有两方面。第一，通过短视频，激活使用场景，引起情感共鸣。产品主要场景如下：沙龙聚会或茶社、咖啡店场景；婚庆场景，在零售板块占的份额比较大。野炊、户外露营和"围炉煮茶"，这在2022年秋冬一度带动了我们的销量。节假日场景，目前最大的渠道，像中秋节、端午节、三八节等都有很大的需求。第二，聚焦产品差异化优势。通过短视频呈现出：我的产品好在哪里？跟其他产品的区别在哪里？你为什么要去买我的产品？

从发布节奏上看，分为三个阶段。第一阶段，产品上新阶段，发布开箱、制作工艺的视频，使用场景，把相应内容投放到市场。第二阶段，产品爆发阶段，发布一些评测类的视频，实现进一步种草。第三阶段，稳定成交阶段，直播与短视频结合，凭借产品和福利，引起消费热潮。

淘宝教育：成为新式茶点—茶果垂直赛道第一名，主要做对了什么？

蔡蔡：第一，聚焦产品。我们主打国风甜点，用文创的方式重新定义传统糕点，产品从包装到实物，都要有足够的创意性，我希望用户在享受美味的同时，也要感叹于产品赏心悦目的外表。所以整个拆箱过程注重仪式感和环保，包装可以重复利用。

第二，根据产品的话题性去制作合适内容，再通过内容分发，去进行站内和站外种草。刚开始，我们的视频几乎没有人看，但随着内容生态的完善，短视频为我们带来的流量越来越丰厚。

第三，在站内站外，合理利用推荐流量，高效投放搜索广告。现在平台已经从搜索电商变成兴趣电商，要抛弃简单粗暴的卖货思维，将投放和内容相结合，实现最终的种草和拔草，这也是唯一能让我们小卖家超越大卖家的机会。

第四，通过淘宝增强品牌建设与拓客能力，我们接到了很多企业订单，做宽了B端业务。我们相继合作过梦三国网游、奔驰、奥迪、吉利汽车、杭州地铁等公司。

群像

这 5 个商家案例，揭示短视频带货新思路

水果店铺探味君旗舰店，从 2021 年开始布局短视频，如今单条短视频月最大曝光量超过 170 万人次；美妆店铺 MAOGEPING 毛戈平旗舰店，通过短视频加深高端国货心智，2023 年 5 月种草人群规模超 30 万；家清店铺绽家旗舰店，以情景剧演绎传达产品卖点，月度内容引导进店占比 20%。……

越来越多商家，开始在淘宝加大短视频的运营投入。数据显示，"6·18"期间，每天在淘宝发布短视频的商家数增长 55%，达人增长 200%；淘宝上短视频的日均观看用户数增长 113%，浏览量和观看时长实现翻倍。

数据攀升背后，是内容化策略的起效。

2023 年年初，内容化成为淘宝天猫重要战略之一；4 月，"店号一体"落地，淘宝店铺与"逛逛"、直播等账号打通，便于商家做整体内容运营；5 月，在淘天集团"6·18"启动大会上，平台宣布"淘宝将以远超之前的投入推进全面内容化"，为提升用户黏性，平台鼓励商家丰富内容形式，同时加大支持力度。

近期，淘宝教育与 5 位短视频赛道的标杆商家聊了聊，探究如何结合自身规模、产品特点，展开差异化的内容运营。

探味君旗舰店

店铺成立于 2015 年，主营水果生鲜，年销售额 2.6 亿元。在产品侧，用标准化供应链打出价格优势，同时坚持扩品类，以高性价比、丰富产品吸引用户。

店铺从 2021 年开始深度布局短视频，每天投放 200 条左右，不断创新溯源、吃法、摆盘、妙招等拍摄方式，以爆款带转化。

水果短视频运营方法：待产品累积一定销量和评论后，再行投入，用不断累积的评价提升短视频观看者的下单率。

绽家旗舰店

2017 年诞生在新西兰的专衣专洗品牌，2020 年进入淘宝，2022 年获天猫金妆奖及超级新秀奖，年成交额超过 8000 万元。

绽家旗舰店作为内容新晋商家，以多样化内容在家清行业中较为亮眼，尤其是情景剧类效果好数据优。2023 年 5 月短视频引导访客占比全店 20%。

内容打法 5 步骤：

（1）站内外行业的爆款视频中，结合曝光 / 互动 / 搜索人群引导成交等维度筛选出 TOP 优质短视频。

（2）总结优质短视频的画面、音轨旁白、内容结构等因素，参考爆款内容的创作思路，持续产出优质内容。

（3）利用产品的差异化优势，结合场景式种草撬动购物兴趣，利用前 3 秒内容信息量吸引消费者下一步注意。

（4）封面优化，重点尝试不同的封面视觉场景及花字搭配，去提升点击率，根据视频内容制作封面。

（5）提升短视频与投稿话题的相关性，让关键词控制在视频封面＋内容标题＋视频前5秒情况下，获得更大的曝光机会。

MAOGEPING 毛戈平官方旗舰店

店铺注重高端国货心智布局，产品以彩妆、护肤、化妆工具为主。三年 GMV 增长4倍，年成交额达到5亿元。在站内外布局内容并多次出圈，形成一套成熟的内容方法论：

（1）前期薅流量提升内容访客规模，中期重导购提升内容触达转化，后期提效率扩大运营品牌人群资产。

（2）内容创作扩方向，从产品延伸到使用场景；达人把控营销热点；短视频以多元向的内容类型切入，从场景出发，诠释产品利益点，解决用户痛点，从而激发购买行为；

（3）四步解构内容：内容核心锁定、商品核心记忆点、图文解构、视频解构。结合自有内容库和经验得出内容模型，并投入使用。

苏泊尔炊具旗舰店

店铺产品侧重厨房生活需求，品类丰富，涵盖压力锅、煎炒锅、蒸锅、汤锅等，年成交额超2.3亿元。

内容运营模式新颖，联动经销商进行内容赛马，并给予激励，通过翻译平台政策，在不断交流过程中指明内容打法方向。

每月复盘店铺内容数据：发布量、通过率、曝光、内容引导进店占比、成交占比等，再综合分析内容数据榜单的前20条，总结爆款内容规律，持续创作。

朴小样旗舰店

2015 年进入淘宝，年成交额 1 亿元，主营各类韩式泡菜、冷面、调味酱、海藻等，产品做法多样、简单易学。

产品通过差异化的包装与口感，以单品打爆模式运营，集中资源做爆发。

重点布局短视频，贴合平台热点话题，拍摄美食制作生活类食品，搭配特写镜头，提高转化率。

淘宝教育认证讲师

商志远

担任多家电商顾问，任职丹东市青年电子商务协会副会长，并受邀担任协会电商讲师。2020年受锦州义县副县长及稍户营子镇党委书记邀请，带领并教授本地农民开设网店，整合供应链及快递。

讲师支招

淘内短视频，要激发兴趣型成交

随着电商的发展，大家可以清晰地看到，由传统的搜索电商过渡到了搜索+内容电商。什么是内容呢？图文、短视频、直播都被我划分成了内容，本节重点讲解下短视频，一个内容输出的重点方向，像抖音、快手这些新型短视频平台都是代表，新型短视频平台的主要获客渠道是内容，而淘宝作为传统搜索渠道主阵地，也在开拓内容渠道，通过内容创造更多的成交可能，也更贴合当下的一种新交易习惯。

短视频的展现形式要优于图文，但是与传统的搜索电商相比，人群触达的不是那么精准，可以作为拓展人群的一种方法。随着平台算法的逐渐成熟，短视频所带来的流量也会越来越精准。搜索的意义在于消费者基于自身的需求去主动搜索产品，在搜索结果中选择产品并购买。而像短视频这样的内容的意义在于挖掘消费者的兴趣，挖掘消费者的需求，消费者可能从没想到购买你的产品，但是通过短视频触达后发现自己是有需求的，或者根据视频的创意吸引了消费者而突然产生想要购买的想法。这样一来，在总体消费者基数不变的情况下，就可以通过短视频挖掘出更多的兴趣成交，从平台的角度看是新的增长点，从商家的角度看也是会创造更多的交易订单，从消费者角度看可以让购物变得更有趣，也让消费者能通过短视频发现更多原本没想到的产品。因此短视频就成了我们搜索流量以外的新的比较大的流量来源。

通过这几年的发展，淘宝短视频也出现了多个阶段，像之前的以量取胜，就是通过每天大量地上传短视频，拿到更多的免费短视频流量，这个阶段出现了大量低质短视频。而那个时候，低质量大量上传依然可以拿到很多的流量，是因为很多电商从业者根本没有重视这个流量，或者即使重视了也没有付诸行动去拍摄剪辑发布短视频，流量池很大但短视频少，肉多狼少。如今越来越多的人在讨论短视频，越来越多的人在经营短视频，但之前以量取胜的方法已经没办法轻松拿到之前那么多的流量。这也是大家目前面临的问题，那么如何才能拿到更多的短视频流量？

我们首先要弄清楚的是目前的形势，很多人对于淘系电商依然停留在搜索层面，关注的依然是免费的搜索流量、付费的搜索流量，而如今的多元流量结构下，只关注搜索流量是很难在众多店铺中脱颖而出的，多元的流量来源才是店铺持续增长的动力。在这个大前提下，我们具备了学习短视频的充足理由和动力。

其次我们要了解短视频与自己产品的适配程度，根据自身产品的特色及自己擅长的风格方向去发掘自己的风格。比如，水果生鲜类目、家具类目、服装类目等的风格是完全不同的，有的是产品动态展现、有的是开箱、有的是经验分享、有的是操作演示等。如果这一步很难，如果找不到自身的定位，也不用担心，你可以去学习，可以去模仿，自身的风格都是通过一步步积累后才会越来越清晰。你可以去观看同行业其他店铺的优秀短视频，学习好的拍摄方法、风格、剪辑并付诸行动，制作自己的短视频来上传验证。将表现比较好的短视频尝试做付费推广，用付费去放大表现好的短视频让更多人看到，从而带来更多的流量。

最后，我们要注意短视频的质量，高质量的短视频是基础，说了这么多短视频，都是从推荐流量的角度来讲的，其实现在的搜索也有短视频展现。大家在上传短视频时可以看到并选择发布到搜索短视频的赛道。回归到前文所提到的，搜索+内容电商，这是两种流量结构，搜索短视频是一种新的尝试，将短视频植入到搜索页面，将短视频与搜索结合起来，让消费者在搜索时通过搜索结果的视频展现，了解到更丰富的产品信息，一定会在众多传统图文中更吸引消费者的点击。

综上可见，短视频是淘系平台经营中不可或缺的组成部分，也是入门门槛比较低的，前期基本没有花费的免费流量入口。

私域玩家

私域玩家

大牌香水集合店：为什么说做私域很重要？

颖通集团首席运营官　王巍

下班回家关掉手机，播放一部电影，点一支喜欢的香氛蜡烛，将自己埋进沙发里隔绝外界的嘈杂，是很多人"自我疗愈"的方法。大概没有人能拒绝自己喜欢的味道。

最近几年，旨在满足消费者嗅觉体验和心理需求的嗅觉经济，在国内已悄然兴起。

以香水为例，根据艾媒咨询发布的《2022—2023 年中国嗅觉经济发展趋势与商业机会研究报告》，2021 年国内香水市场增长率为 24.3%，在众多品类中一骑绝尘。而《2022 年中国香水行业研究白皮书》也显示，过去五年中国香水市场表现出远超全球的增长态势，迎来了快速发展期。

2023年3月，淘宝天猫在产品、机制、数据三个维度对私域进行升级，帮助商家留住用户，进一步沉淀店铺资产，在店铺与"逛逛"、直播等内容账号打通后，无论是品牌商家还是中小商家，开始拥有平等的机会来获得用户。

而在高频次、重圈层的类目，老客的价值已不容忽视。

淘宝天猫开启"宝藏人气店铺"计划内测，由平台扶持被粉丝、会员、老客认可的高人气店铺。

其中，作为内测商家之一的"Perfume Box 拾氛气盒"官方旗舰店，是颖通集团开设的线上集合店，目前年GMV1800万元，淘宝外回流UV环比43%，种草人气月曝光环比30%。

淘宝教育对话颖通集团首席运营官王巍女士，一起聊聊如何构建私域、运营粉丝，提升店铺连带与成交。

谈品牌：在线下积累的基础上，开一家线上集合店

淘宝教育：店铺的发展历程是怎样的？

王巍：颖通成立于1980年，经历了40多年的发展，如今已成为国内领先的美妆和光学产品全管道品牌管理集团。在2016年我们布局了线上集合香水品牌店铺"Perfume Box 拾氛气盒"，希望能够把各个品牌的香水都放在里面长久、持续地运作。

那个时候在天猫的美妆行业里，香水的占比份额还是比较小的。而"Perfume Box 拾氛气盒"作为颖通集团自营的商业零售品牌，超过40多个国际品牌近千个SKU，品牌矩阵强大。客单价为100~2000元不等，几乎满

足了从香水小白到高阶的香水资深爱好者的个人用香需求和不同节日及场景下的送礼需求，品牌丰富，产品上新速度快，让消费者实实在在地感受到，"Perfume Box 拾氛气盒"是一家"很好逛"的香水香氛店铺。

淘宝教育：经营线上集合店铺，难点有哪些？

王巍：经过在香水行业四十余年的积累，丰富的渠道资源及强大的产品供应能力成为我们一直以来的优势。对于线上店铺的经营，真正的挑战在于如何制定适合线上销售的经营策略，同时协同好线上线下的业务。

同样是集合店的情况下，线上的难度在于消费者的体验方面有诸多不确定性，线下有导购员讲解、产品试用，更有真实的体验感，转化可能是相对容易的。未来我们希望能打通线上线下的会员体系，为众多香氛爱好者提供更好的服务及购物体验。

谈私域：人群就是资产，经营私域很重要

淘宝教育：参加"宝藏人气店铺"计划的感受如何？

王巍：首先，感谢平台给予我们这一次的机会，并授予我们"宝藏人气店铺"的荣誉。这次的活动提高了我们店铺的曝光度，也让我们对私域运营的重要性有了更深的理解，我们将持续地、长期地做精准有趣的产品推荐，增强市场渗透，加强消费者黏性。

淘宝教育：香水类目为什么要重视私域？

王巍：香水其实是一件很私人的东西，每个人对香味的敏感度及喜好都不一样，通过私域，我们可以用专业知识为不同的消费者提供更适合的产品推荐。此外，刚"入坑"的香水爱好者会产生原生动力去了解香水知识，包括香水历史、香型香调等，香水资深爱好者则会对一些新品、新生牌产生兴趣，我们可以通过私域，来帮助消费者了解香水知识，普及香水

文化。同时还可以精准定位到这部分消费人群的需求，尝试进行实际转化。

淘宝教育：店铺采用哪些策略来运营私域？

王巍：这个问题我们要从站外与站内分别来讲：

站外：（1）找到小众香水圈层的意见领袖，以知名品牌单品去讲解产品，在内容中或评论区引导消费者在站内进行关键词搜索。

（2）线下店铺可让顾客获得体验，对某件或者某几件具体产品产生购买意向，并产生黏性，部分流量会回流到淘宝内。

站内：（1）在站内找到不同品牌的兴趣人群，通过数据银行，把这些人群引导至店铺内。

（2）构建会员体系，以会员日、促销活动、会员福利等活动刺激老客回购。

（3）线上品牌香氛师提供 1 对 1 选香服务，回复消费者诸如"初入职场适合什么样的香水""哪种味道的香适合去约会"等问题，并将其引导至具体产品页面。

（4）店铺内设会员专享的香水小样活动，消费者可以用低成本试香，降低试错成本，优化消费体验。

淘宝教育：经营私域给店铺带来了哪些成长？

王巍：第一，扩大了店铺的知名度和影响力。消费者可能对一些香水品牌很熟悉，但对"Perfume Box 拾氛气盒"的认知有限。我们希望通过私域运营，增强我们与消费者之间的链接，使要买香水的消费者能首先想到我们的集合店。

第二，店铺的各项数据也得益于私域用户增长带来的持续提升，其中日常 UV 环比增长超过 15%，"6·18"期间定向渠道的流量同比增长 25%以上。同时私域成交额同比增长超过 30%，在店铺成交额中占比近 10%。

谈产品："香"这个赛道，产品类目在不断细化

淘宝教育：店铺的主营产品是？

王巍：目前，"Perfume Box 拾氛气盒"是一个主营香水产品的品牌集合店，精选全球范围内的优质品牌，引入各品牌的王牌产品。目前"香"这个赛道的类目不断细化，除了香水，我们还将会引入无火香薰、香氛蜡烛、香囊和车载香薰等香氛产品。之后我们也持续扩充店铺的品类，满足消费者日益精细化的用香需求。

淘宝教育：香水产品的核心竞争力是什么？

王巍：在香水这个细分类目当中，最不可或缺的就是调香师。调香师的用料、品位和技法直接决定了产品的竞争力。在消费者喜好多变的当下，很多大众化的商业香，有大师级的调香师和品牌知名度加成，记忆点更深刻，是可以支撑自己连续穿越不同的低迷周期的，其商业价值显而易见。

虽然近两年消费者更青睐个性化的小众香了，市场上也出现了很多新兴的小众香氛品牌，但很多品牌都只是昙花一现，其原因就是缺乏原生动力和核心竞争力。

谈行业：居家香氛会成为继香水后新的蓝海

淘宝教育：近年来国内香氛行业发展迅速，有哪些原因？

王巍：近年来，中国香水市场的增速是远高于全球平均水平的，2020年，在国外香水市场负增长的情况下，中国香水市场仍有10.6%的增速。

在消费端，国内香水市场逆势增长的原因有两个：

（1）消费意识的提高：20世纪80年代，海外大牌香水产品开始进入国内市场。在当时，一个普通人的月薪可能就50元左右，而一瓶大牌香水售价80元，是名副其实的奢侈品，但广州友谊百货的香水专柜每月单柜销售依然可以达到3万元，从那时开始，国人对香氛产品的消费意识在逐渐地提高。

（2）消费心理的满足：新冠疫情期间，消费者对情绪疗愈的诉求大大提高，渴望"诗和远方"。一些自然、丛林味道的香水很受欢迎，如万宝龙的"探寻旅者"香水，味道会给人带来勇攀高峰的意象。很多品牌都先后推出了主张"城中度假疗愈感"的香水产品。

淘宝教育：如何看待国内香氛市场的未来？

王巍：对于国内香氛市场的未来，我们是很看好且有充足信心的。基于对市场和消费者的观察，我们认为居家香氛赛道会成为继香水后新的蓝海。国内香水行业还处于非常早期的发展阶段，相较于欧美国家已经比较成熟的市场，我们还有至少15~20倍的增长空间。

另外，通过数据研究，我们发现国人使用香水的频率远低于国外，且很多爱好者还停留在"收藏"阶段，她们乐于探索不同味道的香水，而很少钟情于某一单款，让这个味道的香水成为自己的"标识"和"记忆点"，还有很长的路要走。

鲜花"卷"成白菜价，如何破局？

从节日仪式感，走向悦己体验，鲜花正成为年轻人生活方式的象征。艾媒咨询数据显示，鲜花电商市场规模2021年总销售额达到896.9亿元，预计2025年将达到1500亿元。

体量大能压缩采购成本，但供应链和物流能力会面临巨大的考验。"既要性价比，又要保障用户体验是非常难的事，除了到货品质影响用户体验，缺乏养护知识也会导致花期短，容易导致用户给出差评。"花点时间旗舰店负责人钱会玲提到。

受新冠疫情影响，店铺业绩急剧下滑。从2022年10月开始，花点时间旗舰店除了在产品和供应链上持续发力，同时加速对直播与私域的布局，成效显著——种草人气环比增长96%，淘宝外回流人气增长186%，花点时间旗舰店成为首批"宝藏人气店铺"，获得平台激励：手机淘宝信息流关系曝光增长1979%。

具体做法是：①在节日通过达播获得爆发流量，配合自播＋私域承接流量与转粉。②直播间日常设置粉丝专享价，配合优惠券、尝新价引导入会，提供老客专享权益，提升日常复购率。

好店：
87个淘宝中小商家的造富秘籍

花点时间旗舰店负责人　钱会玲

淘宝教育对话花点时间旗舰店负责人钱会玲，一起聊聊鲜花行业的产品供应链、私域、直播。

行业供应链：不建立供应链壁垒，很难规模化

淘宝教育：什么时候开始鲜花园艺，并在淘宝系平台开店？

钱会玲：我们最初在微信公众号上通过内容吸引目标消费者，利用微信私域进行转化，后来受到"小二"邀请，在 2017 年入驻天猫。

从入驻至今的 5 年，我们的店铺销售并非一帆风顺，特别是 2022 年 7 月，受新冠疫情影响，我们的推广费一降，销售额也跟着降，淡季当月的销售额不到 100 万元，店铺一度濒临亏损。

淘宝教育：从亏损的边缘走出来，哪些策略起到关键作用？

钱会玲：产品：上架季节性的品类并对花材进行 DIY 创新，同时调整推广策略，将以往全面的推广覆盖，倾斜资源给到核心品类，并打造爆款；

供应链：提升履约效率，随着季节变化，导致采购价格浮动，与供应商更频繁、及时地沟通，提高货品周转速度；

运营：押注直播与私域，通过直播间提升店铺流量，做粉丝拉新和增长，去年会员增长 19 万人，环比提升了 13%。

淘宝教育：鲜花行业的入局门槛高不高？难度在哪？

钱会玲：其实入局的门槛并不高。全国有非常多的鲜花园艺基地，找到货源不难。比如在云南的斗南花市，就有很多个体卖家，自己开直播，晚上打包发货。

但要往上走，需要同时满足规模化和个性化的平衡。因为这个行业非常依靠供应链，单量决定体量，甚至生死。一方面，只有单量稳定，才有基地议价权；另一方面，在配送上，虽然现在冷链的技术成熟，你想卖低价做高转化，但是成本很难支撑。

规模越大，单一链条的脱节越致命！就像我们在母亲节和端午节，要处理几万单的发货，你是不是能够快速将产品按照固定的标准生产出来，这个挑战是很大的，不仅需要投入物流仓储成本，还需要鲜花保鲜的经验。

产品：消费更高频，价格却一再探底，不创新没法做

淘宝教育：很多直播间都在宣传 9.9 元包邮，低价是否会让整个行业洗牌？

钱会玲：鲜花本身的种草属性非常强，通过直播又能快速扩量，但从下单到交付，要保证用户体验难度很大，每一种鲜花的养护方式也是不同

的，如吃水深度、酸碱度、温度要求等。

鲜花以品牌化方式运作，与传统夫妻门店不同，需要逐步贴近消费者的审美，提供差异化价值，这背后除了洞察用户的需求场景，需要持续推进鲜花供应链的标准化程度。

主打低价，长期来看无法长久，不仅成本难支撑，用户体验差，也很难提升复购率。

淘宝教育：鲜花的品类特点是什么？产品怎么创新？

钱会玲：鲜花更多的是半非标品，常见的有玫瑰、月季、康乃馨，但胜在种类多，可以灵活搭配做产品 DIY 来创新。

此外，我们也可以根据垂直人群和场景，进行选品布局，如利用近年很火的日式吊钟来打造年轻人的家居场景。最后，花材本身可以人格化，如迷迭香的花语是：沉稳的力量，通过话题来打入兴趣圈层。

比如，我们店铺在夏季上线了一款由荷花、荷叶、莲蓬搭配组合的产品，比较吸睛，上线后的反馈也很不错。

直播：押注直播，流量占比 40%，扭转危机

淘宝教育：为何布局直播赛道？你们做对了什么？

钱会玲：鲜花园艺行业非常适合直播，行业直播的渗透率达到了 20%。但摸索方法的过程是曲折的，我们的直播间开过、关过、停过，主要是因为我们的基地在云南，主播涉及跨地域管理与成本，所以此前一直没有重点投入。直到面临增长困局，才将直播提升到战略层面，目前直播成交占比达到 40%。

通过直播间拉动增长，可以从人、货、场拆解来看：

人：主播方面我们还是调整了销售提成的比例，来激励人员在直播侧的投入，重点在三个方面进行提升：鲜花养护技巧＋粉丝入会引导＋服务促单。

货：店铺核心消费者为职场人群，首先我们会选调性比较好的货品，上线应季的货品，如2—3月的桃花、4—5月的芍药、6—8月的荷花；其次我们上线花束的组合品，如每周一花的概念，直接送到办公室或者家里，通过包年、包季的长周期服务，在增加黏性的同时，保证客单利润。

场：将直播间打造成花店的场景，可以提升用户停留时长。

淘宝教育：直播间要做好，会不会关注数据？

钱会玲：首先，投入的决心很重要；其次，除了人、货、场，我认为研究平台的数据指标，进行有针对性的提升，辅助营销投入，能有效提高投入产出比。比如，在淘系的直播间，我会核心关注交易指数和内容指数，并有针对性地采取动作。

交易指数：核心看直播间成交，我们用话术引导成交同时，通过工具设置粉丝专享价、老客直降、会员新客专享价。不仅提升会员拉新，也提高转化率。

内容指数：主要看顾客停留时长、评论互动与转发。我们通过特色花材、鲜花寓意、养护经验的知识分享，来吸引用户观看。

淘宝教育：我们关注到你们上了超头的直播间，在自播与达播之间，你们是如何考量的？

钱会玲：我们的策略是：在重点节日，头部达人去做流量爆发、店铺自播做日常流量承接。如我们会在母亲节，主打感恩与关怀；端午节用艾草做花束，切入传统文化的卖点，转化都不错。两个节日通过直播，店铺流量从3万人次，飙升至30多万人次。

私域：通过私域实现长期经营，将成为更多商家的方向

淘宝教育：为什么如此重视私域会员运营？

钱会玲：拉新流量很重要，因为它直接决定采购价格，但会员也无法忽视。从长期来看，通过低价可以保证单量，但是营销的投入是源源不断的，面对高复购品类，只要有一次良好的购物体验，通过会员的权益捆绑，就能保证消费者持续复购下去。

淘宝教育：怎么利用直播间，吸引用户成为会员？

钱会玲：目前，我们 30% 的会员来源于直播间。核心步骤是：成为粉丝——淘宝群或专属客服触达——权益撬动入会。如我们的入会福利，购买指定花束，就额外赠送 10 支玫瑰花。

淘宝教育：如何让用户更好地互动起来？

钱会玲：鲜花类目天然的有内容的优势，消费者在买花后一定会在社交平台上分享晒图，只要保障鲜花的到货品质以及在花束 DIY 和包装过程中持续将"美"传递下去，就会自发形成评论和种草。

淘宝教育：最近，淘宝上线了很多私域运营工具，能否通过它们来更好地运营？

钱会玲：私域板块的工具还是对运营挺有用的，如老客专享价、内购会、老客直降等，其实是给商家更多的选择，去灵活地运营。

以往会员只开放给部分商家使用，全量开放后，通过私域来稳住店铺，实现长期经营，将成为越来越多商家的发展方向。

受"00后"追捧的棉花娃娃是怎样出圈的？

"草莓宇宙娃屋"店铺主理人　陆晓曈

淘宝外回流人气增速1141%，种草人气环比增速122%，新品复购率30%……来自淘宝的"草莓宇宙娃屋"店铺，聚集"00后"年轻用户群体，而最小的粉丝只有3岁。

大学就爱"折腾"的"95后"女孩陆晓曈，毕业后在珠宝、服饰领域连续创业，并在供应链、面料上积累了相应的市场经验。2019年，作为"娃圈"一分子，因为买不到喜欢的"娃娃"，她萌生了将"爱好变成生意"的念头，在线下试营业后，于2021年5月入驻淘宝。

"不要泛流量，它会拉低转化率，精准定位兴趣人群，才能解决流量问题。"陆晓瞳用一句话直击流量困局。

她获取流量的具体方式是：线下门店提升粉丝体验、黏性，线上用视频、漫画、晒图等形式在多平台种草，源源不断地为淘宝店注入"活水"，用这批精准粉丝标签，在站内继续深挖兴趣圈层，逐步提升用户规模。

2023年3月，淘宝天猫在产品、机制、数据三个维度对私域进行升级，帮助商家留住用户，进一步沉淀店铺资产，在店铺与"逛逛"、直播等内容账号打通后，无论是品牌商家还是中小商家，都开始拥有平等的机会来运营用户。

拉新？还是复购？由商家的经营策略而定，但在高频次、重圈层的类目，老客的价值早已不容忽视。

在2023年5月举行的淘宝天猫"6·18"商家大会上，平台宣布以"历史级的巨大投入"，为商家做大用户规模。围绕喜欢、想看、爱看、爱玩等用户需求提升日活，"用户为先"成为当前淘宝、天猫的重要变革方向。

淘宝、天猫开启"宝藏人气店铺"计划内测，由平台扶持被粉丝、会员、老客认可的高人气店铺。

淘宝教育对话首批参与内测的商家之一、"草莓宇宙娃屋"店铺主理人陆晓瞳，一起聊聊如何构建私域、运营粉丝，提升店铺连带与成交量。

趋势：娃娃是年轻人表达感情的载体，该品类的延展性很强

淘宝教育：为什么会接触这个行业，并把兴趣变成生意？

陆晓瞳：我最早接触"棉花娃娃"是在2019年，那时我还是一个爱好者，自己买来玩，但有时会买不到自己喜欢的产品，那时候在想是不是可

以自己做？契机也很简单，就是我画了设计稿，发在网上获得很多人的喜爱和关注。

起初也很忐忑，它能否成为一门生意？我先在线下开集合店去测试，随后发现它的路人缘非常好，那些小女孩路过的时候，都会情不自禁地爱上这个产品。线下的客人给了我很大的信心，让我继续前行。

我们在2021年5月入驻淘宝，有很多粉丝、玩家都来搜索店铺，在开店两三个月后，成交额就达到了100万元。

淘宝教育：发展这么迅速，是否处在行业的红利期？

陆晓曈：我们做这个品类相对较早，是有一定先发优势的，但行业一定会经过红利、泡沫、洗牌、增长的周期。未来，会有越来越多的商家，因为利益进入这个赛道，但是当大家互相"卷"到一定程度，赚不到钱后，无利可图的投机主义者就会转换赛道。

两三年内会经历洗牌期，一些研发与内容能力比较弱，没有供应链优势的商家很难坚持；"卷"定价、低质量，慢慢会被消费者抛弃，当这个时间段过去，行业才会迎来稳定上升期。

淘宝教育："95后"创业的勇气从何而来？你印象中最深刻的挑战是什么？

陆晓曈：我在大学里就很爱折腾，大三的时候经营过珠宝，也去大公司实习过，但还是想做自己喜欢的事。刚开始经营了珠宝和服装，积累了一定的供应链、设计、面辅料的市场经验，因为偶然的契机走进了玩具行业。

毕业即创业，刚开始是非常勇敢的，就是很单纯又热情地去做自己喜欢的产品。但是实际在开店过程中，你会遇到很多从来没考虑过的问题，如供应链、库存周转，甚至包括税点、团队等，就像升级打怪一样。

印象中最深的是，采用新工艺后，一款产品直接爆了，但市场上的供应链不成熟，做样品可以，但转到批量的大货订单，出来后全是次品，清零率非常高。我们就拿着梳子，在仓库给娃娃梳头发，想让用户收到货后体验好一点，但最后还是不得已销毁了，损失了好几千单。

淘宝教育：行业是怎么发展起来的？你怎么看待粉丝对棉花娃娃的这种喜欢？

陆晓曈：它最早是明星专辑的周边，如买专辑的赠品娃娃，后来喜欢的人越来越多，慢慢发展为新兴的产业。

这种喜欢有点像在路上，看到一只可爱小狗，你很难解释为什么喜欢。但是当你看到它的那一瞬间，它朝你摇摇尾巴，或者是跑到你身边，你就会心动。

这个品类和宠物行业有相似之处，很多小女孩会愿意给娃娃买周边产品，如梳子、衣服、鞋子、洗漱杯，甚至牙膏和牙刷，在"娃圈"你可以只有一个娃娃，但是你可以给她搞一个别墅。

淘宝教育：店铺的连带率应该非常高，在你看来用户是哪一类群体？

陆晓曈：我们淘宝店的上新频率为 2~3 次/月，客单价为 160 元左右。我们不仅在做娃娃，其实在做整个系列的售卖，产品之间的关联性非常强，买一个娃娃，至少会买一套衣服，夏天买游泳圈，冬天买羽绒服……品类的延展性非常强。

主要用户是 20 岁左右的年轻女孩，最小的是 3 岁的孩子，但差不多都是学生群体，所以她们有一个共性，就是到上学的时候，世界就瞬间安静了下来。她们会特别可爱地在粉丝群里说："姐姐我这周不能回你的消息，我要放假才能拿到手机。"

我认为，年轻人其实是在表达自我，而娃娃成为表达感情的载体。她们会把这些娃娃挂在包上、背在身上，或者是拍照发朋友圈，以此吸引同样喜欢这个角色的同类，用这个方式找朋友。

私域：我会把自己当成用户的一部分，与粉丝交朋友

淘宝教育：当用户是学生群体，节假日的成交量是不是更好？

陆晓瞳：我们节假日的成交量基本上可以增加 2 倍以上，国际儿童节的成交量可能增加 4 到 5 倍。在特定节日上，我们一般会开发定制产品，就只在这个时间段售卖，因为送礼的场景较多，所以会把它包装得更漂亮，来提升客单和转化率。

淘宝教育：你刚刚提到了粉丝群，这是你们重要的流量来源吗？

陆晓瞳：如果我做食品，流量池越大越好，但当市场规模有限时，泛流量太多，转化率反而低。因此，我们更愿意精准地吸引高复购人群。核心思路是：将站外精准粉丝，导流至站内，用标签进一步做拉新、转化的动作，拆解来看：

淘宝站内：站外的多平台种草，回流至淘宝内后，基于精准人群标签，通过推荐拉新，每周 1~3 条短视频圈选兴趣人群，如娃圈粉与二次元、JK 甜心、洛丽塔风格的用户偏好（TGI）浓度较高。

淘宝站外：①线上用视频、晒图、剧情故事等内容，持续积累多平台粉丝；②线下门店让粉丝获得体验感，并产生黏性，撬动后续淘宝店的新品复购，目前复购率为 30%。

淘宝教育：构建私域并不容易，你们怎么运营粉丝？

陆晓瞳：我会把自己当成用户的一部分，与粉丝交朋友，而不是仅仅把自己当作卖家。主要有以下几个方法：

在站外不同平台做差异化运营：

（1）微信和 QQ 更多依赖社交属性，以地域/玩偶角色/兴趣圈建粉丝群，让大家聊起来，才能产生黏性；

（2）微博用高清场景图、话题吸引大学生群体，在评论区进行互动。

（3）小红书用户更年轻，用视频展示产品特点，发动玩家晒图，积累店铺话题词。

站内私域权益设计：

（1）让粉丝参与新品研发，提高认可度，新品开卖后，粉丝会发笔记晒图，完成前期的种草蓄水；

（2）淘宝现在可以自主设置会员、新客、粉丝等不同价格，有些节日会送给老客户只送不卖的限量款；

（3）在关注界面，用内容召回用户，保持每日5条的更新频率，通过新品动态、买家秀、短视频等形式，撬动自然流量。

内容：只有靠内容，它才不只是玩具，而是有生命的小伙伴

淘宝教育：棉花娃娃和普通玩偶，有何区别？竞争力在哪？

陆晓瞳：这个行业得靠产品和内容打差异化，如果加上渠道（供应链）就构成了竞争力。

产品：首先，做了普毛和炸毛材质的区分，有些粉丝非常喜欢炸毛，因为她非常享受给娃娃的头发捋顺的过程，最好玩儿的地方，就在于亲自动手DIY。其次，娃娃的身体也装了骨架，去"rua娃"发现它会动，增强了可玩性。

内容：为什么芭比娃娃能变成世界知名的玩具公司？为什么奥特曼、海绵宝宝、哆啦A梦，到现在仍然是畅销产品？它取决于内容的深度和共情能力，这些世界上的经典IP，运营时间超过几十年，它到今天的爆发不是一蹴而就的。

玩具行业跟其他消费品不一样，它不是刚需，所以内容是非常重要的板块。比如说，每个娃娃都会有角色性格，通过图文、视频的故事去展现。

只有靠内容，它才不只是玩具，而是有生命的小伙伴。

渠道：除了在供应链快返和物流能力上提升周转效率，我们线下开了30多家门店，迅速打开消费者的认知，不仅做服务和体验，也为淘宝店引流。

淘宝教育：靠内容让产品生命周期更长，在内容上有哪些思考？

陆晓瞳：首先是内容质量，其次才是辐射更多人，如果故事被记住，产品就会有很长的生命周期，可以分两个维度：

在原创产品上：以原创的星座系列为例，给12只娃娃赋予特定的性格色彩，通过插画、治愈视频来展示娃娃特色，让消费者觉得自己买了一个与我有联系的伙伴，而不只是摆件。

在IP合作上：以游戏联名为例，我们优先选择对于角色叙事和情感共鸣，长期在角色上投入精力的IP。比如，现在联名的换装游戏角色"暖暖"经历了很多轮的迭代，开始叫"奇迹暖暖"，后来叫"暖暖环游世界"，现在叫"闪耀暖暖"，作为陪伴式IP，一直在迭代它的内容。

其实做娃娃的门槛不高，但做内容是一个更高的门槛，它会随着大家对于这个IP的理解和认知拉开差距。

做好私域建议

（1）认清私域渠道的定位很重要，在用户与品牌发生递进关系过程中，每个渠道都有自己的运营方向，微信的社交裂变、微博的场景话题、小红书的种草互动以及天猫的转化与复购，带有目的地去进行渠道运营，那品牌的私域势能增长效率一定是高的。

（2）私域的核心驱动力是品牌的内容/权益/服务，无论是"货找人"

还是"人找货"的品牌，都要通过内容与消费者进行情感维系；通过权益与消费者进行需求维系；通过服务与消费者进行人设维系，在私域中，这三者的驱动作用会被放大。

（3）私域的运营不是"权益的堆砌"和"内容的泛滥"，平台对于私域用户有粉丝、会员、老客等标签，将客户标签与品牌本身属性相结合，去面向不同关系的私域用户做正确的权益与合适的内容，才是有效的私域运营。

（4）如果你是即将进入或已经踏入私域运营的品牌，不妨将私域运营拆成建立关系与运营关系两个阶段，结合品牌所能看到的平台渠道与用户特性展开。

私域玩家

开店第一个月，他靠一双爆款女鞋，实现百万元成交额

"半坊手工女鞋"店铺主理人　李杨雄

曾几何时，高跟鞋代表了"女人味""成熟""魅力"，迈入职场的女性或主动或无奈踩上"恨天高"，迎合了大众审美，却牺牲了脚下的舒适。

而随着审美变迁，越来越多女性消费者不再偏爱高跟鞋，运动鞋、凉鞋、手工鞋和粗跟鞋等主打舒适特性的鞋款，逐渐成为市场主流。而曾经叱咤风云的女鞋品牌，很多已不见踪影。

2023年4月进入淘宝的女鞋商家，"半坊手工女鞋"，专营法式复古风的手工女鞋，凭借对消费趋势和消费者喜好的洞察，开店至今（2023年4月至2023年9月初）成交额超500万元，

消费者复购率高达60%。

在店铺启动阶段，店铺将私域流量引流到淘宝内，加速起步；第二阶段，站内外投放短视频，吸引精准客户；第三阶段，开启店播，每天直播4~8小时，占全店流量的40%。

淘宝教育对话"半坊手工女鞋"店铺主理人李杨雄，一起聊聊传统女鞋如何打破冰封，在私域、直播、内容等方面如何快速破局，抓住新一代女性消费者。

新店冷启动：私域流量的进入，能把店铺流量"洗"得更精准

淘宝教育：你是从什么时候开始从事女鞋行业的？

李杨雄：因为父辈从事制鞋行业，我从小就在鞋厂长大。从设计专业毕业后，我当了5年的鞋履设计师，并从2012年开始创业，在成都、广州先后设立皮鞋生产工厂，厂房总面积接近5000平方米，工人有200多位。

目前，两家工厂都有独立的设计和生产团队，不仅可以保证开发速度和款式的新颖度，也避免了中间商溢价。

淘宝教育：从业这些年，主要销售渠道发生了什么变化？

李杨雄：过去，我们以代工为主，市场流行什么就做什么；但近几年，线下生意受新冠疫情影响，我们的主要精力都放在打造法式复古简约风格的自有品牌"半坊手工女鞋"上。

店铺鞋品主要面向35~50岁的熟龄女性，主打黄牛皮等真皮材质，常用4厘米的"黄金跟高"——既显气质也不累脚，客单价一般为260~350元。

销售渠道主要在线上，我们先后布局了抖音、小红书。2023年4月，正式入驻淘宝，不到5个月时间，这个店铺成交额已经突破了600万元。

淘宝教育：与过去相比，消费者的购鞋喜好发生了什么变化？

李杨雄：我们时刻关注消费市场动向，如国内外奢侈品、包包、服饰和走秀等，把握消费者喜好，获得新品的开发灵感。

"半坊手工女鞋"店铺产品

十几年前，女性普遍喜欢"女人味"的鞋款，鞋面是亮面、花皮、漆皮的，款式以细高跟、尖头、长靴为主。

现在，女性则更加注重鞋的舒适度与质感，休闲鞋、运动鞋、真皮手工鞋、粗跟鞋等越来越流行。比较明显的感受是，舒适女鞋逐渐开始占据市场主流了。

淘宝教育：作为一家新店，在不同阶段都做了哪些调整？

李杨雄：第一阶段，我们会将在其他平台积累的老客引流到淘宝内，通过价格优惠等福利，结合淘内的付费推广，打造爆品，积累最初的销量。

第二阶段，在站内外发布短视频，最开始在"逛逛"等渠道，每天发布 10 条左右，此时流量明显在逐步递增，现在能稳定在每天发布 30 条短视频。

第三阶段，有了一定流量基础后，我们开启了店播，并争取到官方流量扶持。同时我们通过在站外布局短视频，将社群、抖音、小红书等渠道的私域流量引到淘宝店铺的直播间，私域流量的进入，能把店铺整体流量"洗"得更加精准，销量也更加稳定。

运营：一款鞋卖了 5000 多双，单月成交额突破 100 万元

淘宝教育：店铺销量第一次爆发是什么时候？

李杨雄：2023 年 4 月刚入驻淘宝之后，很快就出了第一个爆品，一款鞋卖了 5000 多双，单月成交额突破了 100 万元。

这款鞋子的视频首先在抖音上拿到了不错的数据，在小红书上也爆了几个视频，我们私域渠道的反响也不错，站外的表现为淘宝的爆发打下了很好的基础，我们再结合直播与付费推广，把这个款的销售进一步撬动起来。

目前，我们会在店铺首页突出位置放上店铺爆款的图片和销售数字，希望能够形成"羊群效应"。让用户知道这就是"爆款"。从消费心理的角度，在爆款没卖爆之前，看它也就"一般般"；但卖爆之后，消费者真的会"越看越喜欢"。

淘宝教育：所以你们的策略是围绕单品爆发来提升成交量吗？

李杨雄：我们主要以单品爆款为主，新品跟着平台节奏上新。用爆款产品将量级冲上去，同时测试新品的数据，拎出来表现比较好的新品，集

中"打爆"。

淘宝教育：在淘宝和抖音运营，有哪些差异？

李杨雄：两个平台各有各的好处。

从流量上看，淘宝的优点在于稳定性非常强。除了大促期间的爆发，日销期间销量不会有特别大的起伏，所以我坚持一定要做淘宝店，它让我们比较有安全感，是公司的重要支撑点。在抖音明显感觉流量和爆发来得特别快，但很不稳定，这让我们不太好做货品的生产规划。

从直播来看，两个平台的购物人群相近，但玩法差异蛮大的。淘宝直播大多偏向于平播模式。通过专业的产品讲解构建信任，再促成成交。我们在抖音要去做憋单，提升互动和关注，再拉升成交。

从复购来看，淘宝系店铺的消费者质量很高，复购率能够达到60%，这几乎是其他平台的2倍。

淘宝教育：目前店铺的复购率如何？用什么方法来维系老客？

李杨雄：首先是产品质量——根据很多老客反馈，"舒适度高"是他们再次选择我们的重要原因；其次是鞋款低调百搭。

此外，我们也十分重视私域运营。店铺根据消费金额设立4个会员等级，等级越高折扣和赠品越多，最高赠送"满300减110元"优惠券，积分还可以兑换礼品。我们还会把上新信息、大促活动准时发到粉丝群，回馈顾客一些优惠，很多老客看到了就会来复购。

内容：既保证短视频获客数据的增长，还会通过在点淘铺量，为直播间引流

淘宝教育：内容团队是如何分工协同的？

李杨雄：我们短视频团队有5~6个人，分别负责文案、拍摄和剪辑。

在开店前，我们也做了充分的准备，手上攒了上千条短视频，每天源源不断地发。

淘宝教育：您刚才有说到日均发布短视频 30 条，这个策略是一以贯之的吗？

李杨雄：在直播之前，我们就开始布局短视频了。主要分享鞋子的款式、材质和功能性，偶尔会加入一些穿搭内容。达人合作方面，我们会借助达人生产一些穿搭风格视频，进而实现种草。

在发布频率上，从最初的每天发布 10 条，到现在每天稳定发布 30 条。我们既要保证短视频获客数据的增长，还会通过短视频在点淘铺量，为直播间引流。

淘宝教育：目前店播的节奏和成绩如何？

李杨雄：目前，我们店铺直播间的观众停留时长为 25~32 秒，直播占全店流量的 40%。

策略：每天直播 4~8 个小时，两个主播一起播，策略就是跟着平台的节奏走，多参加官方活动，多了解直播趋势和玩法，利用活动大促的节点促成爆发。

内容：以平播为主，主播会对产品做详细讲解，让顾客迅速知道直播间是卖什么的、产品有什么亮点，建立起基础的信任。

福利：设置直播间专属福利和小礼品，加上话术引导，保证新客留存，拉动成交。

588元的工装裤，新店狂卖5000件

后疫情时代，户外运动行业全面爆发。

在2023年的淘宝天猫"双11"，开门红首小时328个品牌成交额超2022年"双11"全天，骑行、滑雪、户外鞋服同比增长达300%。不仅让始祖鸟、The North Face（乐斯菲斯）等头部品牌圈到更多忠实用户，也让众多新品牌顺势起飞。

2022年下半年，定位东方女性的户外女装品牌BEIN SPACE入驻淘宝。1年多时间里，圈粉3万会员，年复购率24%，被张静初、董洁主动带货，截至2023年11月累计成交额突破千万元。

越是趋势风口，越会面临同质化竞争，店铺如何破圈？

在产品端，保留户外透气、防护、耐用等功能同时，以符合亚洲人审美的配色，满足用户在户外登山、徒步、骑行等多场景的需求；在人群上，通过线下活动，渗透户外圈层同时，以头部达人打造品牌心智，并用圈层标签在淘内精准挖掘潜力新客，提高投资回报率。

大量用户回到淘宝搜索、成交并成为店铺会员，BEIN SPACE在淘宝成为宝藏人气店铺——6星商家，获得流量激励与扶持。

BEIN SPACE 联合创始人　大虫

淘宝教育对话 BEIN SPACE 联合创始人大虫，一起来聊聊他的创业故事，以及对女装行业的看法。

创业与洞察：从 0 到 1 的确定性，淘宝能给我

淘宝教育：进入服装行业多久？为什么开始创业？

大虫：2011 年毕业后，我加入韩都衣舍，之后陆续在七匹狼、奢侈品女装卡尔拉格菲等公司任职，在服饰行业 10 多年，在品牌定位、电商运营、供应链管理等环节积累了一定的经验。

除了经验上的沉淀，选择创业，首先是新冠疫情以来，大家对于户外的热情是上升的，新的生活方式，带来新的场景机会。其次是自己本身热爱户外，自己也是用户，对功能需求和场景都更熟悉，再结合自己服饰积累的经验，去年和两位联创一起创立的 BEIN SPACE 入驻了淘宝。

今年（2023年）是我们第二年参加"双11"，同比实现了4倍增长，店铺的粉丝回访率40%，会员回访率达30%，也拿到了平台宝藏人气店铺的6星和相应的激励。

淘宝教育：虽然服装的市场体量足够大，但在女装细分又垂直的赛道里创业，怎么找到切入点？

大虫：我们是定位东方女性的户外服饰品牌，这里解构出东方女性+户外服饰两个层面，大致从两点来分析。

从户外服饰来看：基于近两年户外人群的增长，登山、露营、骑车、跑步这些生活场景足够丰富和多元，相关的细分品类需求都在增长，服饰还存在巨大的市场空间。同时，户外场景的丰富，更容易传递"生活方式"，通过内容去影响目标用户，有天然的优势。

从目标用户来看：国内大量消费者在户外的参与度，还是以露营、骑行为主，而更专业的攀岩、徒步户外场景还是在小圈层内。过去市场里，真正从户外的专业角度，去考量衣服剪裁、面料、设计功能性的品牌，更多偏向欧版男性体格，在版型上，女性需求没有得到很好的满足。

另外在搭配上，以往户外服饰出于安全性考量，会选择红、蓝、黄这类高饱和度的颜色，但这无法满足女性通勤和日常穿搭的需求，所以我们会以低饱和度、日常实用性高的颜色为主。

淘宝教育：流量，会不会让你焦虑？

大虫：我们现在的阶段，不会太担心"流量见顶"的事情，我更关注品牌是不是可持续，是不是健康，以往生意的销售逻辑是：流量×转化×客单×复购的逻辑，流量越多，生意就越好，这是一种逻辑，但进店人群是不是精准？是不是老客？能不能转化？这个指标我们认为更重要。

举个例子，如果你是热爱户外的用户，有相关需求，付费触达到你，加购率就会高。如果你是宅男、宅女，对户外无感，你可能会浏览，但不会选择加购，很难转化。

做了这么多年互联网和服装电商，我自己在创业的时候，想明白了一件事情，就是现在社会很浮躁，大家想要的回报也很直接、很快速。梦想都是好的，但如何去实现，我觉得核心就在于初心是什么。

淘宝教育：坚持初心很难吗？

大虫：创业会有很多挑战，开头难的是定位，往后难的是守住初心。

这里面有两层意思，首先是要找切入点、想要打的人群和赛道；其次是保持定位，你看有很多品牌，刚开始做得也不错。但是为什么会走下坡路？其实是忘了初心，忘了原来的定位。

举个童装的例子，最初店铺人群定位是精致妈妈，走品质路线，后面看到其他店的品卖爆了，他们月销5000件，你就会想，我能不能干到月销5万件？

当你往这个方向走，你的初心和原本的定位发生了偏移，最后你会发现两类产品从设计到供应链，到定价和服务，完全是不同的，也许你做到了月销5万件，但是你也丢失了原本90%的精致妈妈人群，最后品牌变成了四不像。

产品与定价：在户外场景和东方女性穿搭里，找到差异化

淘宝教育：做户外女装的商家也不少，产品的差异性如何体现？

大虫：在视觉方面，场景和模特图的拍摄，首先是提高点击和转化的重要因素；其次是服装的版型、配色和拼接设计，是非常主观的审美，有原创能力的店铺，都是千店千面。

虽然服装生意无法避免"同款"存在，但对面料的选择和细节的把

控，会不一样。消费者收到产品，上身的效果和体验存在差异，比如"同款不同质"。打价格战可以迅速跑量，你可以收割一次用户，但很难培养回头客。

淘宝教育：你们似乎是在户外功能和服饰风格上找到平衡点，从而满足更多用户的需求，把生意做大，是吗？

大虫：在功能上我们做好品质，在面料的选择和设计理念上，会更贴合户外的需求场景，如防风、防晒、透气、吸汗速干等，如果用户的穿着体验好，那她会不断地复购。

同时，我们将产品的版型、颜色改良成更适合大众的选择，但我们并不是快时尚品牌，我们有自己的设计理念和想法，但也不会像小众设计师品牌，受个人的肤色、身材、鲜明的圈层风格所局限。

总结来看，我们的产品结合了户外服饰耐穿、舒适等功能性优点，同时又耐看，满足用户多重场景下的实用性需求。

淘宝教育：服装生意的价格梯度是怎么形成的？要做到价格便宜，款式面料又好，可能吗？

大虫：定价取决于目标人群与利润空间。其实高性价在于是否达到用户的心理预期，而非产品价格高低。个体对"便宜"的定义不一样，况且好的面料，是要提前囤货的，产品的研发设计，一款衣服的打样，如果细节不达标，需要反复修改，这都是企业成本。

产品定价要留出利润空间，才能支撑新款研发和质量把控，如果利润被压缩到一定比例，那么资金链断裂后，你将很难走下去。

你看市面上有很多在跑量的产品，赚的是什么？没有研发，把别人好的款拿过来"微调"，20元1米的面料替换成15元1米的，2元的拉链合金换成几毛的。外观看着差不多成本也下来了，但是用户实际的上身体验，会存在差异。

淘宝教育：通过大批量订单，从供应链里抽利润，是不是可以降价，获取更多销售额？

大虫：这确实是一种思路，但是在服装品牌的经营里，降价不一定能扩大生意规模，还是要看长远，因为背后是目标人群流失的风险。

举个例子，一件羽绒服有卖5000元的，也有卖150元的。然而，那些选择购买5000元羽绒服的用户可能并不会因为150元的羽绒服质量好就改变购买决定，这是消费心理的一种反应。所以，产品定价的背后，定的是目标消费人群。

在服装行业，很多大品牌，销量很好，并不是因为利润有多高，而是在固定的利润空间里，把效率做到了最好。

淘宝教育：现在的经济形势，你们走中高客单价，怎么让消费者掏腰包？

大虫：我们常听"性价比"，但还有个词是"质价比"或者"心价比"，贵不贵取决于消费者觉得值不值，主要是在产品和服务上。市面上99元的工装裤有很多，但我们定价580元左右，现在卖了5000多件。

从产品上来说，有些衣服款式百搭又经典，面料耐磨又轻薄，能穿好几年，但有些只能穿一季，就会被你丢弃在衣柜里，甚至消费者收到货，上身的体感会决定留下还是退货。在服务上，电话的回访、客服的态度、物流的速度，这些既是基本功，也是消费体验。

用户与圈层：有复购，就是对我们最大的认可

淘宝教育：怎么找到最精准的那批用户，以及去扩大人群的体量？

大虫：因为本身热爱户外运动，所以能链接到相关的社群，我们会让

身边朋友去体验样衣，她们会对产品进行反馈，包括上身的体感、面料的功能性、穿搭属性等。这对我们来说非常重要，不仅能验证产品可接受度，同时还拿到了第一波种子用户的关键性数据，涉及人群特征、款式需求、穿着偏好等。

第一阶段：拿到圈层的样本数据，站内通过付费工具，去做店铺基础的人群标签。

第二阶段：在站外，我们没有批量地大规模种草，而是和董洁、张静初头部意见领袖合作，去影响关键人群的心智，剩下由消费者自发分享，形成"自来水"流量。当大量的户外圈层被触达和种草，精准用户回淘宝搜索店铺，通过付费工具进一步投放，店铺的投资回报率会非常高。

淘宝教育：为什么把成交平台放在淘宝？

大虫：对淘宝的选择我一直是比较笃定的。我觉得第一是稳定，这个月做100万元，下个月不太会变成20万元。淘宝把它的流量分发给优秀的商家，它一直在做这件事情，只要商家服务好用户，就可以长期稳定地持续经营。

同时，商业的本质是确定性，这在0到1的阶段是非常重要的。我们把产品做好，把人群标签做好，把用户服务好，能复购，店铺是一直往上走的。所以这是我创业第一站，选择淘宝的原因。

2023年，因为大量站外用户回流淘宝去搜索、成交，这部分的用户价值高、复购高。同时我们获得了宝藏人气6星的评级，淘宝平台给了我们相应的流量激励和推荐曝光，这会加速我们的新店人群的破圈。

淘宝教育：你们有哪些动作，来提升店铺复购？

大虫：复购率增长的核心，还是得依赖产品力。如果我的产品力能接得住，那顾客一定会去复购，因为服装具有搭配属性，可以连带购买。

另外，淘宝提供了很多私域的工具，供商家在不同阶段去灵活使用。

比如，在购买页面，我们用会员礼包去促进会员新客转化；当用户有新的需求，在搜索端，无论是搜店铺名，还是搜相关品类关键词，我们都能被优先曝光。

私域玩家

最差一天卖92元，"95后"情侣半年逆袭，月销2万件

店铺主理人　莎莎和帅杰

来自诸暨袜子产业带的"95后"情侣——莎莎和帅杰，大学毕业后一直在创业，但也经历过不少至暗时刻。

第一次开淘宝店，"赚"了一堆库存；第二次开店打过爆款，却始终不温不火，最差的一天只卖出92元，气得他们将千牛卸载了半个月，怀疑自己不适合做电商……

但对于拥有全国70%袜子产量的诸暨来说，成千上万的商家，一面凭借产业带优势，推陈出新；一面不断洞察消费需求，嗅到了新的商机。

随着互联网普及，猫眼墨镜、袜套、毛绒包……年轻人通过明亮色彩

和多元穿搭，来缓解穿衣焦虑，进而形成天马行空，又充满虚幻未来主义的 Y2K 风格。在 2023 年 3 月发布的《淘宝 iFashion 服饰行业春夏趋势白皮书》中，Y2K 美学融入 mc-bling[1]和蒸汽波元素，诞生出细分趋势风格——甜心女高，在淘宝内搜索人数逐年提升，销售规模增长超过 220%。

帅杰和莎莎选择抓住这波趋势，并于 2023 年 4 月转型，主攻细分袜套品类，以"Y2K 辣妹"风格，成功圈粉 18~24 岁对这种风格感兴趣人群，新品上架次日就迎来精准用户，粉丝活跃率高达 58%，店铺 GMV 同比增长 12407%，并连续 30 天被评为"宝藏人气店铺"6 星商家，受到平台流量激励。

除了选对赛道，弥构的成功还在于两点：首先在站外找到关键 KOL，通过博主的穿搭偏好，捕捉流行元素，提高产品的打爆概率；其次种草回流淘宝成交后，通过礼盒款与活动，提升粉丝黏性。

电商创业：连续失败后，我们才慢慢选对了方向

淘宝教育：你们为什么会走到一起，然后开始创业？

帅杰：我们都是诸暨本地人，初中同学，在 2016 年上大学时走到一起，出了校门后就一直在创业。

莎莎：我大学是学美术的，毕业后开了儿童培训班，也经历过一个小朋友哭，十个小朋友连着哭的那种情况，觉得身心都非常疲惫，固定时间上课、下课，也觉得一眼望到头了，就想尝试新的方向。

淘宝教育：因为什么契机开始从实体转到电商？

帅杰：因为诸暨是袜子产业带，我身边也有朋友做淘宝店，积累了不

---

[1] 指一种能给人自由、活力和尊重的文化氛围。——编者注

少袜子类目的重要客户（Key Account，KA）。有一年"双11"我去朋友办公室参观，作战室有大屏幕，成交额一直在滚动。那个数字很夸张，觉得离它好遥远，那时刚毕业没几年，心里就想我们是不是有一天也可以这样。

莎莎：当时朋友找我做童袜设计，第一次开店尝试，是因为靠近货源，找朋友拿到了工厂的货，开始卖童袜，小白一腔热血，上架了就坐在那里等订单，什么都不懂。

帅杰：当时推广也不会，100元投出去，如果没有订单，就会缩手缩脚。最后的结局就是"赚"了一堆库存，我还厚着脸皮，把货退回去一部分，剩下的一直在仓库吃灰，最后损失了几万元。

淘宝教育：第一次开淘宝店失败了，后来呢？

帅杰：后来在朋友的建议下，我们结合自己的兴趣，做了饰品类目。因为饰品更考验上新的迭代速度，即使是爆款，生命周期也就3个月左右，非常吃供应链。最差的一天只卖出92元，气得我将千牛卸载了半个月，怀疑自己不适合做电商……

虽然这一次没完全做起来，不过我们对开店的整个流程和运营模块，有了更清晰的了解。

莎莎：饰品需要很成熟稳定的起爆款能力，而且图片既要突出产品的特色，又要考虑产品本身的光泽度，拍摄难度不低。我们刚开始经常跑杭州，还花钱请了模特、搭配师和摄影师，一次拍摄就是2万多元的投入，后来就慢慢自己摸索。

淘宝教育：第二次开淘宝店也没有起色，那MINGOTO弥构这家店是如何开始的？

帅杰：目前这家店是两年前做饰品时一起申请的，没怎么运营。做饰品我们一直在追趋势，2023年4月，我们发现了袜套的需求，开始切换赛道，慢慢迎来了正向的增长，目前月均能做到50万元的销售额，因为是

"老店重做"，所以 GMV 同比数据比较好，年同比增长 12407%。

莎莎：有失有得，做袜套有一点"降维打击"的意思，之前做饰品相当于一次锻炼，我们在选款、拍摄和运营上都沉淀了经验，尤其是在小红书种草方面，也积累了博主的资源，产出了好几篇爆文，为店铺导流。

品类趋势与新品打爆：抓住细分消费者需求，早点入局

淘宝教育：你们怎样洞察袜套的细分品类趋势？为什么决心切入该赛道？

帅杰：我们通过朋友了解到，在市场中，袜套、堆堆袜这些细分品类的需求量是在上升的。选择比努力重要，身边有朋友在做堆堆袜，切得比较精准，做起来也比较顺利。

莎莎：袜套在第一批"90后"上初中那会儿流行过，我记得QQ秀中还有这种穿搭。有一段时间 MIUMIU[1] 的巴黎风特别火，无论是秀场，还是小红书博主穿搭都有袜套，这些意见领袖把这股风带回来之后，消费者的需求开始增长。

时尚是个圈，当下消费者的品类热度还在，就要迅速抓住它。市场不会等你，不早点入局，以后就更没有机会了。

淘宝教育：哪个瞬间会让你觉得"没错，这次我踩对了赛道"？

帅杰：开店的第二个月，前天我们刚上袜套的链接，第二天就有人来下单了，通过品类词搜索来的，而且人群非常精准。我们特地去跟买家沟通，为

---

[1] MIUMIU（缪缪）1993年成立于意大利，是缪西亚·普拉达（Miuccia Prada）创立的品牌。MIUMIU 率性且充满实验风格。——编者注

什么下单，她说款式不错，照片拍得好看，详情页的穿搭描述也是她想尝试的。

莎莎：再到后面就一直比较顺了，如果尝过一点甜头的话，会对这条路更有信心，干劲是真的十足，就是一直往前冲，不会累的那种。

淘宝教育：踩中品类趋势后，如何找出爆款的潜质？

流量和运营维度

帅杰：站内还是不停地在让搜索关键词更精准，通过推荐去放大流量，店铺的视觉不仅是"门面"，主图也很影响点击和转化。

莎莎：我把过去几年喜欢的博主都联系了一遍，怎么说呢？影响意见领袖，就能影响她背后一大批的粉丝，并培养潜在客户。我们不仅自己发穿搭内容，也在和站外博主合作，让店铺品牌词更多地露出，只要持续在做，这些流量会源源不断回到淘宝。

货品维度

帅杰：靠近产业带，有更丰富的款式支撑上新，而且货更灵活。通常我们比批发商早一两个星期拿到最新款进行测试，同时我们也会上节假日的礼盒装。

莎莎：在选款上，我会长期和穿搭博主沟通，她们的审美和偏好，一定是潜在的爆款来源，这些款上新后，她们也愿意推；但跟博主不只是一次性的合作关系，我会花很多时间去交流，从她们的穿搭风格和态度里学到很多东西，比如说下一次的造型拍摄灵感等。

同时上新，我会问很多"00后"的意见，并且在粉丝群里，发拍摄好的款式图，让大家投票，听取大家的建议，这样会让我们更有信心。或者天冷了，有些客户觉得连裤袜不够保暖，我们就会推更厚一点的产品，去满足粉丝需求。

淘宝教育：第三次开店，慢慢走上了正轨，有什么经验想分享？

帅杰：运营、团队、供应链、货品和风格视觉……都很重要，做电商考验的是综合能力。我的建议是找到对标店铺，研究哪个板块有潜在突破点，就先抢占优势，再慢慢补短板。比如，这家店铺视觉效果好，但是价格不太具有优势，我们可不可以做到视觉效果好、性价比高？

对小白来说，电商最大的成本是摸索的时间成本。入局之前，尽可能了解你想做的市场，多去学习，如前后端的整体运行模式，哪怕去上几个月的班，也好过自己一个人摸索。

莎莎：小白创业，得先让自己活下来，做自己够得着的东西，别一上来就想做完美，比如作为iFashion店铺，要从那么多风格里脱颖而出，是很难的。比如，店铺的调性不仅仅是产品图的拍摄，还有整体视觉逻辑和排版，都是需要慢慢打磨的。

人群与粉丝：理解用户，通过新品活动和沟通产生黏性

淘宝教育：目标人群是哪些？如何了解她们？

帅杰：从店铺的人群标签来看，是18~24岁的"00后"学生党或刚毕业的年轻人，主要来源以一线和新一线城市居多，并且跨类目的兴趣特征显著。

从买家秀看出来，这些用户有自己的穿搭想法，也愿意分享。可以说有点"小叛逆"，如爹妈理解不了，但我觉得挺好看的这种感觉。

莎莎：从粉丝画像来看，是泛"亚文化"的爱好群体，总结来看是：我有穿衣自由，老娘这么穿最美，是一种自信和态度。

举个例子：有用户旺旺咨询款式，这样搭配好看吗？腿粗可以穿吗？穿运动鞋可以吗？聊久了，有时我们会直接跟用户沟通："不要管那么多，自信最重要，你想要呈现什么样子，就是最美的样子。"往往用户会说："冲

你说这句话，我也得买。"让店铺更有"人味"，自然会吸引认可你价值观的人。

淘宝教育：更垂直的风格，怎么激发购买需求？

帅杰：不光是呈现好的风格和视觉效果，还要给客户带来性价比高的感觉。我们的用户基本上都以大学生为主，生活费有限，同一款袜套，在质量相同的情况下，人家卖五六十元，有可能我们就卖三十几元，我们的客单价差不多在二十元上下。

配合平台和店铺日常的活动，我就发现她们是来进货的，就是这种感觉。

莎莎：很多用户在特定的场合，或者出去玩的时候会有即时性需求。买家会给我们发消息说："你赶紧发货，我过两天要出去玩。"

同时一些情绪内容也会激发购买需求，如评论区的唤醒恋爱脑、不要被别人PUA（Pick-up Artist，"搭讪艺术家"，目前多指在一段关系中一方通过言语打压、行为否定、精神打压的方式对另一方进行情感控制），以及那种女人能顶半边天的共鸣。

淘宝教育：粉丝活跃率58%，你们怎么提高黏性？

帅杰：获得宝藏人气店铺6星，主要得益于两点：首先是站外种草，大量用户回流淘宝促成交易，并沉淀一批忠实老客；其次是日常通过新品折扣、买赠活动，来提升复购与黏性，慢慢积累起店铺人气。

莎莎：圣诞节和春节又要到了，因为我自己平时也喜欢画点东西，所以今年我在筹备礼盒装，提升一下品牌的那种感觉，也让粉丝更喜欢我们。

我们今年获得"宝藏人气店铺"6星，也拿到了平台的颁奖和对应的前台流量扶持，也会朝这个方向一直提升自己，最起码得有实至名归的感觉。

电商是很"卷"，被同行"卷"的同时，也要锻炼"卷"别人的能力，这个行业才会越来越好。

群像

在淘宝，首批做私域的店铺已拿到红利

针对私域，营销学大师菲利普·科特勒曾指出："企业争取一个新客户的成本，是留住老客户的7~10倍；留住5%的客户，有可能为企业带来100%的利润。"

当互联网人口红利消失，电商进入存量竞争，通过私域沉淀用户资产，成为生意长期增长的重要驱动力之一。

如何与商家、内容创作者一起做大用户价值和用户规模，赢得消费者信任，让用户真正"逛"起来、"留"下来？

2023年4月，淘宝天猫开启"宝藏人气店铺"计划内测，打通私域与公域，上线"关注有礼""老客直减""店铺小活动"等免费私域工具，鼓励商家深化私域运营。

根据参与第一期内测的部分商家反馈，加入该内测计划后，其粉丝增长超过260%，同比去年会员复购规模提升超过2倍。

近期，"宝藏人气店铺计划"宣布将开启第二期内测，覆盖6万名商家，同时发布私域运营新机制、新工具。

淘宝教育找到首批参与"宝藏人气店铺"内测的店铺，提炼出不同行业、不同类型商家运营私域的方法，供即将入局的商家参考。

舒栗旗舰店｜国潮

2019年3月，我的女儿呱呱坠地，望着刚出生的小精灵，我们想做些特别的事情，于是汉服品牌"舒栗"在这天诞生了，并于10月入驻天猫。

在保持传统汉服元素的情况下，如何让孩子穿起来更加的舒适跟灵动？这是我们每次设计都在思考的问题。舒栗没有聘请专业摄影师，女儿就是舒栗的小模特，所有的一帧一画，都是来自妈妈的天然母爱捕捉——灵动而又真实，目前店铺粉丝14.3万，会员复购率58%。

方法提炼

粉丝互动：①通过视频告诉宝妈如何护理衣服、如何打造模特发型等，用有价值的内容找到精准用户。②不定期地向老客提供福利，以活跃粉丝群氛围。③引导买家自主晒图，她们不仅分享穿衣搭配，还分享各种育儿经验，这让我们与顾客成为好朋友。

复购提升：①持续上新，让用户保持新鲜感，持续推出好产品是复购的核心。②把顾客当作是设计师，认真对待顾客的好点子，采纳到下批的新品设计中。③把顾客当作产品体验官，对衣服的改进建议反馈，在产品细节上完善。

宝藏人气店铺计划成绩数据：关系进店环比增长47%；种草人气环比增长66%；淘宝外回流人气增长65%。

获得平台激励：搜索关系曝光增长61%；手机淘宝信息流关系曝光增长114%。

花点时间旗舰店｜鲜花绿植

店铺倡导每周一花的小幸福，为追求品质生活的女性，甄选全球精致花材，精心搭配设计花束，每周带去花香和甜蜜陪伴！2016年开设淘宝店，次年入驻天猫，5年间积累粉丝98万，会员复购率超20%。

方法提炼

粉丝增长：抓住重点行业节日节点，上架节日特色货品，通过达人直播带来流量爆发，随后以店铺自播、私域活动做好流量承接和转粉，配合平台相关活动的指标达成，获得更多公域流量。

粉丝转会员拉新：①直播间日常设置粉丝专享价，引导关注店铺，配合投放优惠券引导入会。②店铺上新使用会员优先购，以权益撬动入会。③店铺首页、详情页投放会员拉新图，引导入会。④店铺日常上架会员半价活动，降低新会员尝新门槛。

复购提升：①寻找高复购品类，根据会员复购周期适时触达，提醒复购。②以多品类的上新提高会员复购频率，同时在节日，推出特色礼品，重点触达会员，提供老客专享利益点，撬动老客转化。

宝藏人气店铺计划成绩数据：关系进店环比增长103%；种草人气环比增长96%；淘宝外回流人气增长186%。

获得平台激励：手机淘宝信息流关系曝光增长1979%。

素肌良品旗舰店 | 内衣

2019入驻天猫，去年成交额破亿元，会员复购率35%以上，粉丝体量60万。以"专注于更有型的舒适内衣"为始，从先进体感科技、前沿设计、革新面料入手，不仅顺应身体的形状，更勾勒、提拉、调整身体的线条，在还原素肌裸感的基础上，在有钢圈和无钢圈之间找到第三种解决方案——果冻条软支撑专利科技。

方法提炼

粉丝互动：①在淘宝群对未购、已购会员进行分层管理，并通过红包喷泉、抽奖、有奖话题互动等提升黏性、转化。②日常注重蓄水，在订阅、"逛逛"、专属客服等场景，通过产品图、视频站内种草，大促活动玩法利益点推送。

会员提升：①通过工具＋权益＋联名吸引入会，如0元试用、无门槛红包、品牌联合周边等；②通过群聊、直播间、会员中心裂变小程序等，让新老客户主动分享店铺活动进行拉新。

会员体验：①注重发货提醒，签收后发送清洗内衣的注意事项，提升用户到货体验。②对已购会员主动做使用感受问询，挖掘产品需求、竞店产品优劣势，在不足中寻求改进。

宝藏人气店铺计划成绩数据：关系进店环比增长105%；种草人气环比增长76%；淘宝外回流人气增长76%。

获得平台激励：搜索关系曝光增长79%；手机淘宝信息流关系曝光增长70%。

猿小姐的甜酒铺｜食品酒水

三个"90后"年轻人，怀着让更多的人喝到高性价比甜酒的理想，一起创业，于2015年入驻天猫。从创立店铺一开始的目标就是专注做好葡萄酒，为温暖的人寻一杯甜蜜的酒，2022年成交额3800万元，全网粉丝230万，复购率45%。

方法提炼

复购提升：①针对新会员设置专享礼（红包/无门槛优惠券），店铺老客及会员组织每周专享活动（闪购/专享优惠券）；②组织"免费试饮活动"

参与客户获得等额店铺优惠券，有效收集高质量买家秀，提升后续复购。

连带提升：推荐搭配，在客户下单后可以根据其购买记录，推荐相应的搭配商品或组合。

宝藏人气店铺计划成绩数据：关系进店环比增长51%；种草人气环比增长272%；淘宝外回流人气增长60%。

获得平台激励：手机淘宝信息流关系曝光增长280%。

草莓宇宙娃屋｜潮玩

大学就爱"折腾"的"95后"女孩陆晓瞳，毕业后在珠宝、服饰领域连续创业，并在供应链、面料上积累相应的市场经验。2019年，作为"娃圈"一分子，因为买不到喜欢的"娃娃"，她萌生了将"爱好变成生意"的念头，在线下试营业后，于2021年5月入驻淘宝，新品复购率30%。

方法提炼

流量提升：①线上用视频、晒图、剧情故事等内容，持续积累多平台粉丝；②线下门店让粉丝获得体验感，并产生黏性，撬动后续淘宝店的新品复购，目前复购率为30%。③站外的多平台种草，回流至淘宝内后，基于精准人群标签，通过推荐拉新，每周1~3条短视频圈选兴趣人群，如娃圈粉与二次元、JK甜心、洛丽塔风格的TGI浓度较高。

粉丝运营：根据平台属性差异化运营，如微信和QQ依赖社交属性，以地域、玩偶角色、兴趣圈建粉丝群，产生黏性；微博用高清场景图、话题吸引大学生群体，在评论区进行互动；小红书用户更年轻，用视频展示产品特点，发动玩家晒图，积累店铺话题词。

站内私域权益设计：让粉丝参与新品研发，提高认可度，开卖后发笔记晒图，完成前期种草蓄水；自主设置会员、新客、粉丝等不同价格，给老客只送不卖的限量款；在关注界面，用内容召回用户，保持更新频率，通过新品动态、买家秀、短视频等形式，撬动自然流量。

宝藏人气店铺计划成绩数据：淘外回流人气增速1141%，种草人气环比增速122%。

获得平台激励：获得"110+%"的手机淘宝信息流关系曝光激励。

雪玲妃旗舰店｜美妆个护

2013年进入淘宝，主打自然概念养肤，粉丝数为165万，复购率为33%。

方法提炼

引流思路：新品做低价，积累基础销量顺带引流，热销品则以多个SKU阶梯价，提升整体客单价。

会员提升：定期做会员专属客服触达，淘宝群组织定期秒杀，红包雨等活动；通过会员权益提升复购，例如，积分兑换、会员专享券、会员优先购等；日常做好蓄水及客户关系维护，在大促期间进行触达召回，拉高转化。

宝藏人气店铺计划成绩数据：内购会支付转化率10.25%。

好店：
87个淘宝中小商家的造富秘籍

淘宝教育认证讲师
商志远

担任多家电商顾问，任职丹东市青年电子商务协会副会长，并受邀担任协会电商讲师。2020年受锦州义县副县长及稍户营子镇党委书记邀请，带领并教授本地农民开设网店，整合供应链及快递。

讲师支招
持续回馈消费者，私域才能助力生意增长

　　鱼塘，一个被很多行业赋予了不同定义的名词，在我们电商领域"鱼"代表买家，"塘"就是这些鱼的聚集地，通常被定义为"微信"。由此私域的笼统概念就诞生了。2023年，私域被淘宝赋予了更多的定义，不再局限于淘外的小私域，而是将买家消费、维护、权益、复购等买家交易全流程以一种买家可视化的权益展现，吸引更多的买家持续复购的大私域。

　　之前只要一提到私域，我相信几乎100%的电商人直接想到的都是引流到微信养鱼，而引流到微信有很多弊端，如各平台对第三方引流的强力管控、如微信平台对大量加好友的管控、如消费者对个人隐私的顾虑，等等。这使得小私域的流量有限，局限性很大。淘宝在2023年推出了多种私域工具，使得私域的玩法更加开放，使买家在享受优惠力度时不用再顾虑价格问题（以下所写到的私域皆为淘系的大私域）。

很多商家认为私域做起来比较麻烦，不仅需要安排专人去操作维护，而且自己不是品牌商家，消费者黏性很低，私域工具种类多、操作麻烦。对于部分类目的确会如此，有一些类目基本没有复购或者复购周期很长。但这不是放弃做私域的理由，如果做私域感觉麻烦的话，做短视频、做直播、备货发货不都很麻烦吗？

我们要明确我们私域的目的，有一些人在新品上架时首先考虑到的就是刷单、刷搜索、刷评价，万物皆可刷！之前有部分商家侥幸没有被监测到而更加肆无忌惮，随着2023年平台对刷单监管得更加严格，刷单必然是死路一条。相信有一些商家已经感受到平台打击刷单的决心。那么我们做私域的目的就较为明确了，在新品上架阶段，私域可以成为我们的破零利器，私域也可以作为我们在大促期间的高转化保障，私域也可以作为日常店铺维稳的输出阵地。私域在很多场景中都可以作为店铺的成长助力，为什么要放弃呢？

大品牌在做私域过程中，有完善的会员体系，有足够的品牌认知，这是他们可以做好私域的先决条件。除大品牌以外的其他商家可以借助私域工具的权益，在店铺经营的各个阶段去手动输出，之所以称之为手动输出，是因为没有大品牌带来的天然消费者黏性，而需要手动创造黏性，通过一系列的优惠策略让买家成为你店铺各个阶段的助力。

拿本人的一个水果店铺为例，这是一个天猫店。水果就像服装一样，每个季节都有每个季节经营的产品，不是在打爆款就是在准备下一个爆款的路上，产品上新需要破零、需要评价，我们通过将会员专属高额优惠券下发给私域会员，引导会员复购，既能让会员享受到新品的第一波福利，又能让会员感受到重视，同时也能为店铺的破零评价做第一波贡献。为了保持会员的活跃度，我们不定期地在群中沟通互动，抽奖赠送免单名额，赠送其他应季水果等。使得产品在上架之初就能实现快速精准打标，高复购及好评也会带来更多的免费自然流量，使我们的水果在上架之初就领先于同行业的起爆周期，再配合短视频、直播、付费等一系列运营策略组合，让我们的应季新品快速打爆。

在大促活动前，为了拿到更多的大促流量，我们也会给予会员较大的优惠力度，让会员在活动前的蓄水期就参与进来，提高收藏加购。在活动的爆发期集中爆发。让我们在活动赛马前期获得部分优势。

如果你说只靠私域会赚钱吗？我可以明确地告诉你，会！私域是一个积累的过程，即使你没有好的店铺运营能力，但是你有好的产品、好的服务，然后用"好产品 + 好服务"做好私域，即使价格高于同行业，依然会有人为你的好产品和好服务买单。

以我们的另一个水果店铺为例，这是一个淘宝 C 店。仅仅通过两年的积累，在第三年实现了 50 万元的年净利润。很多人购买水果，要么自己吃，要么送给别人吃。我们就是抓住送人的这个人群特性，将礼品单的质量做得很高，让这部分送礼的人有更高的购物体验，对我们的产品放心，这是最重要的。

试想一下，同样一箱苹果，送给他人，你会选择 9.9 元包邮的，还是 99 元包邮的？你买过我们的 99 元一箱的苹果并感觉非常好，那么当你突然看到了 66 元一箱的苹果时，你敢拿这箱 66 元的苹果去送人吗？万一不好怎么办？即使你买了我们两家的产品并进行了对比，我仍认为我们的产品质量能够胜出。我们就是通过私域不断地积累有这方面需求的消费者，私域成交在店铺总成交中的占比越来越大，客户复购率越来越高，而且每年都会贡献大量订单。随着会员等级的提升，消费者会享受到更多的实惠，就会产生更大的客户黏性。

所以私域，无论对于高复购率产品、还是低复购率产品，都是有实际价值和应用场景的，就看你是把钱花在违规的刷单上，还是在私域里对消费者的回馈上。淘

红人淘金

红人淘金

"四美子"：全网粉丝 800 万，天猫月入 200 万元

四川卖家黄诚斌的天猫生意，起源于一个短视频账号——"四美子"，聚焦旗袍类目。在此之前，他熟悉短视频账号孵化，但在服饰领域的创业经验完全空白。

"四美子"旗舰店主理人　黄诚斌

"四美子"，源于四位中国舞老师希望打造人设类账号，黄诚斌成为她

们的合作伙伴。2020年，这一账号正式在全网上线，"四美"身着旗袍，传递中国传统礼仪，仅用1年，全网圈粉超过800万。而"旗袍"成为粉丝的关注点，也成了"商机"。

"几百年间，旗袍一直处于有品类无品牌的状态。"从没做过服装的黄诚斌，结合着粉丝的反馈，决定在保留旗袍元素的同时，对版型改良，将旗袍改良为新中式连衣裙，以扩大需求人群。

"四美子"：由四位舞蹈老师组成的短视频IP

天猫，更是商业化提效、品牌成长的沃土。2021年11月，"四美子"入驻天猫，将站外短视频能力，在淘内多个场域进行复用。店铺客单价在500元左右的女装，几个月后实现单月成交额破200万元。

在天猫女装行业时任总经理羽挥看来，"四美子"旗舰店是垂直于旗袍、连衣裙的品类型品牌，同时是以短视频内容能力见长的内容型店铺，占据了行业主导的两个核心赛道。

"从站外入驻天猫的商家，本身有内容优势，近两年，服饰行业也在持续推短视频型店铺。在这样的推动下，商家在站外沉淀的内容能力，取得一定用户基础以后，来淘宝系做品牌价值的成长。"羽挥提到。

淘宝教育对话"四美子"旗舰店主理人黄诚斌，一起聊聊店铺的转型与突破点。

淘宝教育：简单介绍"四美子"的由来。

黄诚斌： 2020年我们孵化了"四美子"，这个短视频账号由4个中国舞的舞蹈老师组成，将舞蹈、国风旗袍、传统礼仪等元素融合，1年后抖音涨粉至300万，全平台的粉丝量在800万左右，主要通过广告变现。

淘宝教育：从"短视频账号"转型为"内容型服饰品牌"，是怎么考虑的？

黄诚斌： 刚开始我们没想过去做品牌，后面转型的原因主要有三个。

（1）品类机会：对于服饰来讲，旗袍是有品类没有品牌的，以量身定制的线下工作室为主，线上品牌缺失，缩小了竞争难度。

（2）内容竞争：各大平台用户见顶，而内容创造者爆发式增长，随着竞争加剧，仅通过广告植入变现，不利于账号的长期运营，于是决定结合IP特性做自有品牌。

（3）业务能力：经过几年沉淀，从IP内容与流量，到线上交易，再到市场的传播策略，团队已初步跑通，因此我们将"四美子"脱离出原本以内容为主导的账号体系，成立了单独的品牌公司。

淘宝教育：切入服装赛道，你们走了哪些弯路？

黄诚斌：（1）质检层面：因为不了解供应链，我们先在苏州、杭州找到源头工厂，做一件代发。凭借粉丝基础，抖音上线第1天，就卖了十几万元，但质量和售后出现很多问题，退货率高到达80%以上。

我们整理问题后，进行第二次尝试，找更好的工厂，研究了真丝等面料，之前做一件代发，很多环节无法保障，因此，我们把货运回来，自己从仓库发货，并安排了质检。

（2）款式层面：第二波售卖后，成交额在十几万元，但又出现了新问题。我们的用户群体，年龄为30~50岁，但拿货的产品却无法满足用户的需求。因为30以下年龄层的款式，价格便宜但质量差；而50岁左右的款，质量好但样式老气。

这个时候我们想，用差异化产品去满足断层用户的需求，一定是市场机会。我们辗转杭州、苏州、广州找设计师团队，自己设计产品，画图、用料、打样……才深知服装的不易，设计团队一直在汰换，最终慢慢找到了自己的风格和记忆点。

淘宝教育："四美子"在产品上做了哪些突破？为什么旗袍这个品类没有出现大品牌？

黄诚斌：对于用户，旗袍对身材要求高、穿着场合少，因此受众少。对于商家，旗袍需量体裁衣，难以标品化，规模小。

如果还是主打修身和曲线的特点，退货率可能高达80%以上，所以我们对旗袍进行版型改良，贴合更大众的身材去做，更时装化、更日常的款式，打消用户购买的顾虑。

在改良同时，我们又没有抛掉旗袍文化的底蕴，保留了盘扣、开衩、立领等元素，将产品定义为新中式连衣裙，开拓更广泛的人群，我们的一个款式"烟花三月"上线2天就卖了13000件。

淘宝教育：开辟新的赛道，如何实时洞悉市场变化与需求？

黄诚斌：在行业内，基本上是设计师的审美引领新品的研发，所以就出了很多设计师的品牌，个人风格明显，但受众永远是一小部分人，他不太可能从数据层面看市场趋势。

我们会参考既有的消费者数据反馈，对款式进行创新，比如说黑色白色、中袖长袖无袖、开衩造型、盘扣花纹等，通过天猫得出点击、成交转化率，用数据反推设计。

淘宝教育：通过数据来反推产品设计，是你们入驻天猫的主要原因吗？

黄诚斌：实际上，在抖音做了两个月后，我们就决定去天猫开店了，2021年11月开的，几个月后就做到了单月200万元的GMV，从全平台来看，无论是从IP的传播量还是除退换货后的实际成交额，我们目前应该是旗袍的品类第一。

从用户视角看，天猫比较重要的是品牌的层面，很多消费者会想，为什么你抖音卖这么好，天猫开不了店呢？这是用户对平台的认知。

从生意角度看，我们对抖音未来的预期，能有3年、5年还是多久，都是未知的，而天猫是更稳定的渠道。

在我们的目标用户中，30~40岁的优雅型女性占比最大。此外做服装，新款的订量不会太大，会根据店铺的售卖情况来调整，比如第一批只订500件，在淘宝上架后，各方面数据都不错，我们就会追加到1500件甚至更多。

同时淘系（淘宝天猫）本身有搜索的心智，用户带着需求去淘宝搜旗袍，能和同行保持同频竞争的关系，通过流失率、点击率去判断本店与竞店用户画像的区别，帮品牌做价格定位与人群分析。

淘宝教育：在淘系和在其他平台经营，有什么不一样的感受？

黄诚斌：兴趣电商的流量很广、也很泛，用户在哪儿不知道，找到用户后，我们要创造需求，创造场景，再想办法促成交易，但淘宝的用户已经在这，想着怎么促成交易就可以了，平台的交易属性会更强。

另外，淘宝系会更稳定，只要产品和服务没有大的变化，就有持续的成交。

对整个淘宝系来讲，内容一定是新的增长点。我们根据不同场域特点，对短视频类型进行区分：卖点型短视频通过光合平台分发，直接为店铺进行引流；场景与风格型短视频通过点淘分发，直接跳转天猫直播间导流。

通过短视频类型的区分，在淘宝系不同场域开花，每个月为店铺带来20万元左右的成交额。

淘宝教育："四美子"属于哪种类型的商家，能够在平台上取得成绩的因素有哪些？

羽挥：在我们看来，四美子旗舰店，是垂直于旗袍、连衣裙的品类型品牌，同时也是以短视频内容能力见长的内容型店铺，所以它占据了我们行业比较主导的两个核心赛道。

淘宝教育：针对这些店铺，行业如何指引商家进行经营？

羽挥：我们首先会从行业大数据的洞察，去看什么样的风格和商品是消费者所喜欢的。针对这样的发现，我们每年会发布两轮品类和风格的趋势赛道。

在对应的趋势和赛道下，品牌可以通过行业的宏观洞察去找相应的机会。比如2022年秋冬我们发布的报告里，国风与新中式，就是非常典型的、有生命力的风格赛道，所以我们看到了像"四美子"这样的品牌，去做新中式的连衣裙。

此外，还有商家把新国风元素运用到各个品类中，包括像2022年冬天的盘扣羽绒服，也成为"双11"非常火的搜索词，所以在细分赛道下，商家可以根据趋势来做品牌或者商品的转型。

同时，我们会在整个手机淘宝，针对细分的趋势赛道商家，给予特定的资源支持。以新国风的盘扣为例，如果消费者搜索该关键词，凭借天猫的大数据能力，我们可以实现对此类商品的召回，给予优先呈现机制，在搜索栏对消费者进行引导，加快消费决策。

除此之外，行业还将云主题等不同场域的趋势品类进行打通，给这些品牌更好的呈现机会。

淘宝教育:"四美子"吸纳中国风的旗袍元素,来拓展连衣裙品类,能给其他商家哪些借鉴?

羽挥:现在新一代的"90后""00后"消费者快速成长起来,不论是对中国传统文化的热爱,还是年轻人要与众不同的诉求来看,新中式都是一个非常火热的趋势赛道。新中式这样的元素,不仅被用于旗袍、连衣裙,包括刚才讲到的羽绒服,其实可以做更多品类的拓展。

比如,像"四美子"这样的风格属性强烈的商家,要打破生意增长的瓶颈,我们建议他在自己擅长的风格下做品类的延展,比如说连衣裙,到了秋冬搭配短外套、盘扣羽绒服等。

淘宝教育:从站外入驻天猫的商家,如何利用好天猫的优势去经营?

黄诚斌:品牌去做生意,除了新客获取外,老客的会员运营与用户复购,天猫有更强的优势来做承接。

天猫店能够提供比较好的基础服务,包括商品与消费者的全生命周期运营,以及成熟的趋势品类运营,去帮助商家做长线经营。

从站外入驻天猫的商家,他们本身具有内容能力优势,所以近两年,我们也在持续推短视频型店铺。在这样的推动下,商家在站外沉淀的内容的能力,取得一定的用户基础以后,来淘宝系去做品牌价值的成长。

比如,品牌可以将会员体系打通,线上做权益输出与生意回购,在线下做服务和用户体验,甚至把直播间开到线下的店铺内,用户线上购买,线下取货,减少库存与货品流转,提升用户的体验。

好店：
87个淘宝中小商家的造富秘籍

"高跟鞋大叔"直播记

"穿高跟鞋的吴大叔"旗舰店主理人　吴楠

当"死磕"女鞋类目多年的吴楠决定拥抱变化，他蓄起了胡子，挽起裤腿，穿上了自家的高跟鞋，摇身一变"穿高跟鞋的吴大叔"，在短视频圈儿"出道"了。

这并非哗众取宠，而是一位产业带商家的厚积薄发。女鞋"老兵"，亲自上阵，通过短视频试穿，将曾经详情页中的卖点，一点点地"嵌入"短视频的镜头中。

"现在我们的优势就是能创作出来既'有点意思'还能够卖货的短视频。"

2022年4月，吴楠以短视频店铺——"穿高跟鞋的吴大叔"

旗舰店进入淘宝天猫，2个月后的"6·18"，即突破百万"小目标"。目前，吴大叔的店铺，以短视频在全网圈粉120万，在淘宝系月成交额超600万元，近50%成交来自短视频。

淘宝教育对话"穿高跟鞋的吴大叔"旗舰店主理人吴楠，一起聊聊他的创业经历、起店方法和做短视频的心得。

淘宝教育：请回顾一下自己的电商创业经历？

吴楠：2008年，我跟朋友合伙开淘宝店，很幸运地踩到电商风口，凭借成都本地的女鞋供应链资源，不到9个月时间就从0做到1亿元的成交额。但当时不懂经营，管理出现问题，后来一路亏损。

早些年做淘宝店，有一张点击率超过10%的图片，就"天下无敌"了。本质上还是内容的创意，点击率变高就有流量，持续创新是最核心的能力。

我们从2020年开始尝试短视频。到了2021年，我们的短视频在抖音持续爆发。短视频出圈之后，合伙人就一直劝我重新把精力转移到淘宝。因为抖音的特点在于爆发，一个星期干出30万元、50万元都有可能，但是不够稳定，今天爆发了，明天、后天怎么办？

直到2022年年初，淘宝天猫成都商家运营中心的"小二"找到我们，传递出一个信息：与以往的图文形式不同，短视频会成为接下来淘系比较关注的板块，我们把站外的视频内容能力移到淘宝，一定可以获得新的增长点。

过去，我们通过短视频来吸引粉丝，再配合直播讲解转化。入驻淘宝系，我们能通过短视频直接为店铺引流，去拉升链接的收藏加购，缩短消费者的转化的时长。

因此，2022年4月，我们正式以短视频店铺回归淘宝天猫。

淘宝教育：回归淘系之后，如何布局生意，取得了哪些成绩？

吴楠：在淘系，我们根据风格和人群划分，布局了3家店铺，1家天猫店、2家淘宝店。

值得一提的是，我们的天猫店其实就是以短视频货架呈现的店铺。店铺引流的主要渠道为短视频，通过短视频带来收藏、加购和转化，提升店铺动销，目前我们全店访客50%以上都来源于短视频。

在女鞋赛道，我们于2022年4月进入淘宝系，"6·18"就突破百万元，现在我们主要运营的3家店，月成交额总计超600万元。

淘宝教育：在女鞋这个类目，为什么会想以短视频的方式，卖高跟鞋？

吴楠：在成都的女鞋圈，曾经流行这么一句话，"做女鞋的商家每2年就要换一批"，原因有三：

（1）女鞋体量不如女装，头部品牌看不上。

（2）备货难度大，SKU多，库存风险比服装还高。

（3）快时尚女鞋，小单快返，对供应链要求高。

困境和机会共存。女鞋商家虽然流动性高、体量小、边缘化，但可发挥空间也大，只要你比同行多一点点优势，就能够活下去。

我们跟同行相比，最大的优势就是能创作出来，既"有点意思"还能够卖货的视频，这个东西想起来好像不难，但是实际操作起来它是有难度的。解决了它就是一层纸，没解决它就是一座山。

淘宝教育：短视频卖鞋，你们有哪些方法可以分享？

吴楠：从图片到短视频，做内容殊途同归：除了把卖点讲好，还要保证有新内容迭代。现在我最大的变化是，逐渐摆脱算法的点击率思维，更关注用户的需求。

（1）从用户视角挖掘需求。

用户买鞋，先买衣服再搭配鞋，脑袋先有画面，再具体需求选择款式风格、颜色、材质。

视频要从搭配场景，展现产品的基础特性。

（2）成交才是做短视频的目的。

我在淘系做短视频的出发点，不是完播率、点击率，而是让用户下单，这和单纯做内容是不一样的。如何让消费者感知到你的高跟鞋是舒适的，是我要考虑的核心。

淘宝教育：你们是如何不断优化短视频内容的，未来还有什么设想？

吴楠：刚开始创作短视频时，我专门留了胡子，上半身永远是男装，下半身是女装，当时做得很糙，穿着鞋随便走两步，是很粗暴的流量获取方式。

后面第二个版本，我就开始增加内容的传递，逐渐告诉消费者，穿着体验是什么，选择做这双鞋的初衷是什么，将原本页面描述的那些卖点，嵌入我试穿高跟鞋的视频中。

消费者是有感知的。我从来不会讲，"吴大叔要做一双能奔跑的高跟鞋"，我直接跑给你看。另外，男人都能穿的高跟鞋，应该是比较宽的，打消了那些宽脚、胖脚用户对产品的担忧。

后期我们还是会持续做内容的迭代，我打算穿着高跟鞋与体育生一起赛跑，通过制造场景的对比冲突，向用户展示产品质量。

懂你的美圆：从爆文小编到短视频时尚博主

"逛逛"粉丝16.8万，一个月种草GMV 39.3万元，每4个看她视频的人，就会有一个点开商品链接……

这些"战绩"，来自1997年出生的闽南女孩董美圆。2020年，结束了自媒体大号的实习，大学毕业不久的美圆入驻淘宝"逛逛"，短视频种草成绩斐然，合作过华为、小米、李宁、Champion等知名品牌，并入选淘宝服饰新势力"SUPER30"达人。

美圆的视频内容以穿搭为主，风格多样，有口播、剧情、氛围感、科普等类型，单个视频浏览量一般为10万~300万人次，最高单条种草视频有700万人次播放量。

"有些人可能会觉得当达人很光鲜，但其实我要保持日更，每天工作时间是上午10点到凌晨三四点，没有周末和社交。有时候客单价几千元、几万元的商品，我都是小心翼翼地拿出来拍视频，再小心翼翼地收好。"

尽管工作不易，做短视频达人还是给美圆带来了物质和精神的双重独立，"现在我的收入几乎是之前的10倍。我希望一直坚持做下去，说不定有一天我的粉丝会指着我告诉她的孩子，'这就是妈妈喜欢的博主，她老了都还那么时尚'。"

淘宝教育对话短视频达人董美圆,一起聊聊她是怎样在"逛逛"当穿搭博主的。

人设定位：我是一个时尚生活博主,一个盲盒女孩

淘宝教育：美圆你好,首先请介绍一下你自己。

董美圆：我是 1997 年出生的,毕业于浙江传媒学院。从 2020 年开始,经过好友牵线,我正式入驻淘宝"逛逛",定位是时尚生活博主,主要进行穿搭分享,目前"逛逛"粉丝数接近 17 万。

"逛逛"达人　董美圆

刚开始，父母会给我经济上的支持，但他们也会给我一些精神上的压力，他们更希望女孩能"相夫教子"，有一份"铁饭碗"工作。现在我靠自己接商单经济独立了，家里会更理解我一些。

淘宝教育：你是怎样发现自己有做达人的潜能的？

董美圆： 2019 年大学期间，我在北京一家百万粉丝的时尚类公众号做实习编辑，写出过多篇阅读"10 万 +"的爆文。毕业后，我去了广州，在一家 MCN 公司做剧情类短视频账号运营，经过与团队伙伴的共同努力，在短短 3 个月时间，从 0 粉起号做到 170 万粉丝。

从此，我一直专注短视频的账号孵化，基本上做一个号爆一个号，一些创意内容也屡屡登上热搜。

我发现，在内容创意上，自己还是有一点天赋的。身边朋友也说，我真的很适合做自媒体，因为"从小分享欲就很旺盛"。

淘宝教育：从前的工作经历给你带来了哪些影响？

董美圆： 这几年，我把公众号、抖音、小红书还有 B 站都做了一遍，从写稿、录视频到剪辑都有过实操经验，总结了不少"短视频爆款规律"。

淘宝教育：在你看来，自己是什么类型的博主？

董美圆： 从风格而言，我属于"盲盒女孩"——没有局限于某种风格，每天的穿搭根据心情和场合多变，看我的视频就好像开盲盒一样，永远不知道我明天会穿什么衣服。纯欲、机能、甜酷、搞怪、商务、法式……我都会尝试。这也符合大多数"95 后""00 后"女孩的穿搭喜好。

淘宝教育：穿搭博主的日常生活是什么样子的？

董美圆： 有人会觉得达人的生活很光鲜，其实完全不是！

我的生活已经被工作填满了，没有周末，没有社交。每天早晨睁眼就开始想文案、刷视频找灵感、学习时尚词语；到了中午，我开始拍摄；晚上忙于剪辑。通常情况下，工作时间从上午 10 点一直到凌晨三四点。

我接单范围很广，客单价从几十元到几万元，有的商品连我自己都买不起。每一次，我都是小心翼翼地打开，穿上拍视频，再小心翼翼地放回去。

"逛逛"达人　董美圆

短视频爆款：我的爆款规律是：情绪、利他、真实

淘宝教育：还记得第一条爆款视频是什么内容吗？

董美圆：当时我参加了"'逛逛'风格玩家大赛"，那一期主题是"旧衣服改造"。我把一条秋裤改成了一件上衣，那期视频突然就爆了，收获了16万点赞，最后还拿到了奖金。

淘宝教育：你总结的爆款规律，是怎么体现在自己的视频里的?

董美圆：拍短视频首先要展现情绪。我会用笑容和俏皮话让观众观感更好，更有感染力。买家看到这条视频可能不买任何东西，但觉得我有点意思，再多刷到几次就记住我了，可能成为我的粉丝，下单买其他的东西。

其次要利他。比如，我做穿搭内容，要了解很多新流行趋势。对于一大串看不懂的新名词，我需要先自己去理解它，再用通俗易懂的话传播给我的粉丝。不然自己都没懂的内容，怎么分享给观众呢？

最后要保持真实，刚开始我拍照片、视频还会"P图"，希望保持完美，但顾客其实希望看到的是商品的真实样子，没有滤镜、没有美化，在自然光下是什么颜色、什么材质的？我这样的身材穿上是什么样的？顾客更想了解的是商品，不只是来看美女的。

淘宝教育：我发现你视频的内容很多变，是出于什么原因?

董美圆：我坚持日更短视频，主要的视频类型有口播、氛围感视频、剧情类、测评类。

首先，不同甲方的要求不一样，我的内容首先要满足甲方对软广硬广的需要。

其次，我希望增加不可替代性，给粉丝们带来新鲜感，吸引更多类型的粉丝。像一直在室内坐着口播，背景也不换，粉丝很容易审美疲劳。

淘宝教育：怎样用不同风格的短视频，吸引不同的目标人群?

董美圆：从目标受众的需求出发，内容直切痛点。

比如，我接过足力健的推广，客单价100~200元左右，受众是和我差不多年纪的人。我的广告切入点是买这个鞋可以送给家里的长辈们，不需要强调任何美观性。我会举例：我妈妈经常登山远足，穿足力健的鞋很舒服，防滑，不累脚。观众很容易产生共鸣。

高客单价的产品我分享过巴尔曼，一件外套几万元，受众是有一定消费能力的女性。我会着重在视频里介绍衣服材质很舒适，有设计感，再展示上身效果就好。

商务合作：脚本两天给到，出片中国速度

淘宝教育：你现在大概每个月会接到多少商单？

董美圆：分淡季旺季。七八月相对来说是淡季，品牌方在忙着做上半年的复盘，总结，每月4~6单。"6·18""双11""双12"这些时候比较忙，一个月会接十几单，根本拍不完，下一个季节要来了，这个季节的衣服还没拍完，但是很开心。

淘宝教育：从你接下商单，到视频发布，大概的流程是什么样的？

董美圆：一般都是商家主动找到我，发我报价和简报，提出他们的需求，像有的甲方喜欢硬广，有的喜欢带剧情的。我给甲方的承诺一直是"脚本两天给到，出片中国速度"。

淘宝教育：你接单的标准是什么？

董美圆：第一得是大品牌，至少得是知名度比较高的品牌，售前、售后、质量都更有保证。我现在接过的品牌有李宁、华为、海澜之家、可口可乐、农夫山泉等。

第二是产品性价比高。像有些"小众设计师品牌"，它的受众圈子范围很小，定价也相对较高，我不会去接的，因为我觉得大家在网上买东西，都是想要货比三家，买性价比高的产品，我也要为我的粉丝负责。

淘宝教育：你现在主要接什么类型的商品？

董美圆：服饰类目是最多的，毕竟我是穿搭博主。除此之外还会接电子产品，接了好几次华为和小米，把电子产品和穿搭结合起来的过程需要脑洞大开，比如，说小米手机的新机出了很多个颜色，我会在视频里根据

"逛逛"达人　董美圆

这些颜色来搭配衣服。

淘宝教育：在商务合作中，品牌方对你的要求主要是什么？

董美圆： 不同品牌有不同要求。有的品牌花钱找我做推广，是希望能有直观的转化；有些品牌则更看重品牌宣传推广的效果，他们本身有很正经的广告，希望达人能带来更全面、更新颖的表达，比如说，这件衣服在达人眼里是什么样的风格，可以怎么去搭配，它的优势劣势在哪里。

我自己 6 月带货的数据：商单短视频种草 GMV 39.3 万元，平均每四个观众就会有一个人点击商品链接。在我看来，品牌方选择我，主要也是看重我的短视频质量和创意策划。

消费者：我的粉丝 90% 都是女性，年龄为 18~45 岁

淘宝教育：你的粉丝画像是什么样的？

董美圆：我的粉丝 90% 都是女性，年龄为 18~45 岁，其中 70% 的人都生活在一、二、三线城市。

淘宝教育：怎样拉新粉，维系老粉？

董美圆：一般和粉丝是在评论区和粉丝群里互动，平时她们私信问我尺码和使用感受，我也会回复，我没有刻意拉新或维护粉丝，内容是第一重要的。

淘宝教育：未来你是怎么规划的？

董美圆：目前我是打算长期做穿搭博主，后期再发展一下直播。

有人说做博主做达人吃的是青春饭，我不这样认为。我年龄增长了，我的粉丝年龄也会增长，以后我可以出中年穿搭、老年穿搭呀，说不定有一天我的粉丝会指着我告诉她的孩子，"这就是妈妈喜欢的博主，她老了都还那么时尚"。

好店：
87个淘宝中小商家的造富秘籍

电商运营"变形记"：
从卖货到带货，
大促种草成交额450万元

"哈喽，我是花花，作为懒宅男，我的慵懒生活可谓是做到了极致。虽然我不做家务，但家里依然很干净……"短视频中的范云飞，在温馨整洁的房间中，分享他挖掘的家居好物。

"逛逛"达人　范云飞

这是他在淘系的第二份工作，"逛逛"家居博主。作为前电商运营，他凭借自己对产品、平台、内容的理解，转身成为33万粉丝的全职博主。个人账号"花花家里有宝藏"，目前获赞已超130万人次，2023年"6·18"期间种草成交额约450万元，合作过美的、添可、科沃斯、追觅、海尔等家电品牌。

淘宝教育对话"逛逛"家居博主花花，一起聊聊在他是如何在"逛逛"实现商业变现的。

人设：懒宅男，我欣然接受

淘宝教育：如何开启博主生涯？

范云飞：2020年前后，我运营的产品在国内逐渐失去市场，我开始四处寻找出路，发现"逛逛"大有可为。正好家里在装修，于是我"就近"成了家装家居博主。借助农村的环境优势：房子空间大、改造条件好，我从房屋改造视频开始更新。

淘宝教育：从前的工作经历给你带来了哪些影响？

范云飞：做电商运营，我深度了解到淘宝的运营方法，跟随平台方向才能获得更多流量。运营"逛逛"不仅需要发布内容，更需要结合平台需求，发掘关键词，抓住热点和季节趋势。

淘宝教育：怎样为账号找到合适方向？

范云飞：刚开始我很迷茫，不知道自己的人设和定位，运营方式较粗放，只想提高内容数量；后来我发现这样没效果，在"逛逛小二"的帮助下，转向了精致内容方向，这样才能提高观众质量和账号商业价值。

每个账号都有人设，"小二"建议我做一个"懒宅男"，我欣然接受。因为既贴近大部分年轻人的状态，也符合家居产品卖点。

我还了解到，家居达人的带货方向除了小件家居品，还有高价值的家具电器，这类产品由男博主带货时，流量和转化更好。并且，宅男人设在站内稀缺，更易使消费者感兴趣。

淘宝教育：家居博主的日常状态是什么样子？

范云飞：目前账号只有我一人运营，每天的生活很紧凑，"早八晚十"的时间表，先把脚本发给合作方审核，等待后期修改，再构思其他视频脚本；文本内容完成后，进行每天两三条的视频拍摄；接着是后期剪辑。虽然工作内容不少，但比起上班，我更喜欢当博主，因为更自由。

内容：能持续吸引用户和商家的原因，在于不断更新创意

淘宝教育：账号粉丝如何积累？

范云飞：从内容角度，有三种方式能快速吸引流量，沉淀粉丝。

第一，发布争议性内容。例如，安装水槽时，是否需要打胶封边？这种视频内容容易激起消费者讨论，从中又能找到下一个选题。类似的生活细节问题都能成为视频素材。

第二，制造消费者共鸣。2022年我拍摄的源氏木语单人沙发，单条视频点赞超10万人次。当时正值"双11"，观众喜欢看大家的"双11"战果，我在视频中完整体现了购买、开箱、体验等环节，治愈的内容和画风带来了涨粉。

第三，找到平台稀缺内容。2023年"6·18"期间，好太太公司找我推广隐藏式晾衣架，因为拍摄周期久、成本高、难度大，我的营收最终是亏本的。但我获得了隐形福利，产品带来的流量效益好、转化高。同类产品测评少，内容关注度高；随之而来的观众，关注家装、家电领域，是一波高质量粉丝。

淘宝教育：账号内容和形式主要有哪些？

范云飞：装修经验、好物分享、生活 vlog 等都有，做内容不能墨守成规，我的账号能持续运营，就在于我发布的视频没有固定套路，创意在不断更新。发布内容中商单、日常分享各占一半。

范云飞的拍摄场景一角

淘宝教育：做好一个家居博主需要做哪些准备？

范云飞：先布置一个漂亮场景，这是最关键的；拍摄、剪辑技能要学会；再观察行业趋势，看平台需求、吸收同行优点。之后我打算继续优化场景，单场景用太久，观众会产生视觉疲倦；流行风格也在不断变化，大部分主流家居博主都在不停换房子、换场景。

变现：商业变现平台之"逛逛"

淘宝教育：你挑选商单合作的标准是什么？

范云飞：第一是产品类型，不能和我的账号定位相差太远。拍摄较多的是生活电器类，价格为500~3000元。我合作过美的、添可、科沃斯、追觅、海尔等品牌。

第二是高颜值，要和我家中环境、账号内容调性相匹配。

第三是可靠度，要对粉丝负责。我会先考察店铺销量、产品卖点是否属实，产品效果难以考察的宁愿不接，因为一旦夸大，就会导致掉粉。

淘宝教育：怎么把商单和内容巧妙结合？

范云飞：先看产品功能，找到对应的消费者痛点，体现使用产品后带来的改变，让消费者产生下单欲望。视频的开头，主要为了引起消费者共鸣，后期再代入产品卖点。现在的推销需要柔和地说服，不能太生硬。

淘宝教育：是否担心商单的稳定性？

范云飞：不担心，我的账号风格、内容数据在2022年进入稳定状态，之后商家一般会主动找来合作，"逛逛小二"也会在合作群中推荐。账号达到一定层级后，还能被"小二"推荐给平台活动的服务商。

首单合作效果好，一般都能收到二次合作。就像"6·18"的好太太晾衣架，当时带动品牌月成交额达七八万元，现在已经在谈"双11"的合作了。

淘宝教育：运营阵地在哪些平台？

范云飞：我一直扎根淘宝，算是"逛逛"的"原生博主"。虽然也有京东、小红书账号，但目前主要经营"逛逛"。因为对内容博主来说，在"逛逛"实现商业变现较为简单。小红书内容不能太商业，以分享体验类为主；"逛逛"则是生活体验和产品推荐相结合，内容种草后直接促成交。

淘宝教育：家居赛道竞争如何，普通人现在进入还有机会吗？

范云飞：绝对是有机会的，但要注意账号风格，不要从众。做出自己的特色，才能被商家和观众记住。我觉得做"逛逛"博主，首先要考虑能否为商家服务，在内容方面坚持更新，并不断追求内容的高质量。

群像

10亿用户，千亿元级市场，新晋短视频博主的新机会

2023年，短视频用户规模达10.26亿人，短视频领域市场规模为2928.3亿元。

短视频已然成为人们生活中不能缺少的"电子榨菜"，而面对这样一个巨大的市场，无数怀揣"达人梦"的创作者们前仆后继，冀望通过才华、坚持、智慧，一步一步积攒流量，最终改写人生。

看起来有趣光鲜的短视频达人，是收入丰厚还是"为爱发电"？他们创作和运营账号的过程中有哪些实用方法？又是如何持续保证内容质量和有效变现的？

2023年9月14日，在淘宝教育举办的首期明星达人创造营上，160名淘宝上新涌现的达人现场分享内容创作心得，并与7个运动品牌现场达成合作意向。

数据显示，自从淘宝开始发力内容领域，数以万计明星达人加速"入淘"，发布内容量同比去年增长100%，同时月入过万元的达人数量也大幅上涨，更多达人正在抓住淘宝内容化的红利创业。

据悉，2023年"双11"，淘宝将给予达人更确定性的流量和商业化激励，包括平台补贴、商单撮合、流量助推、内容打爆等一系列支持。

借此机会，我们找了4位淘宝新晋短视频博主，聊一聊在淘系种草阵地，他们是如何借助平台释放的红利，快速找准赛道、创作出让平台消费者快速种草的短视频内容。

服饰时尚博主：赚大钱的"33"

"美丑都是我自己！我超爱自己的！"

"逛逛"达人"33"的视频，经常以"网络穿搭走进现实"为封面标题，测评过明星同款穿搭。她2022年7月开始在"逛逛"发布内容，目前单月种草成交额已近40万元。由于账号定位清晰、内容垂直、吸粉能力较强，她在一年多时间里摸索出的方向。回顾做账号到变现，她总结了几点经验。

第一，视频主题贴合社会热点。

第二，视频内容要提供价值感，即"利他性"；自己喜欢的内容不一定受大众欢迎，从平台爆款分析观众的兴趣点，比自己找选题更有效。

第三，按时更新视频，保证账号高质量输出内容。

家居博主：花花家里有宝藏

家装家居博主范云飞，和淘宝缘分很深。曾是建材类店铺运营，后自己创业，如今他作为博主深耕"逛逛"，已稳步成长为家装家居类目头部博主，拥有粉丝33.9万，获赞超130万人次。高峰时，1条视频给品牌带来的成交额可达10万元以上。

作为淘宝系深度玩家，他深知如何在平台流量、产品推广、内容表达的角力中找到平衡。

首先，以"精致懒宅"为账号人设，靠"挖宝"带年轻人找到省力的生活方式。装修风格简约、有美感。

其次，匹配账号调性，商单也多是高颜值产品，位于 500~1000 元的高价格带，智能家电居多。

最后，在内容表达上，把产品卖点软植入家居场景，不做纯粹卖点的"硬广"，先提升用户停留时长，再提升转化。

服饰时尚博主："温柔的牛油果"

用 5 个月成为服饰时尚类目潜力新博主，这是短视频达人"温柔的牛油果"来到"逛逛"后的成绩，在小红书拥有 45 万粉丝的她，2023 年 3 月开始运营"逛逛"账号。定位于梨形身材通勤穿搭，风格覆盖韩系、新中式、网红服装等。

选品上：紧跟当季流行趋势相关的元素及单品，结合用户喜好需求，挑选日常实用的单品。

内容上：做真实、利他、好感观内容，通过统一的表达方式建立自己的人设，培养粉丝黏性。

选题上：紧扣日常生活重要穿搭场景、人群等做相应主题穿搭分享，合集类高浓度选题能更快速精准吸引目标用户。

美妆护肤博主：冯雪儿 Tiamo

美妆达人冯雪儿 Tiamo，小红书运营 3 年后，入驻"逛逛"社区，通过打造精致女性和护肤专家人设，分享中高端美妆护肤好物，内容精心设计，既有趣又实用，在转粉率、互动率、次均消费时长上变现高于美妆达人平均水平。

数据显示，达人的涨粉量同比上个月增长超 2000%，单月种草突破

150万元。

她的方法主要有：（1）打造精致女性、护肤专家人设，分享中高端护肤及美妆品。

（2）真人出镜，视频剪辑精良，标题脚本考究，日均更新一条。

（3）注重护肤测评、成分分析及手法介绍，信息量大且实用有趣。

"逛逛"达人方法论

问题1：来"逛逛"做达人怎么开始？

来"逛逛"内做达人，先树立一个清晰的人设，然后找到适合自己的内容方向，再给粉丝输出有价值的内容。平台希望达人给粉丝带来高质量的内容，给粉丝带来有价值的种草信息。

问题2：来"逛逛"做达人具体怎么做？

冷启动期：达人需要结合自己过往的内容制作经验，在淘宝发布20~30条优质时尚内容，积累账号在淘内消费人群画像，完成账号冷启动，并获取行业新人入驻任务奖励。

成长期：达人根据账号内容数据、内容特征和消费人群画像等模块对账号内容进行优化调整，找准自己的账号在淘内的内容爆文方向，提升G层级，并解锁自己的商业化权限。参与行业内容激励活动，获得基础奖金和时长激励奖金、榜单奖金等收益。

成熟期：跟随平台每周创作灵感周报，创作更多不同类型的内容，赛马获得优质公域流量的同时获得行业的额外内容推流，快速产出爆文，稳定积累粉丝，持续获得商业变现。

问题3：达人在"逛逛"内需要注意什么？

（1）达人需要足够勤奋，多发内容，获取更多流量和赛马机会。

（2）达人需要专注赛道，垂直的人设和账号更容易吸引精准粉丝。

（3）内容整体的画风和质感要高，在给用户带来更好观看体验的同时，也更容易受品牌方青睐。

（4）紧跟官方创作指引，多学习官方的语雀文档、爆文分析等，多与"小二"互动，进行账号诊断，不断学习，不断提升自己的创作和运营能力。

问题4：现在来做"逛逛"还来得及吗？

现在"逛逛"平台还是一个充满机会的蓝海市场，适合各种风格创作者参与进来，共创有意思的内容！

好店：
87个淘宝中小商家的造富秘籍

淘宝教育认证讲师
陈纪美

擅长内容打法，致力于用内容和外部流量引爆站内，文创型店铺实现 97% 的自然流量，深度理解细分市场与垂类标签，女装红人店曾连续 4 年销售额过亿元。

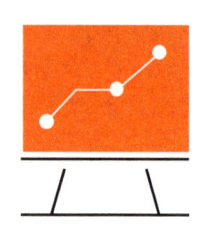

讲师支招

红人淘金：一盘不"卷"资金"卷"审美的生意

这几年，活跃在各大内容平台的网络红人开始寻找流量变现之路，大多数红人的下一阶段是卖货，他们需要一个平台来承接他们的粉丝订单。淘宝以其便捷的操作方式、巨大的自然流量回馈和强有力的政策支持，成为大部分红人的首选。

如今，淘宝已经成为美妆、穿搭、运动、文化、手艺等博主的变现栖息地。她们和淘宝形成了一种互补的关系：红人为淘宝丰富内容和产品，淘宝为红人提供更稳定的长期经营，共同的目标是服务好消费者。

淘宝是适合做红人店的土壤。

比如，红人女装圈里流传着一句话：如果哪天一无所有了，只要能搞到一万元钱，不出两年，大家便可以重新拉起来一个顶层大店。

不是说大话。在红人女装这里，是有可能的事情。

每个月都有红人女装店铺异军突起，凭借垂直的风格、精细的标签，在淘宝跑马圈人，经历几次上新就能成为一个具有稳定号召力的成熟店铺。

有些红人店主看不上技术运营商家。如果说一个成熟的电商环境是学霸间的竞争，那么红人店就是淘宝给偏科"学渣"准备的开卷考试。

过去很多红人店，到月销一、两百万元之前，都没请什么专业的淘宝运营。有的甚至没有办公室，需要拍照的时候约自己合作的摄影，拍好照片自己修图等。红人女装是淘宝的流量宠儿，初期拼的是选款能力、款式演绎能力。

红人女装店的用户画像，是那些一、二线城市有点审美有点预算，对繁华的新世界充满美好想象的女生：她们是刚蓄起头发的大学生，是把所有工资花在交通住宿吃喝打扮刚上班的小姑娘，是想要每次穿搭不一样的都市丽人，是减肥成功的宝妈……很多时候，红人店贩卖的不是美丽，而是一种对美丽的追求。那些精致的氛围感图片，让没那么多预算的女孩子有了很多可以想象的场景，仿佛看到自己穿上后熠熠生辉的时刻。

女孩子们，买红人店的衣服，为的是拆包时心情被点亮的瞬间。为了永远让她们心动的，想象中的美丽来到现实的感觉。

因此，红人店的生存逻辑很简单：谁能给女孩子造梦，谁就能赢。

第一，选择你的风格赛道。

区别于普通服饰店铺类似小淑、中淑、大淑的年龄分类，都市女性注重保养，20~40岁，身材和长相在照片中差别不大。年龄往往不是店铺初期规划首先考虑的问题，有个大致范围即可。红人店的地盘里，风格第一。

风格包括但不限于：韩式、中式、复古、运动街头、辣妹、性感、淑女、度假、通勤、轻奢。但是我们做店的时候会把风格细化组合更极致。如辣妹风，又可细为：摇滚辣妹和甜心辣妹。如果我选择了甜心辣妹，我可能会再细分一次，如我只做全店更加偏向于白色、粉色、浅蓝等着这饱和度低的辣妹，或者偏深色、有通勤感的辣妹。

细分有利于系统更好地抓取产品和店铺标签，让系统更加精准垂直地认识你、给你匹配更精准贴合需求的人群。

比如，你做大码女装，就不能仅限这样的大标签，要细分组合来打。你可以：大码＋通勤，或者更细一点，大码＋复古＋通勤或者大码＋复古＋轻奢＋通勤。一般不是特别出格的话，你不要瞎担心人群基数这个事，在淘宝这样庞大的人群基数下，任何一种垂得不能垂的小众审美，乘以总数都是一种大到可怕的数字。

一定要去挖掘更垂类细分的需求。

如果你是个新手，没有手感，也摸不到后台数据，你在定位的时候，便捷方式是可以找一个你喜欢的对标的店铺来模仿服饰风格和演绎风格。还有就是去看每年淘宝服饰发布的趋势白皮书。比如，2023年的黄金赛道是：摇滚辣妹、精致松弛感、甜心女高、轻松度假风、复古运动、户外机能和时装解构等。它们很好地诠释了大路边上新一轮的黑马机会。

第二，选择一个或者多个内容平台，做好人设。

微博、小红书、抖音等，也可以有自己的私域。

人设要舒展。要越直接，越有趣、越灵活、越没框架、越真实无惧……越吸引人。

内容是鲜明的观点、美丽的日常与碎碎的工作结合。要在上新之前，充分知会粉丝尽可能多的必要信息，比如，一件衣服从面料到打版到最后呈现，它为什么存在，它经历了什么，都可以讲。让你的粉丝有充足的参与感、知情度，好像是一起把一件衣服呈现出来一般。

第三，款式演绎能力很重要。

红人店的拍摄，区别于传统的女装店铺，拍摄呈现要充分考虑服装与人和环境一起所能构造的氛围感。

拍摄形式图片+短视频结合。

纯色背景的拍摄的转化率普遍低于生活化、社交化场景的拍摄。红人店精心挑选的搭配、场景，模特从发丝到脚趾的精致……她们在造一场梦。某种意义上，红人店的衣服，卖的不是生活必需，而是情绪刚需，是关于美好的想象和氛围，那些承载在衣裙上的念想和记忆，它们的情绪价值甚于作为衣服面料设计的基本属性。所以它天然拥有市面上的普通货品没有的溢价能力。从某种意义上说，红人店标榜的是一种唾手可得的美丽人生。

第四，红人店铺无库存压力。

很多做服饰的卖家，一年到头数据都很好看，年底算算钱，赚了一仓库库存。

红人女装店铺，是没啥库存的。这是怎么做到的呢？

首先，善用淘宝的预售机制。

比如，我们计划这次上新17款，我们充分利用内容平台的沟通力，给大家以信任和种草，拍摄完毕、修好图、做好详情页去上新前先预热。预热期通过加购和付费测试已经基本确定什么款好卖、能卖多少件。然后我们会在预热期就淘汰掉不好的产品，不再上新。

预热是指，做好链接上架但是不开价格，通过你的站外账号、站内"逛逛"、私域等充分地宣传你的上新款式和上新节点。它的作用是充分地激活你的粉丝。而你的粉丝，本身就是一批带有相同标签甚至购买过很多次的老顾客，你要配合上新日的价格优惠，让他们尽量在上新涌进来购买。这种集体行为，像一个大石头一样砸入淘宝的流量大池中，系统狂喜这种模式，它会及时准确地判定你这个产品的标签以及你的转化力，回馈给你一圈一圈的流量涟漪。

开售不会有很多现货，有的款甚至完全没有现货。预售时间我们会定为 10~20 个工作日，由上新（积累订单）时间 + 一个生产周期 + 包装发货的时间来决定。

其次，低库存是因为红人店铺具备强大的站内外流量号召属性，并不恋战爆款。

一个相对成熟的红人店，每次上新 10~20 款，出现几个小爆款是免不了的。而且红人店上新的频率一般是一个月一两次。在这样的属性下，爆款变得并不稀缺，而且根据过往的经验和上新当天的表现是可以测算出一个产品的基本销量的。我们一般会根据测算数据，向工厂下订单。所以就算一款产品卖得很好，我们在卖完我们下定的货之后，尽管它仍旧可以产生很多订单（但是并不可控），我们考虑到生产备货的成本和新款的机会成本，会果断下架。如有粉丝呼吁过高，我们会在下次上新或第二年同季度上新时，重开此款。

总之，红人店是淘宝的宠儿，是一盘不"卷"资金"卷"审美的生意。

她用独具审美的款式演绎力、便捷的内容解释力为产品赋予卓越的溢价能力和磁铁般的吸引力，是一盘拥有淘系强大自然流量偏爱且没有库存压力的生意。